サプライチェーン・マネジメント概論

基礎から学ぶSCMと経営戦略

苦瀬博仁 [編著]
飴野仁子
李　志明
石川友保
岩尾詠一郎
長田哲平
味水佑毅
渡部　幹

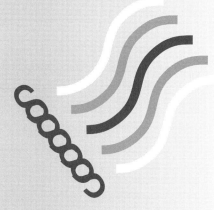

Introduction to
Supply Chain
Management

H. Kuse
H. Ameno
J. Lee
T. Ishikawa
E. Iwao
T. Osada
Y. Misui
M. Watanabe

東京 白桃書房 神田

はじめに

　サプライチェーン（Supply Chain）とは，「原材料の調達と商品の生産から，流通を経て消費に至るまでのプロセスを，複数の鎖（チェーン）に見立てたもの」である。このとき，商品や物資の「発注・受注・出荷・入荷のサイクル」が鎖となって，企業間および企業内の部門間を結びつけている。
　サプライチェーン・マネジメント（SCM：Supply Chain Management）とは，「サプライチェーンにおける商品や物資の最適な供給を，計画し管理すること」である。このとき，SCMが対象とする活動は，調達・生産・販売と，在庫・輸配送である。
　経済が発展するにつれて，商品の高付加価値化が進み，調達から生産を経て販売までのプロセスが複雑になっている。しかもグローバル化により，世界各国から原材料や部品を調達し，製品を生産してから，また世界各国に販売するようになっている。このためサプライチェーンが多様化し，サプライチェーンを計画管理するSCMもより重要になっている。
　我が国では，サプライチェーンを構成するロジスティクスや物流には関心が薄いようだが，サプライチェーンそのものの重要性は広く認識されつつある。特に，2011年に起きた東日本大震災で，食料品や日用品の供給が滞ったことや，我が国からの自動車部品の供給不足により世界各国での生産体制に影響を与えたことが報道され，サプライチェーンという用語もマスコミに定着してきている。

　本書「サプライチェーン・マネジメント概論」は，平成26年3月に発刊した「ロジスティクス概論」の姉妹書であり，著者も同じ8人である。そして著者の多くは，ロジスティクスやサプライチェーン・マネジメントの授業を担当している。そこで，この2つの授業科目を一貫して学ぶことができるようにと考えたのである。
　ただし，当然ながら，二冊の本を個別に読んでも理解できるようにするために，一部で重複している部分があるが，この点はお許しいただきたい。

サプライチェーン・マネジメントの基礎知識を幅広く身につけておけば，大局を見誤ることはないだろうし，個別の専門分野や高度な手法を学ぶときも，その価値を容易に理解できることだろう。だからこそ，心がけたことがある。それは，サプライチェーンが多くの要素のうちの一つでも欠ければ成立しないように，サプライチェーン・マネジメントの教科書も，文系理系を問わず必要な基礎知識を網羅することである。加えて，平易で解りやすいことである。

　そのため本書を編集するにあたって，第1の課題は，サプライチェーン・マネジメントの広範な範囲から，何を取り上げ，どのように構成するかであった。そこで，「SCMの概念」，「システムの視点」，「経営の視点」の三つに分けることにした。

　「SCMの概念（第1章～第2章）」では，サプライチェーンの実態とSCMの定義を明らかにしている。「システムの視点（第3章～第10章）」では，サプライチェーンを構成する流通チャネルや在庫ポイントや物流ネットワークと，サプライチェーン・マネジメントの具体的な対象として，調達・生産・販売と在庫・輸配送を取り上げている。「経営の視点（第11章～第15章）」では，物流業，KPIと物流コスト，グローバル化を取り上げるとともに，これからの課題として，環境・資源・安全安心問題と災害対策を取り上げている。

　第2の課題は，文系理系を問わず理解しやすいように，平易な表現を用い，専門用語を統一し，図表も含めて一貫性を保つことであった。これは，研究者にとって当然の義務ではあるものの，著者たちにとっては，厳しい課題であり，時間のかかる作業であり，越えなければならない高い壁であった。

　では本書は，「幅広い基礎的な知識の網羅」と，「文系理系にかかわらず解りやすい表現」を実現できただろうか。また，本書の中に明らかな間違いや齟齬はないだろうか。出版のときは，常に達成感と不安感が同時に去来するものだが，今回は，いつにも増して不安感が大きい。それは，SCMの難解さというよりも，編著者の力不足に原因がある。

本書の中に誤解や過誤があれば，それも編著者の責任である。読者諸賢には，ご指摘ご指導をお願いする次第である。

　と同時に，本書が多くの人の目に触れ，少しでもサプライチェーン・マネジメントに関する議論が盛んになり，何かのヒントにつながることがあれば，望外の幸せである。

　なお本書をまとめる時期において，東京海洋大学教授の黒川久幸先生，光英システム㈱顧問の野澤良彬氏，㈱日通総合研究所の清水真人氏には，サプライチェーンやロジスティクスに関する専門的な知見にもとづく，数多くのアドバイスをいただいた。また，宇都宮大学地域デザイン科学部の長田研究室のスタッフと学生諸君には，図表の作成と専門用語の整理を手伝っていただいた。

　そして，㈱白桃書房の大矢栄一郎社長が出版を快く引き受けていただいたからこそ，「ロジスティクス概論」と「サプライチェーン・マネジメント概論」がそろうことになった。

　ここに記して，感謝の意を表します。

平成29年1月

編著者として

苦　瀬　博　仁

目　次

はじめに　i

第1章　サプライチェーンの実態

1-1　日常生活で身近なサプライチェーン……………………………………2
　1-1-1　ハンバーガーのサプライチェーン　2
　1-1-2　紳士既製服のサプライチェーン　2
1-2　製造業のサプライチェーン………………………………………………3
　1-2-1　半導体製品のグローバル・サプライチェーン　3
　1-2-2　自動車産業のグローバル・サプライチェーン　3
1-3　流通業のサプライチェーン………………………………………………5
　1-3-1　書籍のオンラインショッピング　5
　1-3-2　アパレル用品の海外生産と製品輸入　7
1-4　サプライチェーンを支える輸送ネットワーク…………………………8
　1-4-1　沖縄をハブとした国際航空貨物輸送ネットワーク　8
　1-4-2　東南アジアの陸上貨物輸送ネットワーク　11

第2章　サプライチェーン・マネジメント(SCM)の定義と内容

2-1　本書のねらいと構成………………………………………………………18
　2-1-1　本書のねらい　18
　2-1-2　本書の構成　18
　2-1-3　さらにSCMを学ぶために　19
2-2　サプライチェーンの定義と内容…………………………………………20
　2-2-1　サプライチェーンの定義　20
　2-2-2　サプライチェーンとロジスティクスのサイクル　20
　2-2-3　サプライチェーンにおける業種間の共通点と連携　22

2-2-4　サプライチェーンにおける商品の高付加価値化　22
2-3　サプライチェーン・マネジメント（SCM）の定義と内容……24
　　2-3-1　SCMの定義　24
　　2-3-2　SCMにおける調達・生産・販売活動と，在庫・輸配送活動　24
2-4　ロジスティクスの定義と内容……………………………………25
　　2-4-1　ロジスティクスの定義　25
　　2-4-2　ロジスティクスのシステムとインフラ　26
2-5　物流の定義と内容…………………………………………………29
　　2-5-1　物流の定義　29
　　2-5-2　6つの物流機能　31
　　2-5-3　物流施設における作業　33

第3章　サプライチェーンにおける流通チャネルの計画

3-1　サプライチェーンと計画・管理……………………………………38
　　3-1-1　サプライチェーンにおける長期的な計画
　　　　　（第3章～第5章）　38
　　3-1-2　サプライチェーンにおける短期的な計画と管理
　　　　　（第6章～第9章）　38
3-2　サプライチェーンと流通チャネル…………………………………39
　　3-2-1　サプライチェーンにおける流通チャネルの定義と内容　39
　　3-2-2　流通チャネルにおけるチャネルキャプテン　39
3-3　流通チャネルの閉鎖型・開放型による種類と内容 ……………42
　　3-3-1　流通チャネルの計画の内容　42
　　3-3-2　閉鎖型・開放型の流通チャネルの定義と特徴　42
　　3-3-3　閉鎖型・開放型の組合せによる4つの流通チャネル　43
3-4　流通チャネルの中間業者の数による種類と内容 ………………44
　　3-4-1　中間無段階型の流通チャネルの定義と特徴　44
　　3-4-2　中間一段階型の流通チャネルの定義と特徴　45
　　3-4-3　中間多段階型の流通チャネルの定義と特徴　46

3-5 流通チャネルのタイプによる種類と内容 ……………………46
　3-5-1　シングルチャネルの定義と特徴　46
　3-5-2　マルチチャネルの定義と特徴　46
　3-5-3　クロスチャネルの定義と特徴　47
　3-5-4　オムニチャネルの定義と特徴　47

第4章　サプライチェーンにおける生産時期と在庫ポイント

4-1 生産時期と在庫ポイントの考え方……………………………50
　4-1-1　メーカーの調達・生産・販売における生産と在庫の考え方　50
　4-1-2　生産時期の種類と内容（受注生産，見込生産）　50
　4-1-3　在庫ポイントの種類と内容（原材料在庫，半製品在庫，製品在庫）　51
4-2 受注生産（延期戦略）と見込生産（投機戦略）の特徴 ………51
　4-2-1　延期戦略による受注生産　51
　4-2-2　投機戦略による見込生産　54
4-3 生産時期と在庫ポイントの特徴………………………………55
　4-3-1　生産時期と在庫ポイントの組合せ　55
　4-3-2　生産時期・在庫ポイントと，デカップリング・ポイント　57
4-4 生産時期と在庫ポイントの選択方法…………………………57
　4-4-1　製品特性にもとづく選択方法　57
　4-4-2　在庫地点（生産地，消費地）を考慮した選択方法　59
4-5 在庫ポイントの多様化とその影響……………………………61
　4-5-1　在庫ポイントの多様化　61
　4-5-2　国際化による半製品在庫・受注生産の増加とモジュール化　61
　4-5-3　在庫の変動量の拡大可能性と対策　63

第5章　サプライチェーンにおける物流ネットワーク

5-1　サプライチェーンと物流ネットワーク ……………………………… 68
　5-1-1　サプライチェーンにおける物流ネットワークの定義と内容　68
　5-1-2　物流ネットワークの計画対象と物流施設の計画手順　69
5-2　物流施設の定義と内容 …………………………………………………… 70
　5-2-1　サプライチェーンにおける物流施設の定義　70
　5-2-2　物流施設の種類（DC，TC，PC，SC）と内容　70
5-3　物流ネットワークにおける物流施設の立地計画 …………………… 73
　5-3-1　物流施設の立地場所の考え方（生産地・消費地・中継地）　73
　5-3-2　物流施設の立地場所の決定方法（生産地または消費地）　73
　5-3-3　出庫輸送費だけを考慮する場合の立地場所（消費地立地）　75
5-4　消費地立地の場合の，物流施設の数と位置の計画 ……………… 76
　5-4-1　消費地立地の場合の，物流施設の数と位置の考え方　76
　5-4-2　消費地立地の場合の，物流施設の数の決定方法　76
　5-4-3　消費地立地の場合の，物流施設の位置の決定方法　78

第6章　SCMにおける調達・生産・販売の計画

6-1　SCMにおける計画と管理 ……………………………………………… 82
　6-1-1　SCMにおける計画と管理の定義　82
　6-1-2　PDCAサイクルと計画・管理　82
　6-1-3　取引先・委託先の企業評価の考え方　83
6-2　調達計画 …………………………………………………………………… 84
　6-2-1　調達計画の定義と内容　84
　6-2-2　発注計画　85
　6-2-3　入荷計画　87
6-3　生産計画 …………………………………………………………………… 88
　6-3-1　生産計画の定義と内容　88
　6-3-2　投入計画　89

6-3-3　加工計画　90
　　6-3-4　産出計画　92
6-4　販売計画 …………………………………………………………… 93
　　6-4-1　販売計画の定義と内容　93
　　6-4-2　受注計画　94
　　6-4-3　出荷計画　95

第7章　SCMにおける調達・生産・販売の管理

7-1　調達管理 …………………………………………………………… 98
　　7-1-1　調達管理の目的と内容　98
　　7-1-2　発注の管理指標　98
　　7-1-3　入荷の管理指標　100
7-2　生産管理 …………………………………………………………… 101
　　7-2-1　生産管理の目的と内容　101
　　7-2-2　投入の管理指標　102
　　7-2-3　加工の管理指標　103
　　7-2-4　産出の管理指標　103
7-3　販売管理 …………………………………………………………… 105
　　7-3-1　販売管理の目的と内容　105
　　7-3-2　受注の管理指標　106
　　7-3-3　出荷の管理指標　107

第8章　SCMにおける在庫・輸配送の計画

8-1　在庫計画 …………………………………………………………… 112
　　8-1-1　在庫計画の定義と内容　112
　　8-1-2　入庫計画　113
　　8-1-3　保管数量の計画　113
　　8-1-4　保管品質の計画　117

8-1-5　保管位置の計画　118
8-1-6　出庫計画　120
8-2　輸配送計画 ……………………………………………… 121
8-2-1　輸配送計画の定義と内容　121
8-2-2　輸送手段の計画　122
8-2-3　配車・配送計画　123
8-2-4　輸配送中の品質の計画　124

第9章　SCMにおける在庫・輸配送の管理とTQC

9-1　在庫管理 ………………………………………………… 128
9-1-1　在庫管理の目的と内容　128
9-1-2　入庫管理の管理指標　130
9-1-3　保管管理の管理指標　130
9-1-4　出庫管理の管理指標　132
9-2　輸配送管理 ……………………………………………… 133
9-2-1　輸配送管理の目的と内容　133
9-2-2　輸送手段の管理指標　134
9-2-3　配車・配送の管理指標　136
9-2-4　輸配送中の品質の管理指標　137
9-3　TQC（総合的品質管理）とQC 7つ道具 …………… 138
9-3-1　TQCの定義と必要性　138
9-3-2　QC 7つ道具　139

第10章　SCMと情報システム

10-1　情報システムの歴史と身近な情報システム ……… 150
10-1-1　情報システムの発展と進歩　150
10-1-2　身近な情報システムの実態　151
10-1-3　サプライチェーンにおける管理と情報の流れ　152

10-2　物資識別システム ………………………………………………… 153
　　10-2-1　物資識別システムの定義と内容　153
　　10-2-2　目視で情報がわかる物資識別システム　153
　　10-2-3　読み取りに機器が必要な物資識別システム　156
10-3　調達・生産・販売管理の情報システム ……………………………… 159
　　10-3-1　調達管理の情報システム　159
　　10-3-2　生産管理の情報システム　160
　　10-3-3　販売管理の情報システム　161
10-4　在庫・輸配送管理の情報システム …………………………………… 162
　　10-4-1　在庫管理の情報システム　162
　　10-4-2　輸配送管理の情報システム　165
10-5　これからの情報システムとSCM ……………………………………… 166
　　10-5-1　IoT（Internet of Things）　166
　　10-5-2　Industrie 4.0（ドイツ政府が提唱する第4次産業革命）　167
　　10-5-3　車両情報システム　168

第11章　サプライチェーンと物流業

11-1　倉庫業の事業内容 …………………………………………………… 172
　　11-1-1　倉庫業の種類と特徴　172
　　11-1-2　倉庫（物流施設）での作業と手順　174
　　11-1-3　倉庫事業の効率化　175
11-2　貨物運送業の事業内容 ……………………………………………… 177
　　11-2-1　貨物運送業の種類と特徴　177
　　11-2-2　貨物自動車運送事業の業務と手順　181
　　11-2-3　貨物自動車運送事業の効率化　182
11-3　貨物利用運送事業の事業内容 ……………………………………… 185
　　11-3-1　貨物利用運送事業の種類と特徴　185
　　11-3-2　貨物利用運送事業（フォワーディング）の内容　186
　　11-3-3　フォワーディングの効率化　187

11-4　物流業務のアウトソーシング ……………………………………… 188
　11-4-1　企業における物流業務の外部化　188
　11-4-2　輸送と保管のアウトソーシング　188
　11-4-3　物流子会社の設立と委託　189
　11-4-4　3PL（Third Party Logistics）への委託　190

第12章　SCMと企業経営

12-1　企業経営とSCMの評価 ……………………………………………… 196
　12-1-1　企業活動のPDCAからみた評価指標　196
　12-1-2　企業経営の目標と評価指標　197
12-2　SCMにおけるKPI（重要業績評価指標） ………………………… 199
　12-2-1　KPIの選定手順　199
　12-2-2　KPI選定の注意点　201
　12-2-3　KPI選定の提案事例　202
12-3　SCMにおける物流コスト分析 ……………………………………… 205
　12-3-1　財務会計における物流コスト　205
　12-3-2　管理会計における物流コスト　207
12-4　企業経営からみたサプライチェーンの課題 ……………………… 210
　12-4-1　日本の商慣行の課題　210
　12-4-2　物流コストにかかわる課題　211

第13章　グローバル・サプライチェーンの構築とシームレス化

13-1　我が国の産業の国際化の動向 ……………………………………… 216
　13-1-1　国際化と海外進出の定義と内容　216
　13-1-2　輸出入拡大の過程　216
　13-1-3　産業の国際化の進展と海外進出の4分類　216
13-2　グローバル・サプライチェーンの構築 …………………………… 219
　13-2-1　グローバル・サプライチェーンの定義と内容　219

13-2-2　我が国の企業の海外進出と撤退の動向　219
　13-2-3　グローバル・サプライチェーン構築の際の検討項目　222
13-3　グローバル・サプライチェーンのシームレス化　223
　13-3-1　シームレス化の定義と内容　223
　13-3-2　ユニットロードシステムの導入と物流資材の標準化　224
　13-3-3　通関制度の効率化とシステム化　225
　13-3-4　情報通信システムと物流情報サービスとトレーサビリティ　227
　13-3-5　貿易手続きと貿易決済システム　229

第14章　SCMと環境問題・資源問題・安全安心の確保

14-1　SCMにおける環境問題　234
　14-1-1　地球温暖化問題の実態・法制度・対策　234
　14-1-2　汚染問題の実態・法制度・対策　236
　14-1-3　騒音振動問題の実態・法制度・対策　238
14-2　SCMにおける資源問題　239
　14-2-1　SCMにおける3R（リデュース，リユース，リサイクル）　239
　14-2-2　資源の過剰使用問題の実態・法制度・対策　241
14-3　SCMにおける安全安心の確保　244
　14-3-1　食料品の安全安心の確保（セキュリティとセーフティ）　244
　14-3-2　日常生活の安全安心の確保（セキュリティとセーフティ）　247

第15章　SCMにおける災害対策

15-1　災害とサプライチェーン　252
　15-1-1　災害の種類と特徴　252
　15-1-2　サプライチェーンの脆弱性　252
15-2　東日本大震災でのサプライチェーンの断絶　253
　15-2-1　東日本大震災の被災状況　253
　15-2-2　生活物資のサプライチェーンの断絶　253

15-2-3　企業活動におけるサプライチェーンの断絶　255
15-3　生活物資のサプライチェーンの維持と対策 …………… 256
　　15-3-1　生活物資の「補給」対策　256
　　15-3-2　大規模災害における「補給」の限界　259
　　15-3-3　生活物資の「備蓄」対策　260
15-4　企業のサプライチェーンの維持と事業継続計画（BCP）… 263
　　15-4-1　事業継続計画（BCP）の定義と内容　263
　　15-4-2　事業継続計画（BCP）の5つの手順　264
　　15-4-3　災害対策の計画と実施（予防対策・応急対策・復旧対策）266
　　15-4-4　体制の整備（予防体制・応急体制・復旧体制）269
　　15-4-5　サプライチェーンの段階別の事業継続計画（BCP）の例　271

索引 ……………………………………………………………… 275

執筆者紹介 ……………………………………………………… 287

図・表・写真目次

第1章
図1-1-1　ハンバーガーのサプライチェーン　2
図1-1-2　紳士既製服の3つのサプライチェーン　2
図1-2-1　1990年代のT社のASEAN域内部品相互補完計画　5
図1-3-1　書籍のオンラインショッピングのサプライチェーン　7
図1-4-1　沖縄を貨物ハブとした航空貨物輸送ネットワーク　10
図1-4-2　貨物ハブネットワークの運航ダイヤ　11
表1-4-1　ハノイ～バンコク間の輸送時間と運賃　12
図1-4-3　インドシナ・マレー半島における回廊位置図　14

第2章
図2-1-1　本書の構成　19
図2-2-1　サプライチェーンとロジスティクスと物流の相互関係　21
図2-2-2　商品の高付加価値化　23
図2-4-1　ロジスティクスのシステムとインフラ　27
表2-4-1　ロジスティクスのシステムとインフラの内容　28
図2-5-1　ロジスティクスと物流　29
表2-5-1　商流と物流の違い　30
表2-5-2　人に比較した「物」の特徴　31
表2-5-3　物流機能の内容　32
表2-5-4　物流施設における作業の内容　34

第3章
図3-1-1　SCMにおける計画と管理　38
図3-2-1　サプライチェーンにおける流通チャネルと第3章の位置付け　39
図3-2-2　A型・X型・V型チャネルとチャネルキャプテン　40
図3-2-3　流通チャネルにおける垂直型・水平型・斜め型の競争　41
図3-3-1　閉鎖型・開放型からみた流通チャネルの種類　44
図3-4-1　中間業者の数による流通チャネルの種類　45
図3-5-1　流通チャネルのタイプ（シングル，マルチ，クロス，オムニ）　48

第4章
図4-1-1　サプライチェーンにおける在庫ポイントと4章の位置付け　50
表4-2-1　延期戦略の種類と内容　53

xv

図4-2-1	受注生産（延期戦略）における「①プル延期」 53
図4-2-2	受注生産（延期戦略）における「②ロジスティクス延期」 53
図4-2-3	受注生産（延期戦略）における「③フォーム延期」（4種類） 54
表4-3-1	見込生産と受注生産のメリット・デメリット 56
図4-3-1	メーカーの生産時期と在庫ポイントの組合せ 56
図4-4-1	製品特性にもとづく在庫ポイント（DP）の選択の考え方 58
図4-4-2	生産地と消費地を考慮したときの生産と在庫の延期・投機戦略 60
表4-5-1	生産時期と在庫ポイントによる種類と特徴 62
図4-5-1	生産時期別のデカップリング・ポイント 62
図4-5-2	ブルウィップ効果（鞭効果） 64

第5章

図5-1-1	サプライチェーンにおける物流ネットワークと5章の位置付け 68
表5-1-1	物流ネットワークにおけるノード・リンク・モード 69
写真5-2-1	物流施設の例（流通センター，DC） 71
図5-2-1	物流施設の種類と特徴 72
図5-3-1	物流施設の，生産地立地・消費地立地・中継地立地 74
図5-3-2	入庫輸送費と出庫輸送費による物流施設の立地場所 75
図5-3-3	出庫輸送費だけを考慮する場合の物流施設の立地場所 76
図5-4-1	物流施設の数の決定方法 77
図5-4-2	物流施設の位置の決定方法 79

第6章

図6-1-1	SCMにおける計画と管理（図3-1-1，参照） 83
図6-2-1	サプライチェーンにおける調達・生産・販売計画の計画対象 85
図6-2-2	調達計画の内容 85
図6-3-1	生産計画の内容 88
表6-3-1	部品表（BOM）の例 89
図6-3-2	部品表（BOM）を図示した例 89
図6-3-3	PERTによるネットワーク図の例（焼き魚定食） 92
図6-4-1	販売計画の内容 94

第7章

図7-1-1	調達管理の目的と管理指標 99
図7-2-1	生産管理の目的と管理指標 102
図7-2-2	歩留まり率・直行率・不良品率（生産時）の関係 105
図7-3-1	販売管理の目的と管理指標 106
図7-3-2	調達・生産・販売管理と在庫・輸配送管理における管理指標 108

第 8 章

図 8-1-1　サプライチェーンとロジスティクスと物流の相互関係（図 2-2-1 の再掲）　112
図 8-1-2　在庫計画の内容　114
図 8-1-3　発注時期と発注量からみた 4 つの発注方式　115
表 8-1-1　許容欠品率とサービス率にもとづく安全係数　116
図 8-1-4　品目別出荷量のパレート分析の例　120
図 8-2-1　輸配送計画の内容　121

第 9 章

図 9-1-1　在庫管理の目的と管理指標　129
図 9-2-1　輸配送管理の目的と管理指標　135
図 9-2-2　調達・生産・販売管理と在庫・輸配送管理における管理指標（図 7-3-2 の再掲）　138
表 9-3-1　チェックシート（例，冷凍倉庫退出時のチェックシート）　140
図 9-3-1　グラフ（例，冷凍倉庫内の温度の時間帯別変化）　141
図 9-3-2　ヒストグラム（例，冷凍倉庫内の温度の観測回数）　141
表 9-3-2　時間帯別の倉庫内温度と扉の開閉回数　142
図 9-3-3　特性要因図（例，冷凍倉庫内の温度上昇の要因）　143
図 9-3-4　パレート図（例，要因別の累積比率）　145
図 9-3-5　散布図（例，扉の開閉回数と倉庫内の温度）　145
図 9-3-6　管理図（例，冷凍倉庫内の温度の時間帯別変化）　146

第10章

図10-1-1　サプライチェーンとコンビニの情報システム　151
図10-1-2　サプライチェーンと宅配便の情報システム　152
図10-1-3　サプライチェーンにおける管理と情報の流れ　153
図10-2-1　物資識別システムの分類　154
表10-2-1　物資識別システムに収録・表示される情報　154
図10-2-2　伝票の例　155
図10-2-3　商品ラベルの例　155
図10-2-4　バーコードシンボルの例　156
図10-2-5　2 次元シンボル（QR コード）の例　157
図10-2-6　SCM ラベルの例　157
図10-2-7　電子タグ（RFID）の例　158
図10-2-8　GPS の構成図　158
図10-3-1　調達・生産・販売管理の情報システムの対象範囲　159
図10-4-1　在庫管理・輸配送管理の情報システムの対象範囲　163

図10-4-2	WMSの例　164
図10-5-1	サプライチェーンとIoTの関係　167
図10-5-2	Industrie 4.0のシステム　168

第11章

図11-1-1	営業倉庫の種類　173
写真11-1-1	営業倉庫の例　173
図11-1-2	倉庫（物流施設）での作業　174
図11-1-3	倉庫事業の効率化の測定指標　176
図11-1-4	ダブルトランザクションの例　177
図11-2-1	貨物運送業の種類　178
写真11-2-1	貨物自動車運送に使用される車両の例　179
写真11-2-2	貨物鉄道運送に使用される列車の例　180
写真11-2-3	海上貨物運送に使用される船舶の例　181
写真11-2-4	航空貨物運送に使用される航空機の例　182
表11-2-1	配車計画の手順　183
表11-2-2	運行計画の手順　183
図11-2-2	貨物自動車運送（貨物車1台）の効率化の測定指標　184
図11-2-3	貨物自動車運送事業（会社全体）の効率化の測定指標　184
図11-4-1	物流業務の他社委託の3つの形態　189
図11-4-2	3PLの業務内容　190
表11-4-1	3PLによるメリットとデメリット　191

第12章

図12-1-1	KPIによる業務改善とKPIの選定　196
表12-1-1	企業経営の4つの目標と内容　198
表12-1-2	企業経営の目標と，KPIの候補となる評価指標の例　199
表12-2-1	JILSによる「階層別の評価指標」（経営指標，ロジスティクス指標，オペレーション指標）　202
表12-2-2	JILSによる「ロジスティクス評価指標（荷主KPI）」　203
表12-2-3	流通研究社による「物流KPIマトリクス」の概要　204
表12-2-4	国土交通省による「KPI導入の手引き」による指標の例　205
表12-2-5	「SCMロジスティクススコアカード」の評価結果の例（全体平均）　206
表12-3-1	物流ABC（活動基準原価計算）の算出例　209
図12-4-1	納品期限・販売期限・賞味期限の「3分の1ルール」　211
図12-4-2	サプライチェーンにおける物流コストの集計の困難さ　213

第13章

図13-1-1	我が国における輸出入額の推移	217
図13-2-1	進出先別の我が国の企業の現地法人数	220
図13-2-2	我が国の企業の海外進出件数の推移	221
図13-2-3	アジアにおける我が国の企業の海外進出件数の推移	221
図13-2-4	我が国の企業の撤退件数の推移	221
図13-2-5	アジアにおける我が国の企業の撤退件数の推移	221
表13-2-1	グローバル・サプライチェーン構築の際の検討項目	222
図13-3-1	平パレット	224
図13-3-2	ボックスパレット	224
図13-3-3	ロールボックスパレット	224
図13-3-4	プラスチックコンテナ	224
表13-3-1	我が国における輸出入通関手続きの手順	226
表13-3-2	海上輸送における貿易取引の一般的な手順	229

第14章

図14-1-1	我が国のCO_2排出量に占める運輸部門・自動車・貨物車の割合（2014年） 234	
図14-1-2	サプライチェーンにおける地球温暖化対策	236
図14-1-3	サプライチェーンにおける汚染対策	238
図14-1-4	サプライチェーンにおける騒音振動対策	239
図14-2-1	グリーン・ロジスティクスとリバース・ロジスティクス	241
図14-2-2	サプライチェーンにおける省資源化対策	242
図14-2-3	徳島県上勝町の家庭ごみの分別の種類	243
図14-3-1	食料品のサプライチェーンにおける安全安心対策	246
図14-3-2	米国のセキュリティ規制の適用と変遷	248
図14-3-3	サプライチェーンにおける日常生活での安全安心対策	249

第15章

図15-2-1	緊急支援物資の供給体制	253
表15-2-1	被災者に緊急支援物資が届かなかった理由と教訓	254
表15-2-2	企業が原材料・部品を調達できなかった理由と教訓	255
図15-3-1	生活物資の「補給」対策	257
図15-3-2	被災による供給量減少と需要量増加の関係	259
図15-3-3	生活物資の「備蓄」対策	261
表15-4-1	事業継続計画（BCP）の手順と内容	265
図15-4-1	事業継続計画（BCP）の手順と，災害対策・体制整備	265
図15-4-2	事業継続計画（BCP）の3つの目的	266

図15-4-3　事業継続計画（BCP）の災害対策（予防対策・応急対策・復旧対策）　267
図15-4-4　事業継続計画（BCP）の体制整備（予防体制・応急体制・復旧体制）　270
表15-4-2　サプライチェーンにおける事業継続計画（BCP）の例（地震の場合）　272

【執筆分担】

第1章　サプライチェーンの実態
　　1-1　苦瀬，1-2　飴野，1-3　飴野・苦瀬，1-4　味水・苦瀬
第2章　サプライチェーン・マネジメント（SCM）の定義と内容
　　2-1　苦瀬，2-2〜2-4　味水・苦瀬，2-5　苦瀬
第3章　サプライチェーンにおける流通チャネルの計画
　　3-1〜3-2　苦瀬，3-3　岩尾，3-4　苦瀬，3-5　岩尾・苦瀬
第4章　サプライチェーンにおける生産方式と在庫ポイント
　　4-1　苦瀬，4-2〜4-5　李・苦瀬
第5章　サプライチェーンにおける物流ネットワーク
　　5-1〜5-4　苦瀬
第6章　SCMにおける調達・生産・販売の計画
　　6-1　苦瀬，6-2　石川・渡部・苦瀬，6-3〜6-4　岩尾・渡部・苦瀬
第7章　SCMにおける調達・生産・販売の管理
　　7-1　石川・渡部・苦瀬，7-2〜7-3　岩尾・渡部・苦瀬
第8章　SCMにおける在庫・輸配送の計画
　　8-1　長田・渡部・苦瀬，8-2　石川・渡部・苦瀬
第9章　SCMにおける在庫・輸配送の管理とTQC
　　9-1　長田・渡部・苦瀬，9-2　石川・渡部・苦瀬，9-3　岩尾・渡部・苦瀬
第10章　SCMと情報システム
　　10-1　長田・渡部・苦瀬，10-2　長田，10-3　岩尾・石川，10-4　長田・石川，
　　10-5　長田
第11章　サプライチェーンと物流業
　　11-1〜11-3　渡部，11-4　渡部・苦瀬
第12章　SCMと企業経営
　　12-1　味水，12-2　味水・苦瀬，12-3　李・苦瀬，12-4　李・味水・苦瀬
第13章　グローバル・サプライチェーンの構築とシームレス化
　　13-1　渡部・李，13-2　李・苦瀬，13-3　李・渡部
第14章　SCMと環境問題・資源問題・安全安心の確保
　　14-1〜14-2　石川・長田・苦瀬，14-3　長田・石川・苦瀬
第15章　SCMにおける災害対策
　　15-1　苦瀬，15-2　飴野・苦瀬，15-3　苦瀬，15-4　渡部・苦瀬

第1章

サプライチェーンの実態

第1章のねらい

　第1章の目的は，サプライチェーン・マネジメント（SCM）を学ぶにあたって，サプライチェーンが我々の身近な生活に関連していることを理解し，サプライチェーンを支える輸送ネットワークの実態を理解することである。

　そこで本章では，身近な日常生活のサプライチェーンを，簡単に紹介したうえで（1-1），製造業では半導体製品と自動車産業のサプライチェーンを説明し（1-2），流通業では書籍のオンラインショッピングとアパレル用品のサプライチェーンを説明する（1-3）。そしてサプライチェーンを支える輸送ネットワークについては，国際航空貨物輸送ネットワークと東南アジアの陸上貨物輸送ネットワークの実態を明らかにする（1-4）。

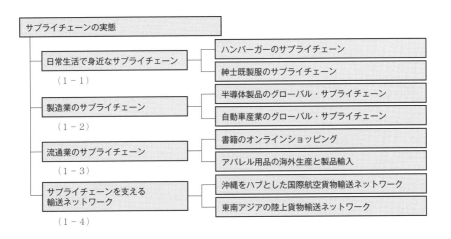

1-1 日常生活で身近なサプライチェーン

1-1-1 ハンバーガーのサプライチェーン

　原材料から製品が作られて消費者の手元に届くまでの流れを，サプライチェーン（Supply Chain）という。このサプライチェーンは，高度な概念の経営用語と思われがちだが，身近な日常生活にも存在している。そして，サプライチェーンにおいて商品や物資の最適な供給を計画し管理することを，サプライチェーン・マネジメント（SCM：Supply Chain Management）という。

　たとえば，ハンバーガーのサプライチェーンを考えてみよう。ハンバーガーの原材料となる小麦は，農場で生産されて製粉会社に運ばれ，ここで小麦粉になってから製パン会社に運ばれる。製パン会社の工場で作られたパンはハンバーガー店に運ばれて，肉や野菜などの他の食材と一緒になって，最終的にハンバーガーができあがり，これを消費者が食べる（図1-1-1）。

1-1-2 紳士既製服のサプライチェーン

　紳士既製服のサプライチェーンでは，繊維・生地・既製服と変化していく。この間に企業は，生地メーカー，既製服メーカー，小売業へと変わって

図1-1-1　ハンバーガーのサプライチェーン

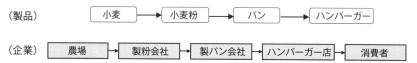

図1-1-2　紳士既製服の3つのサプライチェーン

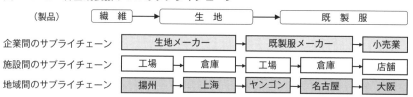

いく。

この過程を施設で見ると，工場・倉庫・工場・倉庫・店舗となるし，地域で見れば，揚州（中国）・上海・ヤンゴン（ミャンマー）・名古屋・大阪となる（図1-1-2）。

1-2　製造業のサプライチェーン

1-2-1　半導体製品のグローバル・サプライチェーン

2015年の日本の輸出総額は75.6兆円であり，そのうち半導体等電子部品は3.9兆円である。その輸出先は，中国0.99兆円（25.4％），台湾0.63兆円（16.1％），香港0.62兆円（15.8％）である[1]。

このように，日本で生産される半導体は，世界各地から原材料や部品が調達され，日本で半導体として製品化されてから，世界各地に販売されている。このため，世界各地を結ぶサプライチェーンが形成されている。このようにサプライチェーンが国境を越えて形成されるとき，グローバル・サプライチェーン（Global Supply Chain）という。

日本の半導体等電子部品の輸出総額は，2010年度は約4兆円であった。国内の最大の輸出元は近畿地域で，輸出総額の44.1％，次いで関東地域が38.5％を占めていた。

輸出先国は，最大が中国で，輸出総額の25.1％を占めている。最大の輸出先地域はNIEsの41.5％，次いでマレーシア，タイ，フィリピン，インドネシアからなるASEAN4が15.9％，米国を含むNAFTAが7.4％，ドイツを含むEU27が7.4％であった。

1-2-2　自動車産業のグローバル・サプライチェーン
1）　自動車産業の海外進出とグローバル・サプライチェーン

日本の製造業は，1985年のプラザ合意とその後の円高を契機に，1990年代以降積極的に海外に進出するようになった。

自動車産業もアセアン（Association of South-East Asian Nations：東南アジア諸国連合）を中心に工場進出が進み，各国で生産した部品を互いに補

完することで，生産の効率化を進めるようになった。このような企業内での国際分業が進み，グローバル・サプライチェーンが構築されていった。図1－2－1は，1990年代初頭における典型的な例である[2]。

2）自動車産業のグローバルな生産・供給体制の構築

約3万点の部品が必要な自動車の生産・供給体制は，最も部品コストの低いところから調達し，最も労働コストの低いところで組み立て・生産をおこない，最も高く売れるところで製品を販売する体制である。この体制にしたがい，自動車産業は，国境を越えてサプライチェーンを構築してきた。

たとえばT社は，「最適調達・最適生産・最適販売」体制の実現を目指し，世界を8地域（北米，欧州，アフリカ，中国，アジア・中東・北アフリカ，東アジア・オセアニア，中南米，日本）に分けて，各地域のニーズに応じた自動車を開発し，販売している[3]。

3）自動車産業におけるJITシステムとサプライチェーン

JIT（Just In Time）とは，「必要な製品（部品）を，必要な量だけ，必要な場所に，必要なタイミングで供給すること」である。このJITを基本に，自動車産業は多くの改善を積み重ね，低い在庫率（販売量や使用量に対する在庫量の比率）を実現することで，サプライチェーン全体の最適化を図ろうとしてきた。

ちなみに2009年度末の製造業平均の売上高に対する在庫率は，10.3％（うち原材料・仕掛品在庫率6.2％，製品在庫率4.1％）であるが，自動車・同付属品製造業の在庫率は4.6％（3.0％，1.7％）であった[4]。

日本の自動車産業は，海外に進出する過程で，世界規模でのグローバル・サプライチェーンにおけるJITシステムを構築してきた。これは，世界中から最も低いコストで生産する部品メーカーを探し出す（場合によれば育成する）だけで実現するわけではない。部品コストの他に，在庫コスト，輸送コスト等をそれぞれ最小化する必要がある。

図1-2-1　1990年代のT社のASEAN域内部品相互補完計画[2]

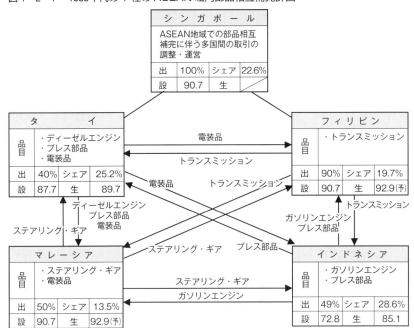

(備考)　1.出＝T社の出資比率，シェア＝T社の該当国での完成車販売シェア（台数ベース），
　　　　設＝設立年月，生＝生産開始（予定）年月を示す．
　　　2.シェアは，T社資料による．

1-3　流通業のサプライチェーン

1-3-1　書籍のオンラインショッピング
1)　オンライショッピングの普及

　インターネットの普及によって，日常の消費行動も飛躍的に便利になり，オンラインショッピングが普及した。このオンラインショッピングは，サプライチェーンによって可能となる。

　自宅のパソコンでショッピングサイトを開けば，画面には，過去の購入履歴や検索結果をもとにした消費者ごとの商品情報が溢れている。ワンクリックするだけで，商品を注文することができる。支払いは，クレジットカード

や銀行口座の情報を入力すればよい。そして指定した日の指定した時間帯に，商品が指定した場所に届けられる。不在のときは，電話やインターネットで再配達の日時を指定すればよいし，帰宅途中に，最寄りのコンビニエンスストアで受け取ることもできる。

このように，注文と支払いから配達の時間帯指定までのすべてを，自宅に居ながら済ますことができる。しかも配送では，宅配便の貨物追跡システムを利用することで，配送途中の商品がどこにあるかも知ることができる。

オンラインショッピングの普及は日本に限らない。世界各国で，書籍や衣類・服飾品，電子機器，化粧品・サプリメントや，航空券・宿泊予約やコンサートチケットの予約等，多くの品目がオンラインで購入されている。

2） オンラインショッピングに向いている同質性の商品

オンラインショッピングになじみやすい商品は，書籍のように形状や壊れやすさなどが似ていること（同質性）が重要である。そして同質性が高いほど，また輸送や保管が容易なほど，オンラインショッピングに向いている。

たとえば書籍は，材料が紙なので水に濡れないように注意しなければならないが，形状は本のサイズで決まっており，重さにも大きな違いはない。一方で，食料品であれば，形や大きさがさまざまな野菜もあれば，冷蔵保存が必要な肉もあり，割れやすい卵もある。

3） オンラインショッピングでの書籍のサプライチェーンの特徴

書籍のように扱いやすい商品であっても，オンラインショッピングのサプライチェーンには，3つの特徴がある（図1-3-1）。

第1は，取り扱うべき商品数が膨大なために，在庫管理が重要なことである。第2は，受注から配達までを一貫して処理するために，複雑で多くの異なる取引業者（出版社，印刷業者，配送業者，卸売業者等）との取引関係や，クレジット会社等金融システムとの提携が必要なことである。第3は，著作権制度や日本の再販価格維持制度などの，各国の複雑な制度・商習慣に適応させることである。

図1-3-1 書籍のオンラインショッピングのサプライチェーン[4]

4) ロングテールも対象にしている書籍の在庫管理

　書籍のオンラインショッピングの特徴は，ロングテール商品（めったに注文されない商品）を在庫することで，どのような顧客の注文にも応じようとすることである。なおロングテールとは，縦軸を注文数とし，横軸に注文数の多い順に商品を並べて線を描くと，横軸が右に行くほど注文数が少ない商品が並び，まるで動物の尻尾のような形に見えることから，名付けられている。

　一般に在庫管理では，在庫コストの最小化と販売機会損失の最小化のバランスを取ることが求められている。そしてロングテールを対象にすると在庫コストが増える可能性が高い。しかし書籍は，生鮮食品などと異なって，比較的長期間保管でき価格の低下もないため，ロングテール商品を扱うことができる。

1-3-2　アパレル用品の海外生産と製品輸入
1)　商品供給のスピード化とサプライチェーン

　情報化の進展にともない，多くの商品のさまざまな情報を容易に入手可能になるにつれて，消費者ニーズが多様化し，消費者ニーズの変化のスピードが速まっている。そして，安価で良質な商品を提供するだけでなく，商品を早く届けることで，消費者ニーズにいち早く応えることが重要になっている。

　このためには，原材料・部品の調達，製品の生産，流通，消費者への配送に至るまでのサプライチェーン全体にかかる時間を短くすることで，顧客が商品を発注してから受け取るまでの時間を短くすることが重要になっている[5]。

2) アパレル用品のサプライチェーンの特徴

　アパレル用品は，流行やファッション性が商品選択の大きな要素となる商品である。このため，消費者の好みの変化を先読みし，時には流行そのものをつくり出し，商品を素早く消費者に提供する必要がある。衣類・服飾品等に代表されるファッション市場の特徴として，①ライフサイクルの短期性，②高度の不安定性，③低い予見可能性，④頻繁な衝動買いの4つが指摘されている[6]。

　このように消費者の好みにいち早く応えるために，高度なSCMが不可欠なのである。

3) アパレル用品のグローバル・サプライチェーンの事例

　現代のアパレル用品市場を席巻するファストファッション企業の多くは，生産機能まで併せ持つSPA（Speciality store retailer of Private label Apparel：製造小売業）として発展している。これにより流通過程を再編成するとともに，調達から販売までのサプライチェーンを構築している。

　SPAの代表的企業の一つであるZ社は，現在オンラインショップ等の他に88の国や地域に2,100以上の店舗（2015年）をもち，店頭商品は顧客の好みの先取りをするため週単位で様変わりすると言われている。Z社の商品供給システムは，すべての店舗にすべてのアイテムを欠品することなく補充できるように設計されている。補充に必要な時間（発注から納品までのリードタイム）は，ヨーロッパでは24時間～36時間以内，他地域では48時間以内となっている[7]。

　このように，Z社では商品の供給スピードが重要とされており，このスピードを実現するためにグローバルなSCMが実施されている。

1-4　サプライチェーンを支える輸送ネットワーク

1-4-1　沖縄をハブとした国際航空貨物輸送ネットワーク
1) グローバル・サプライチェーンにおける空港の役割

　海外製品の輸入や日本製品の輸出による航空貨物の増加を期待して，A社

は2009年の7月に，沖縄（那覇空港）をハブとした国際航空貨物輸送ネットワークを構築した。

貨物ハブとは，「車輪の軸のように，一つの空港を中心にして貨物輸送する方法」である。当初は沖縄をハブとして，成田（成田国際空港）・羽田（東京国際空港）・関西（関西国際空港）の国内の3つの空港と，ソウル・上海・香港・台北・バンコクのアジアの5つの都市の空港を結んでいたが，2015年秋には，名古屋（中部国際空港），青島，厦門，シンガポールが追加されて，12都市を結んでいる。

各都市で貨物を載せた航空機は，22～25時台に各空港を出発する。深夜1～5時台に那覇空港に到着し，貨物を積み替えてから再び各空港に向けて3～6時台に出発し，4～9時台に到着する（図1-4-1，図1-4-2）[8]。

2） 貨物ハブネットワークのデメリット

貨物ハブネットワークのデメリットには，以下の3つがある。

第1のデメリットは，ハブ空港を経由すると貨物の積み替えが必要なことである。このため，短時間のうちに，方面別に貨物を航空機に載せ替えることは大仕事になる。

第2のデメリットは，ハブ空港で管理運営の負担が大きいことである。つまり，多くの航空機が同一時間帯に集中すれば，着陸でも離陸でも混雑が生じることになる。また，貨物の積み替えのために貨物機が集中する時間帯には多くの人手が必要になるが，この時間帯を過ぎれば人員があまってしまう。

第3のデメリットは，ハブ空港を経由することで，最短距離で直行するよりも運航距離が長くなることである。距離が長くなる分，燃料消費が増え勤務時間も長くなる。たとえば羽田上海間は，直行便では1,111マイルだが，中継便では，羽田沖縄間（984マイル）と沖縄上海間（504マイル）の合計で1,488マイルとなる。

3） 貨物ハブネットワークのメリット

貨物ハブネットワークのメリットには，以下の2つがある。

第1のメリットは，積載率を上げられることである。貨物ハブネットワークを利用すると，上海発沖縄行きの便には，沖縄着の貨物だけでなく，沖縄で積み替えて羽田や成田などに向かう貨物も載せることができる。このように，多くの行き先の貨物を詰め合わせることで，上海発沖縄便の積載率を上げることができる。

　もちろん，一つの行き先で航空機が満載になるならば，ハブ空港に寄らずに直行するほうが効率的である。しかし，満載にならないときには各方面の貨物を集めハブ空港で積み替えていく方が，行き先ごとに飛行機を用意しなくて済むので，効率的なのである。

　第2のメリットは，沖縄のハブ空港で深夜の同じ時間帯に積み替えることで，各地の空港を夕方から夜に出発でき，沖縄で24時間通関可能なので通関後に積み替えて，翌朝に各地の空港に到着できることである。このため，夕

図1-4-1　沖縄を貨物ハブとした航空貨物輸送ネットワーク[8]

図1-4-2 貨物ハブネットワークの運航ダイヤ[8]

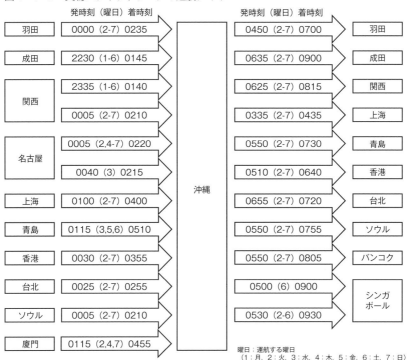

方遅くまで集荷でき，しかも翌朝早くから配送できる。

　つまり，沖縄を経由するならば，日本国内で遅い時間に出荷した貨物でも，翌日の午前中にはアジアの各都市に配送可能になる。逆に，アジアの各都市で夕方までに集荷した貨物を，翌日午前中に日本各地で配送可能になる。

1-4-2　東南アジアの陸上貨物輸送ネットワーク
1）メコン地域への日系企業の進出

　アセアン域内では，2015年末にAEC（ASEAN Economic Community：ASEAN経済共同体）が実現し，経済の自由化が進んでいる。これにより，従来から多くの日系企業が進出していたタイやベトナムに加えて，カンボジ

ア,ラオス,ミャンマーへの進出も増加している。

たとえば,タイに生産拠点をもつメーカーが,ラオスやカンボジアに部品製造部門の一部を移転した例がある。また,ベトナムに調達・輸送拠点をもつメーカーが,カンボジアに生産拠点を設置し,生産した製品をベトナムの輸送拠点を経由して日本に輸出している例がある。

このように,メコン地域(ベトナム,カンボジア,タイ,ミャンマー,ラオスの5ヵ国)への日系企業の進出にともない,国境を越えて調達・生産・販売をおこなうグローバル・サプライチェーンの構築が重要となっている。

2) 海上輸送から陸上輸送への転換

従来,メコン地域における貨物の輸送手段は主に海上輸送であったが,海上輸送は輸送時間が長く,タイムリーな輸送が困難という課題を抱えていた。

この課題に対して,日本や中国などは,メコン地域の道路整備を支援し,東西経済回廊(ダナン(ベトナム)〜モーラミャイン(ミャンマー)),南部経済回廊(ホーチミン(ベトナム)〜バンコク(タイ)),南北経済回廊(ハイフォン(ベトナム)〜バンコク(タイ))が整備されてきた。

これらの回廊(道路ネットワーク)の整備により,陸上輸送が,海上輸送より輸送時間が短く,航空輸送より運賃が安くなった。このため,陸上輸送が競争力をもつ輸送手段となり,日系企業がカンボジア,ラオス,ミャンマーに進出する要因にもなっている(表1-4-1,図1-4-3)。

3) メコン地域のグローバル・サプライチェーンの課題

メコン地域のグローバル・サプライチェーンの課題は3つある[9]。

第1の課題は,越境の手続きや制度である。グローバル・サプライチェー

表1-4-1 ハノイ〜バンコク間の輸送時間と運賃[9]

輸送手段	海上輸送	陸上輸送	航空輸送
輸送時間	約10日間	約3日間	約2日間
運賃(海上輸送=1.0)	1.0	約1.4	約3.0

ンでは，調達・生産・販売が複数国にまたがるため，通関手続きが必要となる。

しかし，メコン地域では，電子通関システムの運用トラブル，許認可申請手続きの複雑さ，税関職員の商流・物流に関する知識不足による課税額の誤りなどの問題が生じている。また，バスの乗客などが手荷物として無税で日用品等を輸入することで，企業が輸入する課税済みの商品の競争力が低下する問題も生じている。

さらには，通関や検疫の一括手続きをはじめとする法制度の整備を目的として，すでに批准されている越境交通協定が実施されるまでの間，暫定的に二国間・三国間での車両の相互乗り入れが認められている。しかし，相互通行ライセンスの発給件数が少ないため，スムーズな陸上輸送ができない。加えて，相互通行ライセンスを有している車両であっても，相手国の交通管理者に取締りを受けることもある。

第2の課題は，保税制度と非居住者在庫制度である。保税制度とは，「輸入貨物に対する関税の徴収を一定期間猶予する制度」である。非居住者在庫制度とは，「当該国に事務所等の拠点（居住地）をもたない企業による保税地域内での貨物の管理を認める制度」である。いずれの制度も，再輸出される輸入貨物への関税が免除されるため，中継・加工貿易を促進する効果がある。

しかし，カンボジア，ラオス，ミャンマーでは，保税制度や非居住者在庫制度が未整備である。また，タイやベトナムでは，非居住者在庫制度があるものの，課税基準があいまいで企業によって課税されたりされなかったりすることがあり，公平な競争環境が確保されていない。

第3の課題は，コールドチェーンシステムである。コールドチェーンシステムとは，「サプライチェーンにおいて生産から消費の間で，低温に保つことで商品の品質を保持するシステム」である。メコン地域のうち，タイではバンコクを中心にコールドチェーンシステムが確立されている。

しかし，その他の国では，冷蔵庫や冷凍庫を設置しても電力不足や停電によって温度が保てなかったり，作業員の知識不足によって温度管理が不十分であったり，荷扱いが不十分で商品の廃棄が増えるなど，さまざまな問題が

図1-4-3　インドシナ・マレー半島における回廊位置図[10]

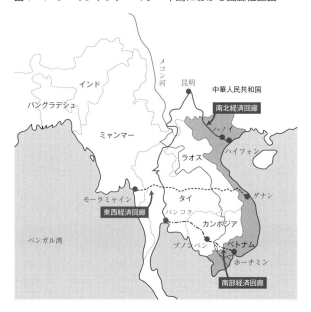

生じている。

参考文献

1) 財務省:「貿易統計2015」
2) 通商産業省:「通商白書1991」
3) トヨタ自動車㈱:「Annual Report, Sustainable Management Report 2016」
4) Mckinnon A., Browne M. & Whiteing A. eds., *Green Logistics*, 2nd ed., Kogan Page Limited, p.338, 2012.
5) ファーニー・スパークス編,辰馬信男監訳:「ロジスティクスと小売経営」,白桃書房, pp.105-107, 2008
6) 前掲書5), pp.105-107
7) Inditex, Annual Report 2015, 2016.
8) ANA HP：http://www.ana.co.jp/cargo/ja/int/okinawa/okinawa_01.html
9) 日本貿易振興機構　HP：http://www.meti.go.jp/policy/economy/distribution/pdf/H26chosa-2.pdf
10) マシニスト出版:「インフラ整備事業を背景に急速に成長するベトナム国内産業ア

マダ，将来を見据えテクニカルセンター設立」，sheetmetal ましん＆そふと，2010年3月号，pp.18-21, 2010

第2章

サプライチェーン・マネジメント（SCM）の定義と内容

第2章のねらい

　第2章の目的は，サプライチェーン・マネジメント（SCM）の基本的な内容を理解することである。

　そこで本章では，本書のねらいと構成を説明する（2-1）。次に，本書におけるサプライチェーンの定義と内容（2-2），SCMの定義と内容（2-3）を説明し，ロジスティクスの定義と内容（2-4），物流の定義と内容（2-5）を説明する。

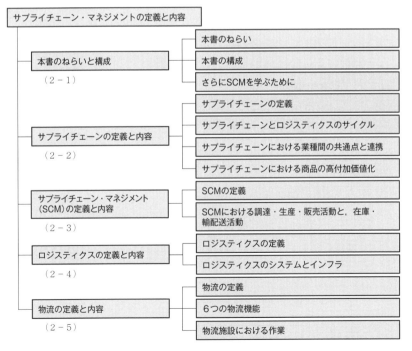

2-1 本書のねらいと構成

2-1-1 本書のねらい

　サプライチェーン・マネジメント（SCM：Supply Chain Management）は，商品や物資の供給を一貫して計画し管理する概念である。このSCMは，企業経営に大きな影響を与えるとともに，在庫管理・輸配送管理・情報システムとも連動するので，文系と理系にまたがった総合的な学問分野である。このため，SCMの基本は文系も理系も共通している。

　本書は，サプライチェーンを学ぶ若い人を対象に，文系と理系を問わず，共通して知っておくべき基本的な事項をまとめている。

　サプライチェーンは，企業間や企業内におけるロジスティクスのサイクルが鎖（くさり）のようにつながっている。そのため，既に発刊した「ロジスティクス概論」と本書「SCM概論」は，半期ごとに学ぶ姉妹書となるよう意図して編集している。一方で，それぞれの書籍を単独で読んでも理解できるように，概念の説明（ロジスティクスの定義，物流の定義など）では，あえて重複して記述している部分もある。

2-1-2 本書の構成

　本書は，「SCMの概念」（1～2章），「システムの視点」（3～10章），「経営の視点」（11～15章）の3つに分かれている（図2-1-1）。

　「SCMの概念」では，第1章で，サプライチェーンの身近な例とともに，製造業・流通業におけるサプライチェーンとこれを支える物流業の実態を明らかにする。また，第2章では，サプライチェーンとSCMの定義と内容，およびロジスティクスと物流の定義と内容を説明する。

　「システムの視点」では，SCMの基礎知識として，第3章でサプライチェーンにおける流通チャネルの計画，第4章で生産時期と在庫ポイントの選択方法，第5章で物流ネットワークの計画方法を説明する。

　次にSCMの応用知識として，第6章でSCMにおける調達・生産・販売の計画，第7章で調達・生産・販売の管理，第8章でSCMにおける在庫・

図2-1-1 本書の構成

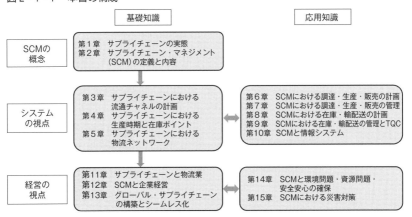

輸配送の計画，第9章で在庫・輸配送の管理と TQC，第10章で SCM と情報システムを説明する。

「経営の視点」では，基礎知識として，第11章でサプライチェーンと物流業，第12章で企業経営における KPI（重要業績評価指標）とコスト分析，第13章でグローバル・サプライチェーンの構築とシームレス化について説明する。

次に応用知識として，第14章で SCM と環境問題・資源問題・安全安心の確保，第15章で SCM における災害対策を説明する。

2-1-3　さらに SCM を学ぶために

本書を通じて SCM に興味を持った人が，より深く勉強するときには，関連する分野の知識も必要になる。

たとえば文系の人たちには，産業組織，産業立地，貿易実務と為替，企業会計，マーケティングなど「経済学・商学・経営学の知識」である。理系の人たちには，交通計画，輸送計画，施設配置計画，在庫理論，ネットワーク理論など「工学や応用数学の知識」である。

本書を基礎にして，文系と理系を問わずより多くの人たちが，SCM のより専門的な勉強に取り組むことを期待している。

2-2　サプライチェーンの定義と内容

2-2-1　サプライチェーンの定義

サプライチェーンの定義についてはこれまでにさまざまな見解が示されている[1][2][3]。たとえば，複数の企業の結びつきに着目した供給の連鎖[4]，SCMとロジスティクスは基本的に同じ概念[5]，商品が消費者の手に渡るまでの生産・流通プロセス[6]，価値に着目した「価値の連鎖」などがある[7]。

本書においては，サプライチェーンを「原材料の調達と商品の生産から，流通を経て消費に至るまでのプロセスにおいて，『企業間と企業内』において繰り返し生じる商品や物資の『発注・受注・出荷・入荷』のロジスティクスのサイクルを『複数の鎖（チェーン）』に見立てたもの」とする（図2-2-1）。

よって，サプライチェーンにおけるロジスティクスのサイクルには，「企業間」と「企業内」の2つがある。「『企業間取引』における『発注・受注・出荷・入荷のサイクル』」とは，原材料・部品業，メーカー，卸・小売業などの間で生じるものである（図2-2-1の（A））。「『企業内』における『発注・受注・出荷・入荷のサイクル』」とは，企業内での調達・生産・販売などの部門（施設）間で生じるものである（図2-2-1の（B））。

2-2-2　サプライチェーンとロジスティクスのサイクル

1）「企業間取引」における「発注・受注・出荷・入荷」のサイクル（A）

「企業間取引におけるロジスティクスのサイクル（A）」では，製品を必要とする需要者（調達者）が「調達のために，『発注』と『入荷』」をおこない，これを提供したい供給者（販売者）が「販売のために，『受注』と『出荷』」をおこなう。つまり，「調達する企業」と「販売する企業」の間で，「発注・受注・出荷・入荷」のロジスティクスのサイクルが形成されている。

たとえば，図2-2-1において，原材料・部品を調達したいメーカーは原材料・部品業に「発注」し，原材料・部品業は「受注」してからメーカーに「出荷」し，メーカーが「入荷」して調達が完了する。同じように，卸・小

図2-2-1 サプライチェーンとロジスティクスと物流の相互関係

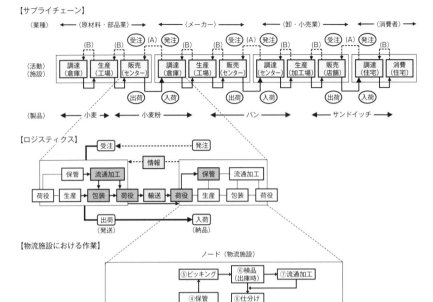

売業はメーカーに「発注」し、メーカーは「受注」と「出荷」をおこない、卸・小売業は「入荷」する。

2) 「企業内」における「発注・受注・出荷・入荷」のサイクル (B)

「企業内のロジスティクスのサイクル (B)」は、企業内の「調達・生産・販売などの部門間」、もしくは「倉庫、工場、流通センター、店舗などの施設間」に着目したサイクルである。

たとえば、生産部門が調達部門に部品を「発注」し、調達部門が部品を生産部門に供給するために「受注と出荷」をおこない、生産部門が「入荷」する。同じように、販売部門が生産部門に製品を「発注」し、生産部門が「受注と出荷」し、販売部門が「入荷」する。

第2章 サプライチェーン・マネジメント (SCM) の定義と内容　21

2-2-3　サプライチェーンにおける業種間の共通点と連携
1）　サプライチェーンにおける業種間の共通点

　サプライチェーンでは，「調達・生産・販売」の３つの活動が企業間で繰り返されていく。この３つの活動は，業種（メーカー，卸・小売業，消費者）ごとに特徴はあるものの，共通点がある。

　たとえば，メーカーにとっては，「原材料・部品の調達」，「製品の生産」，「卸・小売業への販売」となる。卸売業にとっては，「商品の仕入れ」，生産に相当する「流通加工や包装」，「小売業者への販売」となる。小売業にとっては，「商品の仕入れ」，生産に相当する「棚割り（商品の販売のための棚のスペースと位置を決めること）」，「消費者への販売」となる。さらに消費者にとっては，「商品の購入」と「消費」である。

　このように，業種によって用語は異なるが，「調達・生産・販売」の３つの活動は共通している。

2）　サプライチェーンにおける「受発注」と「入出荷」による業種間連携

　サプライチェーンにおける「発注と受注」は，消費者（川下）から卸小売業者を経てメーカー（川上）に向かいながら，企業間で繰り返される。この一方で，「出荷と入荷」は，メーカー（川上）から卸小売業者を経て消費者（川下）に向かいながら，流れていく。

　このため，不良在庫と販売機会損失を減らすためには，企業間で「発注と受注」が繰り返される「流通チャネル」と，「出荷と入荷」が繰り返される「物流ネットワーク」を効率的に管理する必要がある。だからこそ，業種間の連携にもとづき，サプライチェーン全体を管理するSCMが重要となっている。

2-2-4　サプライチェーンにおける商品の高付加価値化
1）　サプライチェーンにおける商品変化

　サプライチェーンにおいては，商品が変化する。たとえば，原材料・部品業の工場からメーカーの工場までが「小麦粉」，メーカーから卸・小売業には「パン」，小売業の工場から店舗を経て消費者までが「サンドイッチ」と

なる。
　これを,「企業内（B）」で見てみると,メーカーでは「小麦粉からパンへ」,卸・小売業では「パンからサンドイッチへ」となるように,「生産」をはさんで,調達した商品と販売する商品が変わっていく（図2-1-1の〈活動〉）。

2）商品の高付加価値化によるサプライチェーンへの影響

　商品の高付加価値化とは,商品に技術を加えることで商品価値を高めることである。たとえば,「小麦」という原材料に「製粉」という技術が加えられると,「小麦粉」ができる。「小麦粉」に「焼き」が加えられると「パン」になる。「パン」に「調理」が加わると「サンドイッチ」になる。さらに,「サンドイッチ」と唐揚げを詰め合わせれば「弁当」になるし,「弁当」とジュースを組み合わせれば「ランチセット」になる（図2-2-2）。

　以前は,パンを買って自らサンドイッチを作っていた人が多かったが,今ではパン屋やコンビニでサンドイッチを買う人も多い。また,昔はセーターを編む人は多くいたが,今は少ない。つまり,商品の加工度が高くなるほど,商品が高付加価値化し,サプライチェーンに関わる企業も多く複雑になる。

　それゆえ,商品の高付加価値化が進むほど,サプライチェーンの管理が重要になる。

図2-2-2　商品の高付加価値化

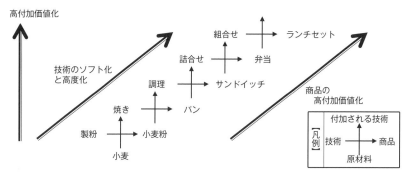

2-3 サプライチェーン・マネジメント(SCM)の定義と内容

2-3-1 SCMの定義

サプライチェーン・マネジメント（SCM：Supply Chain Management）とは，「サプライチェーンにおける商品や物資の最適な供給を，計画し管理すること」である。

SCMの対象は，調達・生産・販売活動と，在庫・輸配送活動である。このうち，在庫・輸配送活動は物流業に委託することが多い（図2-2-1上段）。

2-3-2 SCMにおける調達・生産・販売活動と，在庫・輸配送活動

1） SCMにおける調達・生産・販売活動

「調達活動」とは，「発注」（需要者が，必要な商品や物資の注文を供給者に伝えること）と，「入荷」（需要者が，発注した商品や物資を供給者から受け取ること）である。

「生産活動」とは，「投入」（メーカーが，生産工程に原材料・部品を供給すること）と，「加工」（原材料・部品に手を加えること）と，「産出」（製品を完成させること）である。

「販売活動」とは，「受注」（供給者が，需要者の注文を受け取ること）と，「出荷」（供給者が，受注した商品や物資を需要者に送ること）である。

2） SCMにおける在庫・輸配送活動

「在庫活動」とは，商品や物資の「保管」と，それらの「入庫」と「出庫」である。保管対象の商品や物資は，「原材料・部品」，「生産過程での仕掛品」，「製品」の3つがある。

「輸配送活動」とは，商品や物資の「輸送」と，「積みおろし」の2つがある。

2-4 ロジスティクスの定義と内容

2-4-1 ロジスティクスの定義
1） サプライチェーンにおけるロジスティクスの位置づけ

サプライチェーンにおいては，「発注・受注・出荷・入荷」のロジスティクスのサイクルが存在する。

このとき，需要者（調達者）が「調達のために，『発注』と『入荷』」をして，供給者（販売者）が「販売のために，『受注』と『出荷』」をする。

2） ロジスティクスの定義と5R

ロジスティクスとは，「商品や物資を，顧客の要求に合わせて届けるとき，発生地点（供給者）から到着地点（需要者）までの商流（商取引流通）と物流（物的流通）を，効率的かつ効果的に，計画・実施・統制すること」である。

そしてロジスティクスの目的は，「商品や物資の『最適な供給』を管理すること」である。ここでの「最適な供給」とは「必要な商品や物資を，適切な『時間・場所・価格（費用）』のもとで，要求された『数量と品質』（ロジスティクスの5R：Right Time, Place, Price (Cost), Quantity and Quality）で供給すること」を意味する。なお，5Rの構成要素には多様な考え方があるが，ここではロジスティクスの視点から，上記の5つとしている。

3） ロジスティクスという用語の歴史的背景

ロジスティクス（兵站，Logistics）は，もともと戦略（Strategy）・戦術（Tactics）とならぶ三大軍事用語のひとつである。

戦略とは「戦争を実行するための計画」であり，戦術とは「戦闘のための技術」である。そしてロジスティクス（兵站）とは，「戦場の後方にあって前線の兵士を支援するために，食糧・車馬・軍需品の供給・補充・輸送にあたること」である。

戦争では，「戦わずして勝つ」ための高度な戦法の一つに，食糧や飲料水

の供給を断って敵の疲弊を待つ「兵糧攻め」がある。これほどにロジスティクスは，戦争において極めて重要である。

　軍事のロジスティクス（ミリタリー・ロジスティクス：Military Logistics）では，①補給（部隊に供給する物資の管理と配給：補給隊），②輸送（物資の部隊への輸送：輸送隊），③整備（部隊が使用する機材の整備：修理隊），④回収（部隊が使用する機材の修理：各部隊），⑤建設（部隊が利用する施設の建設と整備：施設隊），⑥衛生（人員への医療サービスの提供：衛生隊），⑦役務（兵站業務をおこなう部隊の諸作業：各師団），⑧労務（兵站業務の外部への依頼：契約業者）などの業務がある。

　この軍事用語だったロジスティクスがビジネス用語として使われ始めたころは，ビジネス・ロジスティクス（Business Logistics）とも呼ばれていた。

2-4-2　ロジスティクスのシステムとインフラ[8]
1）　ロジスティクス・システム

　ロジスティクスには，「発注・受注・出荷・入荷」を管理するためのロジスティクス・システムと，このシステムを支えるロジスティクス・インフラがある（図2-4-1，表2-4-1）。

　ロジスティクス・システムには，工場，倉庫，店舗などのノードのシステムと，貨物自動車や船舶などの輸送機関と，道路や航路などのリンクのシステムがある。ノードのシステムには，「①受発注システム」，「②在庫管理システム」，「③作業管理システム」があり，リンクのシステムには「①物資識別システム」「②貨物管理システム」，「③輸送管理システム」がある。これらロジスティクス・システムは，主に民間企業が担うものである。

2）　ロジスティクス・インフラ

　インフラは，インフラストラクチャー（基盤構造：Infrastructure）の略である。ロジスティクス・インフラの役割は，ロジスティクスのさまざまな活動やロジスティクス・システムが円滑に働くようにするものである。

　そして，ロジスティクス・インフラには，施設インフラ，技術インフラ，制度インフラの3つがある。

図2-4-1　ロジスティクスのシステムとインフラ

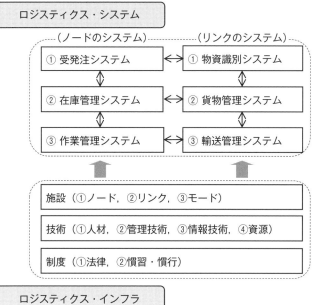

　施設インフラには，施設や倉庫や流通センターなどの「①ノード（結節点）施設」と，道路などの「②リンク（輸送路）施設」，自動車や船舶などの「③モード（輸送手段）」の3つがある。

　技術インフラには，「①人材」，「②管理技術」，「③情報技術」，「④資源」の4つがある。人材とは，ロジスティクスを担当する人材の知識レベルや技術レベルである。管理技術とは，在庫管理や輸配送管理のように，業務としての企業の技術レベルである。情報技術とは，物資を識別する情報システムから，管理システムまでの幅広い範囲で，情報システムを駆使する技術である。

　制度インフラには，「①法律」，「②慣習・慣行」の2つがある。法律とは，人や企業の自由・権利・責任・義務を定めたきまりごとであり，これにもとづき国や行政機関が制度を設ける。慣習・慣行とは，法律によらないものの，地域社会の長年の習慣としておこなわれてきたことである。

表2-4-1 ロジスティクスのシステムとインフラの内容

1. ロジスティクス・システム		
ノードのシステム	①受発注システム	物資の品目・数量・納期などの受発注内容を管理する
	②在庫管理システム	保管されている物資の，数量・品質・位置を管理する
	③作業管理システム	物資を保管・流通加工・包装するときに生じる作業を管理する
リンクのシステム	①物資識別システム	輸送する物資の品目・型番・形状などを，伝票やRFIDにより識別する
	②貨物管理システム	輸送中の物資の，数量・品質・位置を管理する
	③輸送管理システム	物資を輸送する貨物自動車の，位置や走行状況を管理する
2. ロジスティクス・インフラ		
施　設	①ノード	工場，操車場，港湾，空港，倉庫，流通センター，店舗，オフィス，住宅など
	②リンク	道路，鉄道，航路，航空路など
	③モード	貨物自動車，貨車，船舶，航空機など
技　術	①人材	（公共）行政・手続き遂行，不正防止・公平性，法令遵守など （民間）品質管理技術，改善意識，機密保持など
	②管理技術	輸送管理・貨物管理技術，パレット・コンテナの利用，冷蔵・冷凍技術など
	③情報技術	情報通信機器，伝票ラベルの統一，管理データの収集管理，データ標準化・規格化・共有化，コード共通化，情報利用のルールなど
	④資源	電力，電話，上下水・工業用水，燃料など
制　度	①法律	規制と許可の基準，通関・検査・検疫システム，金融税制など
	②慣習・慣行	宗教上の慣習，労働慣行，損害補償システム，契約履行など

2-5 物流の定義と内容

2-5-1 物流の定義[9]
1)「物的流通」と「物資流動」と「貨物車交通」

「物流」という用語には複数の意味があるため，混乱することがある（図2-5-1）。

第1の「物的流通」（Physical Distribution）は，昭和32年（1957）に米国から輸入された英語の直訳であり，「流通から派生した概念」として，6つの機能（輸送，保管，流通加工，包装，荷役，情報）から構成されている。

物流の本来の意味は，「物的流通」である。

第2の「物資流動」（Freight Transport）は，「交通の一側面の概念」として，輸送と荷役に特化しており，保管や流通加工や包装は対象外である。

第3の「貨物車交通」（Truck Traffic）は，「自動車交通量の概念」として，貨物の積載の有無にかかわらず，走行台数を対象にしている。同じように，貨物船や鉄道貨車や貨物輸送機の交通を物流と言うこともある。

図2-5-1 ロジスティクスと物流

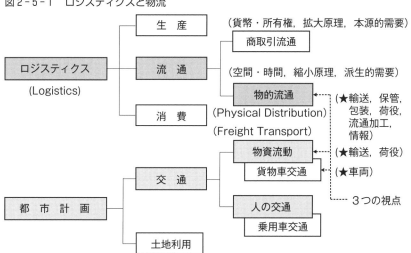

表2-5-1　商流と物流の違い[10]

	商流（商取引流通）	物流（物的流通）
内　容	所有権と貨幣の移動	空間的・時間的移動，高付加価値化
機　能	受発注，金融，情報	輸送，保管，流通加工，包装，荷役，情報
原　理	拡大原理（より遠く，より多く，より高く）	縮小原理（より近く，より少なく，より安く）
需　要	本源的需要	派生需要

2）　商流と物流

　原材料を調達したメーカーが作る製品が，卸小売業を経て，消費者のもとに届けられることを，「流通」という。流通は，「商流（商取引流通）」と「物流（物的流通）」で構成されている（表2-5-1）。

　商流は，「受発注と，これにともなう所有権と貨幣の移動」である。このとき商流は，広い市場を求め，多くの販売量を期待し，多くの利益を求めることから，「より遠く，より多く，より高く」の拡大原理にもとづいている。

　物流は，「物資や商品の空間的・時間的移動と，高付加価値化」である。このとき物流は，より短距離・短時間で輸送し，より少量・短期間で保管し，より流通加工・包装・荷役の作業量を少なくすることを求めることから，「より近く，より少なく，より安く」の縮小原理にもとづいている。

　そして，商流の結果として，もしくは商流を期待して物流が起きるので，商流が「本源的需要」であり，物流は「派生需要」である。

3）　交通における「物」と「人」の違い

　「物」は「人」に比べて，①移動の方法，②単位の不定性，③品目の多様性，④形態の変化，⑤目的の多様性，⑥サイクルの多様性，⑦変動の多様性，などで特徴が異なる（表2-5-2）。

　このうち「物」と「人」の最大の違いは，「移動の方法」である（表2-5-2の①）。商品や物資は，人間でいえば赤ちゃんと同じで，自ら歩くことも，話すことも，洋服を着ることもできない。それゆえ人とは異なり，荷役や包装などが重要になっている。

このことは引越しを思い起こすと理解できる。引越しでは，衣類や食器をまとめたり（流通加工），段ボールに詰めて荷造りしたり（包装），積みおろし（荷役）が大仕事である。もちろん，貨物自動車に載せてから走ること（輸送）も重要であるが，仕分けや積みおろしの方が重労働である。

さらには，表2-5-2の②〜⑦に示すような特徴がある。

2-5-2　6つの物流機能[11]

1）物流機能とリンク・ノード

ロジスティクスを構成する物流機能には，輸送・保管・流通加工・包装・荷役・情報の6つがある（図2-2-1中段）。

この6つの物流機能は，リンクの物流機能（①輸送，②荷役），ノードの物流機能（③保管，④流通加工，⑤包装），物流をコントロールする情報機能（⑥）の3つにまとめられる（表2-5-3）。

2）リンクの物流機能（輸送・荷役）

輸送機能（表2-5-3の①）とは，商品や物資の空間的な移動に関する機能である。「輸送」とは，2地点間の空間的な移動の総称であるが，特に長距離の2地点間の移動を「輸送」とし，1地点と複数地点間の短距離の輸送を「集荷」ないし「配送」とすることが多い。長距離の輸送では，船舶，鉄道，航空機，貨物自動車などさまざまな輸送機関を利用できるが，短距離の集荷と配送は，貨物自動車を使用することが一般的である。最近では，台車

表2-5-2　人に比較した「物」の特徴

特　徴	内　　容
①移動の方法	物は自らの意志で移動できず，行き先も知らない。
②単位の不定性	商品や物資は，質量，体積，個数など，さまざまな単位がある。
③品目の多様性	物流で扱う品目は数多く，荷姿や温度に大きな違いがある。
④形態の変化	流通の過程で商品の内容が変化する。
⑤目的の多様性	商品が必ずしも商取引相手間で輸送されるとは限らない。
⑥サイクルの多様性	商品は，生産から消費の一方通行で時間がさまざまである。
⑦変動の多様性	商品は，特定の季節や月末などにピークが集中する。

表2-5-3 物流機能の内容[12]

分類	項目		内容
リンクの物流機能	①輸送機能	輸送	長距離,1対1
		集荷	短距離,多対1
		配送	短距離,1対多
	②荷役機能（リンクとノードの接続機能）	積み込み	物流施設から交通機関へ
		荷おろし	交通機関から物流施設へ
		施設内作業	置き換え,検品・仕分け・棚入れなど
ノードの物流機能	③保管機能	貯蔵	長時間,貯蔵型保管
		保管	短時間,流通型保管
	④流通加工機能	生産加工	組み立て・スライス・切断など
		販売促進加工	値付け・ユニット化・詰合せなど
	⑤包装機能	工業包装	運送・保管用,品質維持主体
		商業包装	販売用,マーケティング主体
⑥物流をコントロールする情報機能		数量管理情報	入在出庫,ピッキングなど
		品質管理情報	温湿度管理,振動管理など
		位置管理情報	自動仕分け,貨物追跡など

や自転車を用いることもある。

荷役機能（②）とは，いわゆる「積み込み・荷おろし」である。「積み込み」は，倉庫などの物流施設から貨物自動車などの輸送機関に，商品や物資を運び入れるものであり，「荷おろし」は，輸送機関から商品や物資をおろし倉庫や店舗などに運び込むものである。このときコンテナなどの輸送用具への積み込みと荷おろしも，荷役と呼ばれている。また，商品や物資の置き換えや検品などの「施設内作業」も荷役に含まれることが多い。

3） ノードの物流機能（保管・流通加工・包装）

保管機能（表2-5-3の③）とは，商品や物資の時間的な移動に関する機能である。「保管」は時間的な移動の総称であるが,特に長期間では「貯蔵」，短期間では「一時保管」という用語を使うこともある。保管機能を受け持つ業者は，倉庫免許を持つ倉庫業が代表的であるが，生産者・卸売業者・小売業者などの荷主や輸送業者も，流通の過程において一時的な保管をおこなう

ことがある（図2-2-1下段）。

　流通加工機能（④）とは，商品や物資を輸送や保管する場合に必然的に生じる細かな作業と，商品の付加価値を高めるための作業である。この流通加工機能は，「生産加工」と「販売促進加工」の2つに分類できる。生産加工は，商品を販売するときに，組み立てやスライスなど商品に手を加える作業であり，販売促進加工は，値札を付けたり箱詰めするような販売のための作業である。

　包装機能（⑤）とは，商品や物資の状態を維持するものであり，2つの方法がある。一つは，商品の品質維持のための「工業包装」と，包装紙でくるむような商品の付加価値を高める「商業包装」である。もう一つは，輸送や保管をしやすくする「外装」，商品を緩衝材などで保護する「内装」，商品個々をくるむ「個装」である。

4）　物流をコントロールする情報機能

　情報機能（⑥）とは，輸送や荷役だけでなく，保管などの他の物流機能も含めて，物流を効率的におこなうためのものであり，「数量管理情報」，「品質管理情報」，「位置管理情報」の3つに大別できる。

　数量管理情報は，商品や物資の数量を把握する情報であり，入庫・在庫・出庫管理情報などがある。品質管理情報は，品質の劣化や安全を保つための情報であり，輸送中や保管中の温湿度管理や，製造日などの情報などがある。位置管理情報は，商品や物資の位置を把握する情報であり，保管中の商品の位置や，輸送中の貨物の追跡管理などがある。

2-5-3　物流施設における作業

　物流施設では，6つの物流機能について，さまざまな作業がおこなわれている（図2-2-1の下段，参照）（表2-5-4）。

　輸送されてきた商品や物資は，荷役（①荷おろし，②検品，③棚入れ・検品）されて，保管（④）される。次に，顧客からの注文があると，荷役（⑤ピッキング，⑥検品）され，次に流通加工（⑦流通加工，⑧仕分け）され，包装（⑨）される。そして，再度荷役（⑩検品，⑪積み込み）されて，顧客

表2-5-4　物流施設における作業の内容[13]

作　業	物流機能	内　　容
①荷おろし	荷役機能	貨物自動車から商品や物資をおろす作業
②検品（入荷時）		入荷された商品や物資の数量や品質を確認する作業
③棚入れ・検品（入庫時）		検品（入荷時）した商品や物資を所定の位置に収める作業，および入庫された商品や物資の数量や品質を確認する作業
④保管	保管機能	入庫された商品や物資を保管する
⑤ピッキング	荷役機能	保管位置から必要な商品や物資を注文にあわせて取り出す作業
⑥検品（出庫時）		ピッキングされた商品や物資の数量や品質を確認する作業
⑦流通加工	流通加工機能	商品や物資をセット化したり値札を付ける作業
⑧仕分け		商品や物資を温度帯や顧客別に分ける作業
⑨包装	包装機能	商品や物資の品質を維持するために材料で包んだり容器に入れる作業
⑩検品（出荷時）	荷役機能	出荷する商品や物資の数量や品質を確認する作業
⑪積み込み		貨物自動車へ商品や物資を積み込む作業
⑫搬送		商品や物資を比較的短い距離移動させる作業 　横持ち搬送：水平方向に移動する作業 　縦持ち搬送：垂直方向に移動する作業

の元に届けられる。この間，物流施設内で搬送（⑫）される。

　なお，これらの作業の詳細は，第11章において説明する。

参考文献

1）　苦瀬博仁編著：「ロジスティクス概論」，pp.21-26，白桃書房，2014
2）　知念肇：「新時代SCM論」pp.43-47，白桃書房，2006
3）　菊池康也：「実践サプライチェーンマネジメントの基礎知識」，pp.7-12，税務経理協会，2008
4）　齊藤実・矢野裕児・林克彦：「現代ロジスティクス論」，pp.11-12，中央経済社，2009
5）　湯浅和夫：「この1冊ですべてわかる　物流とロジスティクスの基本」，p.152，日本実業出版社，2009
6）　鈴木邦成：「グリーンサプライチェーンの設計と構築」，p.1，白桃書房，2010

7) 藤川裕晃:「サプライチェーン・マネジメントとロジスティクス管理」, p.9, 日刊工業新聞社, 2008
8) 前掲書1), pp.136-138
9) 前掲書1), pp.36-51
10) 前掲書1), p.36
11) 前掲書1), pp.51-54
12) 前掲書1), p.52
13) 前掲書1), p.61

第3章

サプライチェーンにおける流通チャネルの計画

第3章のねらい

　第3章から第5章では，流通チャネルの計画（第3章），生産時期と在庫ポイントの選択方法（第4章），物流ネットワークの計画（第5章）を明らかにする。

　第3章の目的は，流通チャネル（流通経路）の計画方法を理解することである。

　そこで本章では，サプライチェーンにおける計画と管理の概念（3-1），および流通チャネルの定義を明らかにする（3-2）。次に，閉鎖型・開放型と（3-3），中間業者数を説明する（3-4）。そして，流通チャネルのタイプを説明する（3-5）。

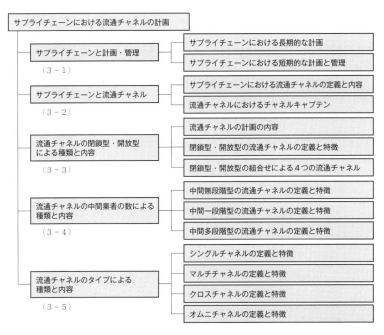

3-1 サプライチェーンと計画・管理

3-1-1 サプライチェーンにおける長期的な計画（第3章～第5章）

計画には，長期的な計画と短期的な計画がある。長期的な計画は10年や5年などの年単位の計画であり，短期的な計画は年や月や週単位の計画である。

サプライチェーンにおける長期的な計画は，容易に変更できないからこそ，経営戦略にもとづくものになる。

第3章（流通チャネル）では，調達先や販売先を決めるときの，流通チャネルの計画方法を説明する。第4章（生産時期と在庫ポイント）では，生産において生産場所（工場）や生産規模を決めるときの，生産時期と在庫ポイントの決定方法を説明する。第5章（物流ネットワーク）では，流通センターの立地場所の選定方法や配置方法から物流ネットワークの計画方法を説明する（図3-1-1）。

3-1-2 サプライチェーンにおける短期的な計画と管理（第6章～第9章）

短期的な計画と管理は，年・月・週単位などの「調達・生産・販売の計画（第6章）」と「調達・生産・販売の管理（第7章）」である。同じく「在庫・輸配送の計画（第8章）」と「在庫・輸配送の管理（第9章）」がある。

図3-1-1 SCMにおける計画と管理

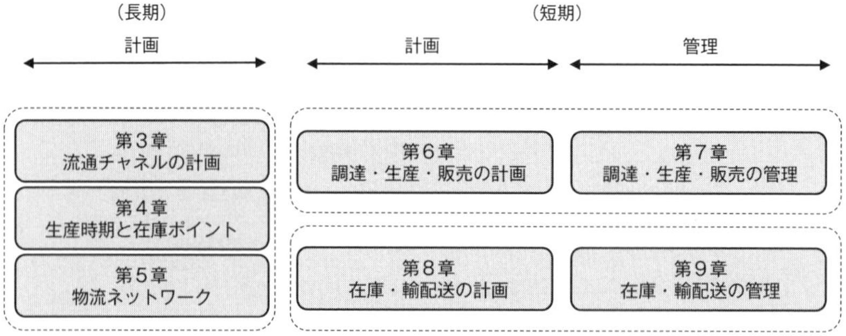

（長期）計画	（短期）計画	管理
第3章 流通チャネルの計画	第6章 調達・生産・販売の計画	第7章 調達・生産・販売の管理
第4章 生産時期と在庫ポイント		
第5章 物流ネットワーク	第8章 在庫・輸配送の計画	第9章 在庫・輸配送の管理

3-2 サプライチェーンと流通チャネル

3-2-1 サプライチェーンにおける流通チャネルの定義と内容

　流通チャネル（流通経路）とは，本来，商品の受発注や金融の流れを示す「商取引の経路（商流チャネル）」と，商品や物資のそのものの流れを示す「物流の経路（物流チャネル）」で構成される。しかし，一般的には，商流チャネルを流通チャネルと呼ぶことが多い。

　そして流通チャネルは，2-2節で述べたように，一般的には「原材料・部品業，メーカー，卸・小売業」のように，業種間で示すことが多い（図3-2-1）。

3-2-2 流通チャネルにおけるチャネルキャプテン[2]
1） チャネルキャプテンの定義

　チャネルキャプテンとは，流通チャネルにおいて，「商品開発（生産計画），商品価格の決定や商品販売戦略（販売計画），などで主導権を発揮する業者」である。そして，流通チャネルを構成する業者（メーカー，卸売業者，小売業者）は，商取引上の優位を保ち，自らの企業活動を有利に運び，市場占有率を高めるために，チャネルキャプテンとなることを目指す。

図3-2-1　サプライチェーンにおける流通チャネルと第3章の位置付け

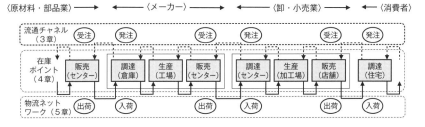

2） チャネルキャプテンによる流通チャネルの分類

　流通チャネルは，チャネルキャプテンの業種の違いから，①A型チャネル，②X型チャネル，③V型チャネルの3つに区分できる（図3-2-2）。

　A型チャネル（①）は，メーカーがチャネルキャプテンの流通チャネルである。メーカーが少数で，卸売業者・小売業者となるにつれて業者数が増える。たとえば，ビールメーカーは国内には数社しかないが，卸売業者（問屋）は数多くある。さらにビールを販売している小売業者は全国に多くあり，店舗や自動販売機も数多い。

　X型チャネル（②）は，卸売業者がチャネルキャプテンの流通チャネルである。卸売業者が少数で，メーカーと小売業者の数が多い。たとえば，加工食品や缶詰などを扱う食品問屋は，数多くの生産者から商品を集め，数多くの小売店に販売する。

　V型チャネル（③）は，小売業者がチャネルキャプテンの流通チャネルである。小売業者が少数で，卸売業者・メーカーとなるにつれて業者数が増える型である。たとえば，百貨店やコンビニエンスストアなどは，多くの商品を扱うため，商品を納入する卸売業者も多数存在し，それらの卸売業者にはさらに多くのメーカーが商品を納入している。

3） 流通チャネルにおける3つの競争

　流通チャネルにおける競争には，垂直型，水平型，斜めの3つがある。

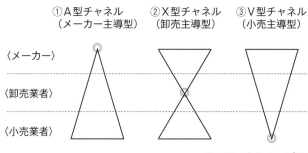

図3-2-2　A型・X型・V型チャネルとチャネルキャプテン[2]

第1の垂直型競争とは,「同じ流通チャネル内において,チャネルキャプテンを目指すために,メーカー・卸売業者・小売業者の3者が競争すること」である。A型・X型・V型のいずれにおいても,チャネルキャプテンは系列化を進めようとする。たとえば,メーカーが販売会社（販社）を設立したり,卸売業者が生産者を子会社化したり,スーパーなどが生産者や卸売業者を系列化したりする（図3-2-3）。

　第2の水平型競争とは,「チャネルキャプテンを核としたメーカー・卸売業者・小売業者の系列グループが,他の系列グループと競争すること」である。自動車メーカー間の競争（A型対A型）,商社間の競争（X型対X型）,コンビニエンスストア間の競争（V型対V型）がある。たとえばコンビニエンスストアが他のコンビニエンスストアと競争して多くの顧客を集めるには,商品の品切れが少なく品質の良い商品を,適切な時間に店頭に供給する必要がある。

　第3の斜めの競争とは,メーカーと小売業者,メーカーと卸売業者などの

図3-2-3　流通チャネルにおける垂直型・水平型・斜めの競争[2]

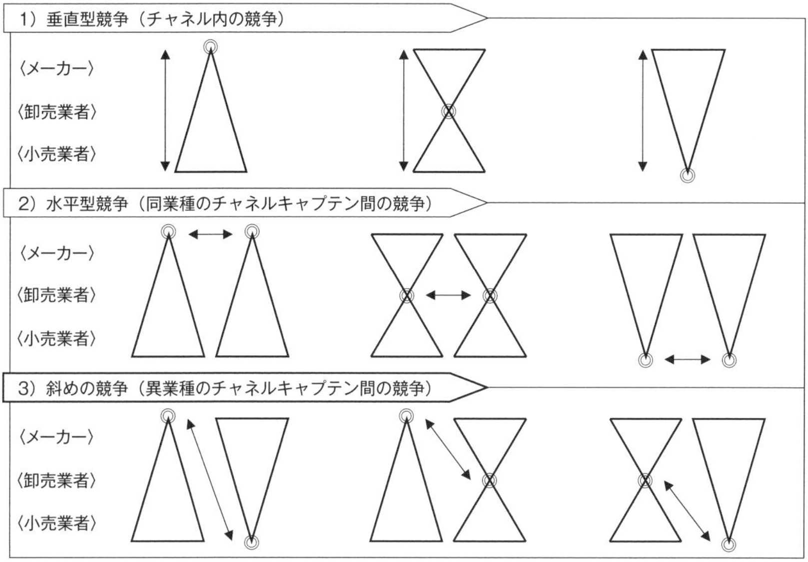

競争のように,「それぞれのチャネルを支配した異業種のチャネルキャプテンが競争すること」である。斜めの競争には,A型対V型,A型対X型,X型対V型の競争がある。たとえば,日用品メーカーとコンビニエンスストアの両者がチャネルキャプテンの場合である。メーカーは,中小小売業者などに対しては価格決定権を持つものの,商品を大量購入するコンビニエンスストアには価格決定権を奪われがちである。そこでメーカーは,消費者ニーズにあった新商品やヒット商品を供給し市場占有力を高めることで,小売業者に対して優位に立とうとする。

3-3　流通チャネルの閉鎖型・開放型による種類と内容

3-3-1　流通チャネルの計画の内容

サプライチェーンにおける流通チャネルの計画とは,「生産者が生産した商品や物資を消費者に届けるまでの,流通チャネル(流通経路)を決めること」である。

本章では,A型チャネルを例に,流通チャネルの計画について,閉鎖型・開放型の種類と内容(3-3),中間業者の数による種類と内容(3-4)を明らかにする。そして,流通チャネルのタイプによる種類と内容(3-5)の3つを取り上げる。

3-3-2　閉鎖型・開放型の流通チャネルの定義と特徴

1)　閉鎖型の流通チャネルの定義と特徴

閉鎖型チャネルとは,「商品や物資の販売先(卸売業者や小売業者)を特定して,あらかじめ決められた販売先のみに商品や物資を販売する方法」である[3]。

閉鎖型チャネルでは,販売先が限定されるため,商品の販売価格を維持しやすく,価格競争が起きにくい。一方,販売先が限定されているために,商品の販売数量の増加も限られることが多い。

ただし現状では,自動車販売やプライベートブランドなどを除き,限定されることは少なくなっている。

2） 開放型の流通チャネルの定義と特徴

開放型チャネルとは，「商品や物資の販売先を特定しないで，多くの販売先に商品や物資を販売する方法」である。

開放型チャネルでは，販売先が限定されていないため，多くの顧客に商品を販売できる可能性がある。一方，販売先が限定されていないため，他のメーカーの商品と競合する可能性が高く，価格競争が起きやすい。

ただし，百貨店や大型スーパーなどで，卸売業者（問屋）に商品の品ぞろえを委託することがあるため，卸売業者が販売先を決めることもある。

3-3-3　閉鎖型・開放型の組合せによる4つの流通チャネル
1） 閉鎖・閉鎖型の流通チャネル

メーカーから小売業者までの流通チャネルを，「メーカー→卸売業者」と「卸売業者→小売業者」の2つに分け，それぞれを「閉鎖型」と「開放型」で分類すると，4つの組合せになる（図3-3-1）。

閉鎖・閉鎖型チャネル（①）は，メーカー・卸売業者・小売業者の流通チャネル全体が閉鎖型である。

たとえば，自動車メーカーは，自社の系列の販売代理店で消費者に自社の自動車を販売している。

2） 閉鎖・開放型の流通チャネル

閉鎖・開放型チャネル（②）は，メーカーから卸売業者の流通チャネルが閉鎖型であり，卸売業者から小売業者の流通チャネルが開放型である。

たとえば，漁業者は鮮魚を特定の卸売市場に販売し，卸売市場の卸売業者は不特定の小売業者に販売している。

3） 開放・閉鎖型の流通チャネル

開放・閉鎖型チャネル（③）は，メーカーから卸売業者の流通チャネルが開放型であり，卸売業者から小売業者の流通チャネルが閉鎖型である。

たとえば，食料品卸売業者は，多くのメーカーから調達し，限定された小売業者に販売している。

図3-3-1　閉鎖型・開放型からみた流通チャネルの種類

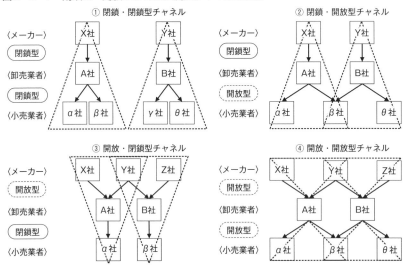

4）開放・開放型の流通チャネル

　開放・開放型チャネル（④）は，メーカー・卸売業者・小売業者の流通チャネル全体が開放型である。

　たとえば，現金問屋のように，持ち込まれた商品を不特定多数の小売業者に販売する形態である。ただし，現実的には，通常の流通チャネルではきわめて少ない。

3-4　流通チャネルの中間業者の数による種類と内容

3-4-1　中間無段階型の流通チャネルの定義と特徴

　中間業者とは，「メーカーから消費者までの流通チャネルの間で，介在する卸売業者や小売業者のこと」である。中間業者の数により，流通チャネルは，①中間業者が介在しない「中間無段階型」，②1つの中間業者が介在する「中間一段階型」，③複数の中間業者が介在する「中間多段階型」の3つに分類できる（図3-4-1）。

　ただし，同じ商品であっても3つの型の併用も多い。そして，多くの場

図3-4-1　中間業者の数による流通チャネルの種類

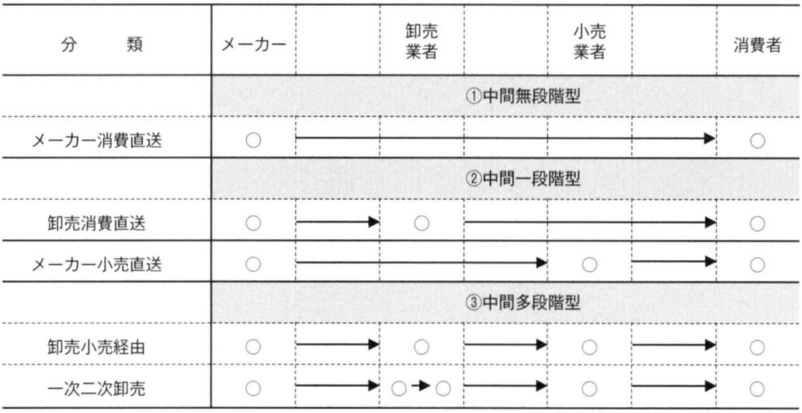

分類	メーカー	卸売業者	小売業者	消費者
①中間無段階型				
メーカー消費直送	○ →→→→→→→→→→→→→→→→			○
②中間一段階型				
卸売消費直送		○ →→→→→→→→→→→→		○
メーカー小売直送	○ →→→→→→→→		○ →→→→→	○
③中間多段階型				
卸売小売経由	○ →→→	○ →→→	○ →→→	○
一次二次卸売	○ →→	○→○ →→	○ →→	○

合，流通チャネルを決定するのは，チャネルキャプテンである。

中間無段階型（①）とは，「中間業者が介在せずに，メーカーが消費者から直接受注し，これをもとに商品を販売する流通チャネル」である。

たとえば，農家がインターネットで消費者に農産物を直接販売する場合は，中間業者が介在しないために，商品の価格は比較的安くなる。一方で，個々の消費者への1回当たりの出荷量が少ないために，荷造りなどの作業は煩雑になり，輸配送コストは高くなる。

このため，中間無段階型の流通チャネルは，少数の販売先で，少ない量の商品を販売する場合に適している。

3-4-2　中間一段階型の流通チャネルの定義と特徴

中間一段階型（②）とは，「メーカーから中間業者（卸売業者，もしくは小売業者）を1つ経て消費者に販売する流通チャネル」である。

たとえば，小売業者が介在する流通チャネルには，卸売市場を通さずに農家から小売業者に農産物を直送する例がある。

このため，中間一段階型の流通チャネルは，限定された中間業者に販売するため，1回当たりの出荷量が多くなり輸配送コストは安くなる。一方で，中間無段階型に比べると，商品の販売価格は高くなる。

3-4-3 中間多段階型の流通チャネルの定義と特徴

中間多段階型（③）とは，「メーカーから複数の中間業者（卸売業者や小売業者）を経て消費者に販売する流通チャネル」である。

たとえば，卸売業者を経て小売業者の店舗で農産物を販売する場合は，メーカーは，複数の小売業者の注文をまとめた卸売業者の注文に応じて，商品を輸送すれば良い。このため，輸配送1回当たりの輸送量が多くなり効率的な輸配送ができるため，輸配送コストは安くなる。一方で，中間業者が複数介在するため中間マージンがかかり，価格は高くなりやすい。

このため，中間多段階型の流通チャネルは，多数の販売先で，多くの量の商品を販売する場合に適している。

3-5　流通チャネルのタイプによる種類と内容

3-5-1　シングルチャネルの定義と特徴

流通チャネルのタイプには，①シングルチャネル，②マルチチャネル，③クロスチャネル，④オムニチャネルの4種類がある（図3-5-1）。

シングルチャネル（①）とは，「一つの流通チャネルで商品を流通させるチャネル」である。すなわち，「メーカー→卸売業→小売業→消費者（通常販売）」や「メーカー→消費者（直販）」など，採用可能な複数の流通チャネルから，一つの流通チャネルを選ぶものである。

シングルチャネルでは，流通チャネルが限定されるため，在庫量は少なく，複数の流通チャネルを準備する必要がないため，輸配送コストが安くなることが多い。

3-5-2　マルチチャネルの定義と特徴

マルチチャネル（②）とは，「複数の流通チャネルで商品を流通させるチャネル」である。すわなち，「メーカー→卸売業→小売業→消費者（通常販売）」や「メーカー→消費者（インターネット通販）」などの流通チャネルが，同時に複数存在することである。この場合，消費者にとっては，実際の店舗で購入する方法と，インターネット通販で購入し宅配してもらう方法が

ある。

　マルチチャネルでは，メーカーが多様な経路で商品を販売できるため，販売機会が増え売上の増加が期待できる。一方，販売機会を逃さないために，複数の流通チャネルごとに在庫（店舗販売用とインターネット通販用）することもある。そして，輸配送1回当たりの輸送量が少なくなり，シングルチャネルと比較して，輸配送コストが高くなることがある。

3-5-3　クロスチャネルの定義と特徴

　クロスチャネル（③）とは，「複数の流通チャネルが存在し，流通の過程で別のチャネルに変更できるチャネル」である。シングルチャネルとマルチチャネルでは，あらかじめ決められたメーカーから消費者までの流通チャネルで輸配送される。しかし，クロスチャネルでは，消費者が商品の受け取り場所（自宅，コンビニ，オフィスなど）を自らの都合に合わせて選ぶことができる。このため，複数の流通チャネル間で商品が移動する。

　クロスチャネルでは，販売機会が増えて売上増加が期待できる。一方，輸配送の途中で配送先が変更されることもあり，輸配送コストが増加する可能性がある。

3-5-4　オムニチャネルの定義と特徴

　オムニチャネル（④）とは，一般には，「あらゆる流通チャネルを統合し，どの流通チャネルからも同じ商品を購入でき，届け先も選択できるチャネル」である。

　オムニチャネルでは，消費者が商品の受け取り場所を自らの都合に合わせて選ぶことができるクロスチャネルがさらに進化して，どの発注先（店舗，インターネット通販など）で，どの受け取り場所であっても，在庫と輸配送を一括で管理している。このため，消費者は，流通チャネルの違いを感じずに，発注先も受け取り場所も任意に選択できる。また，事業者は，在庫コストや輸配送コストの削減が期待できる。

図3-5-1　流通チャネルのタイプ（シングル，マルチ，クロス，オムニ）

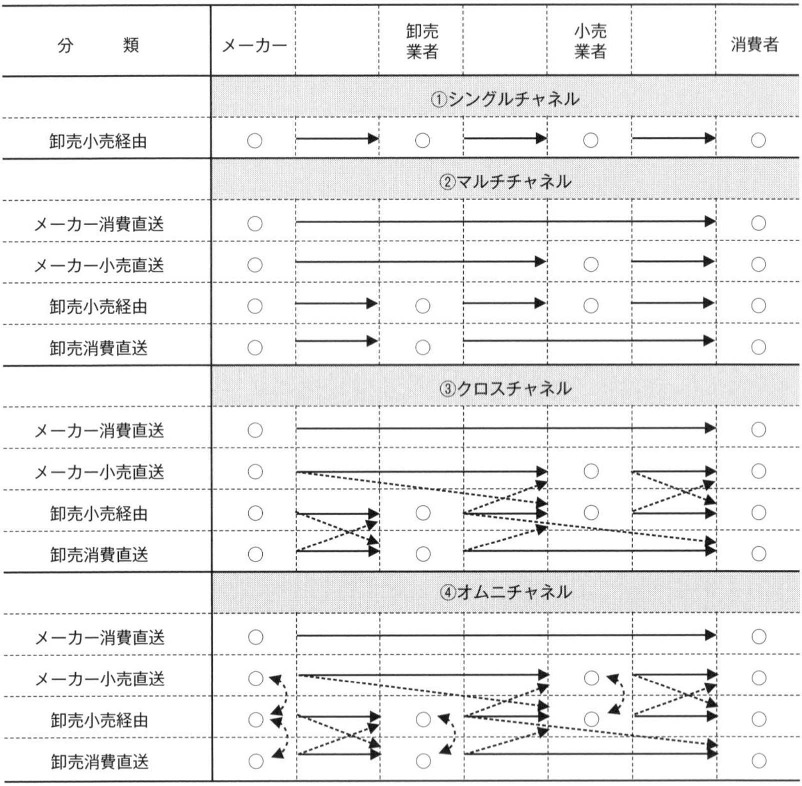

分　類	メーカー	卸売業者	小売業者	消費者
①シングルチャネル				
卸売小売経由	○	○	○	○
②マルチチャネル				
メーカー消費直送	○			○
メーカー小売直送	○		○	
卸売小売経由	○	○	○	
卸売消費直送	○	○		○
③クロスチャネル				
メーカー消費直送	○			○
メーカー小売直送	○		○	
卸売小売経由	○	○	○	
卸売消費直送	○	○		○
④オムニチャネル				
メーカー消費直送	○			○
メーカー小売直送	○		○	
卸売小売経由	○	○	○	
卸売消費直送	○	○		○

参考文献
1) 苦瀬博仁編著：「ロジスティクス概論」，白桃書房，pp.44-47, 2014
2) 前掲書1), p.45
3) 和田充夫，恩蔵直人，三浦俊彦著：「マーケティング戦略第4版」，有斐閣，pp.246-247, 2012
4) 宮崎哲也：「フィリップ・コトラーのマーケティング論がわかる本」，秀和システム，p.66, 2006

第4章

サプライチェーンにおける生産時期と在庫ポイント

第4章のねらい

　第4章の目的は，サプライチェーンにおける生産時期と在庫ポイントを理解することである。メーカーが製品を生産するとき，生産時期として受注生産もしくは見込生産を選択し，原材料・半製品・製品をどこで在庫するかが，課題となる。

　そこで本章では，最初に，生産時期と在庫ポイントの考え方を述べ（4-1），次に延期戦略と投機戦略の特徴を説明し（4-2），生産時期と在庫ポイントの特徴を説明する（4-3）。そして，生産時期と在庫ポイントの選択方法を説明する（4-4）。最後に，在庫ポイントの多様化とその影響を説明する（4-5）。

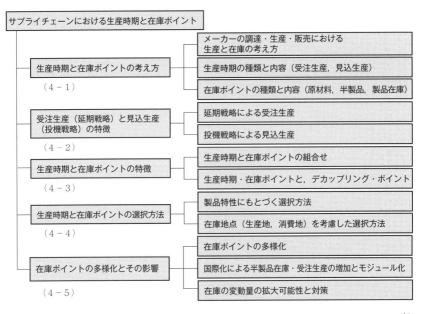

4-1 生産時期と在庫ポイントの考え方

4-1-1 メーカーの調達・生産・販売における生産と在庫の考え方

　消費者が購入する商品や物資は、工場で生産され、卸売業者の物流センターや小売業者の店舗を経て消費者の手に届く。このサプライチェーンにおいて、原材料・部品または半製品が「調達」され、製品が「生産」され、製品が「販売」される。そして、工場において、原材料や部品が、製品へと変わる。

　このときメーカーは、製品の受注時点と生産時期の関係から、生産時期を受注前にするか（見込生産）、受注後にするか（受注生産）を決めなければならない。また、見込生産と受注生産に合わせて、在庫の保有対象（原材料在庫、半製品在庫、製品在庫）を決める必要がある（図4-1-1）。

4-1-2 生産時期の種類と内容（受注生産、見込生産）

　生産時期には、受注生産と見込生産の2つがある。

　受注生産とは、「受注してから生産を開始し、生産した製品を販売する方式」である。注文を受けてから生産するため、生産のための時間が必要となり、納品までのリードタイムが長くかかる。

　見込生産とは、「受注前に将来の需要を見込んであらかじめ生産し、受注したら直ちに販売する方式」である。需要予測にもとづく生産計画によって

図4-1-1　サプライチェーンにおける在庫ポイントと4章の位置付け
【サプライチェーン】

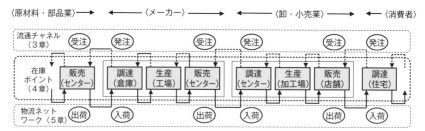

販売以前に生産するため,綿密な需要予測や高度な在庫管理が必要である。

たとえば,ベーカリーが小麦粉からパンを作り,さらにサンドイッチを作り販売する例を考えてみる。このとき,顧客の注文を受けてからサンドイッチを作るのは「受注生産」である。逆に,あらかじめ何種類ものサンドイッチを作っておき顧客を待つのは「見込生産」である。

4-1-3 在庫ポイントの種類と内容(原材料在庫,半製品在庫,製品在庫)

在庫ポイントには,原材料在庫,半製品在庫,製品在庫の3つがある。

原材料在庫とは,「製品を生産せずに原材料で在庫を持つこと」である。このとき,製品の素材として原形をとどめていないものを「原料」,とどめているものを「材料」とすることが多い。

半製品在庫とは,「製品の生産過程で,一部の生産が完了した半製品で在庫を持つこと」である。なお,「半製品」は販売できる状態であるが,販売できない生産途中の状態の場合は「仕掛品」という[1]。

製品在庫とは,「生産が完了して完成した製品を在庫すること」である。なお同じものであっても,メーカーは「製品」といい,卸小売業が取引先から仕入れた品は「商品」ということが多い。

先の例でいうと,小麦粉の在庫は「原材料在庫」であり,パンの在庫は「半製品在庫」であり,サンドイッチの在庫は「製品在庫(商品在庫)」である。

4-2 受注生産(延期戦略)と見込生産(投機戦略)の特徴

4-2-1 延期戦略による受注生産
1) 延期戦略の考え方

経営戦略にもとづき生産時期と在庫ポイントを決めるときは,「延期戦略」と「投機戦略」がある。

延期戦略(ポストポーンメント)とは,「過剰な生産や在庫を避けるために,受注量が確定するまで製品の生産や在庫の時期を遅らせる考え方」であ

る[2]。このため、リードタイムが長くなるリスクがあるが、生産量の変動を小さくし在庫量を削減しやすくなる。

この延期戦略にしたがえば、「原材料在庫、受注生産」ないし「半製品在庫、受注生産」となる。

2） 延期戦略の3分類（リー）

リー（Lee）は延期戦略を、「①プル延期」と「②ロジスティクス延期」と「③フォーム延期」の、3つに分けている（表4-2-1）。

プル延期（①）とは、「半製品を在庫し、顧客の注文を受けてから製品を生産する戦略」である。アパレル企業が、先に無地のシャツを生産しておき、顧客の注文を受けてから染色する例がある（図4-2-1）。

ロジスティクス延期（②）とは、「半製品の製品化を、工場ではなく消費地に近い流通センターでおこなう戦略」である。パソコンメーカーが、工場で生産した部品を流通センターに集めておき、顧客の注文を受けてから組み立てる例がある（図4-2-2）。

フォーム延期（③）とは、「既存商品を用意しておき、顧客のニーズに合わせるカスタマイズを、出荷直前まで延期する戦略」である。プリンターを出荷する直前で、輸送先に合わせて電圧パーツをカスタマイズした例がある[3]。

3）「フォーム延期」の4分類（ジーンとバワーソックス）

ジーン（Zinn）とバワーソックス（Bowersox）は、リーの提唱した「フォーム延期」を、「ラベリング延期」「パッケージ延期」「組み立て延期」「製造延期」の、4つに細分化している（図4-2-3）[4]。

ラベリング延期とは、「同じ内容の製品を生産しておき、出荷時に異なるラベルを貼ること」である。同じ製品でもバーゲンのときには別のラベルが貼られる。同じハムサンドでも、販売先によってラベルを変える。

パッケージ延期とは、「同じ内容の製品を生産しておき、出荷時に顧客の要請で異なるパッケージに入れること」である。同じカップラーメンでも、入れ物のデザインが異なることがある。同じサンドイッチでも、小さいパッ

表4-2-1　延期戦略の種類と内容

種類	内容
①プル延期（図4-2-1）	工場での工程の組み替えと，半製品在庫と受注生産
②ロジスティクス延期（図4-2-2）	流通センターでの半製品の製品化
③フォーム延期（図4-2-3）	商品のユニバーサル化と出荷直前のカスタマイズ（ラベリング延期，パッケージ延期，組み立て延期，製造延期）

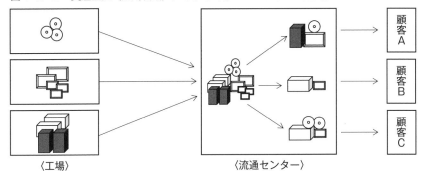

図4-2-1　受注生産（延期戦略）における「①プル延期」

図4-2-2　受注生産（延期戦略）における「②ロジスティクス延期」

ケージ（容器）や大きいパッケージに入れ分けることがある。
　組み立て延期とは，「共通の部品やパーツを用意しておき，注文があってから，顧客の要求に合わせた商品に組み立てること」である。三色ボールペ

図4-2-3 受注生産（延期戦略）における「③フォーム延期」（4種類）

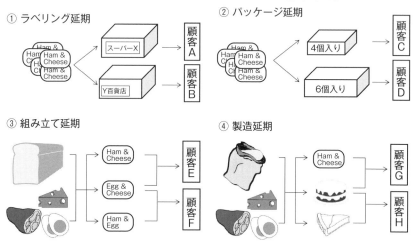

ンには，「黒，青，赤」もあるが「太い黒，細い黒，赤」もある。よって，ボールペンの本体ケースと，各色のインクを用意しておけば，注文に合わせて組み立てることができる。サンドイッチでは，ハム・チーズサンド，エッグ・チーズサンド，ハム・エッグサンドなどを作っておき，顧客の要求（ハム・チーズサンドとハム・エッグサンド）に合わせて組み合わせることになる。

　製造延期とは，「複数の製品に共通する原材料を在庫としておき，顧客の要求に合わせて，出荷前に異なる製品を製造すること」である。肉や卵やチーズを用意しておき，顧客の注文に合わせて，ハム・チーズサンドやハンバーガーやチーズケーキを作ることである。

4-2-2　投機戦略による見込生産
1）　投機戦略の考え方

　投機戦略（スペキュレーション）とは，「欠品防止や迅速な供給のために，受注量が確定していなくとも，予測や計画にもとづいて生産しておき，これを在庫する考え方」である。このため，売れ残りや在庫量が増えるリスクは

あるが，注文に直ちに応じられるのでリードタイムは短くなる。
この投機戦略にしたがえば，「見込生産・製品在庫」となる。

2） 延期戦略と投機戦略の連携可能性

メーカーの投機戦略では，大量生産による生産コストの削減と欠品防止のために見込生産し，製品を在庫する。

しかし，投機戦略を提起したバックリン（Bucklin）は，「投機」を適切な予測にもとづくものであり，決して冒険的行為の意味ではないとしている。

またバックリンは，延期戦略が他の事業者に在庫負担を転嫁する可能性があると指摘している。たとえば，メーカーが延期戦略（受注生産）をとることで，発注から納品までのリードタイムが長くなれば，卸小売業者は欠品を恐れて在庫を増やす可能性が高い。また，部品供給者もメーカーが部品の発注を遅らせば，受注がなくても欠品を避けるために，在庫を増やすことが多くなる。そこでバックリンは，延期と投機を結合した戦略が必要であると強調している[5]。

4-3 生産時期と在庫ポイントの特徴

4-3-1 生産時期と在庫ポイントの組合せ

1） 生産時期と在庫ポイントの3つの組合せ

2つの生産時期（見込生産，受注生産）と，3つの在庫ポイント（原材料在庫，半製品在庫，製品在庫）を組み合わせたとき，「①原材料在庫・受注生産」，「②半製品見込生産・半製品在庫・製品受注生産」，「③見込生産・製品在庫」の3つとなる。

なお，「原材料在庫・見込生産」や「受注生産・製品在庫」などは，理論上ありえない（表4-3-1，図4-3-1）。

2） 原材料在庫・受注生産（①）

原材料在庫・受注生産（①）は，一般に個別の注文に対応できるが，納品までのリードタイムが長くなる。そして，在庫費用は低くなるが，製造原価

は高くなる。

　先のサンドイッチの例でいえば，小麦粉で在庫し受注してからサンドイッチを作ると，パンを焼きサンドイッチを作る時間がかかる。そのため，サンドイッチを在庫しないため在庫費用は低くなるが，注文ごとに作るためサンドイッチの製造原価は高くなる。

3） 半製品見込生産・半製品在庫・製品受注生産（②）

　半製品見込生産・半製品在庫・製品受注生産（②）は，受注生産と見込生産の中間である。

　パンを焼いて在庫し受注してからサンドイッチを作ると，パンを焼く時間は不要だが，サンドイッチを作る時間がかかる。

表4-3-1　見込生産と受注生産のメリット・デメリット

方法	製造原価	リードタイム	在庫費用	売れ残り
①原材料在庫 受注生産	高くなる	長くなる	低くなる	なし
②半製品在庫 受注生産	中	中	中	中
③見込生産 製品在庫	低くなる	短くなる	高くなる	あり

図4-3-1　メーカーの生産時期と在庫ポイントの組合せ

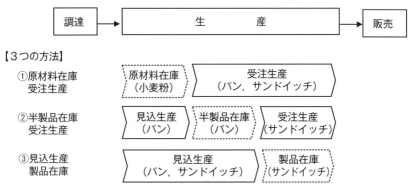

4） 見込生産・製品在庫（③）

　見込生産・製品在庫（③）は，一般に顧客ごとの特別な注文に対応することは難しいが，納品までのリードタイムは短くなる。そして，在庫費用は高くなるが，製造原価は低くなる。

　あらかじめ何種類ものサンドイッチを作り在庫しておけば，納品までのリードタイムが短くなる。そして，サンドイッチを在庫するため在庫費用は高くなるが，サンドイッチの製造原価は低くなる。

4-3-2　生産時期・在庫ポイントと，デカップリング・ポイント

　デカップリング（Decoupling）とは，「生産過程において，前の過程（工程）と後の過程（工程）を切り離すこと」である[6]。そして，過程（工程）を切り離したポイント（デカップリング・ポイント：Decoupling Point, DP）で在庫を持つことになる。

　よって，在庫ポイントとデカップリング・ポイントは同じである。

　先のサンドイッチの例におけるデカップリング・ポイントは，「原材料在庫」，「半製品在庫」，「製品在庫」の3つの在庫ポイントに相当する。

4-4　生産時期と在庫ポイントの選択方法

4-4-1　製品特性にもとづく選択方法
1）　生産時期と在庫ポイントの3つの組合せと，選択方法の考え方

　生産時期（見込生産，受注生産）と，在庫ポイント（原材料，半製品，製品）の組合せは，4-3-1で述べたように，「①原材料在庫，受注生産」，「②半製品見込生産，半製品在庫，製品受注生産」，「③見込生産，製品在庫」の3つとなる。このため，生産時期と在庫ポイントは，3つの組合せから選ぶことになる。

　生産時期と在庫ポイントの選択は，製品特性にもとづいておこなうことが一般的である。なぜならば，この選択は，売上げや収益などの経営状況，市場開拓などの企業戦略，市場規模などの社会状況などの影響も受けるが，製品特性による影響が最も大きいからである。

図4-4-1 製品特性にもとづく在庫ポイント（DP）の選択の考え方

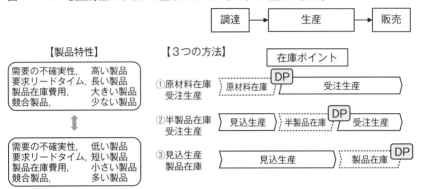

製品特性には，「需要の不確実性」，「要求されるリードタイムの長短」，「製品在庫の費用の大小」，「競合製品の多少」の4つがある。そして本節では，この4つの特性にしたがって，生産時期と在庫ポイントの組合せを選択する方法を示すことにする（図4-4-1）。

2） 生産時期と在庫ポイントの選択方法

原材料在庫・受注生産（①）は，「需要の不確実性が高く」，「要求されるリードタイムに余裕があり」，「製品在庫の費用が大きく」，「競合製品が少ない場合」に適している。たとえば，特殊な機械や高級な原材料で作る宝飾品などは，需要予測が難しく，売れ残りが生じると大きな損失につながるため，原材料在庫・受注生産が適している。

見込生産・製品在庫（③）は，逆に，「需要の不確実性が低く」，「要求されるリードタイムが短く」，「製品在庫の費用が小さく」，「競合製品が多い場合」に適している。たとえば，シャンプーなどの日用品やお菓子などの加工食品は，すぐに手に入れる必要があり，需要は比較的に安定していて，競合製品が多いため，欠品の防止を重視し，製品を見込生産し，製品在庫を持つことになる。

半製品在庫・受注生産（②）は，上記の2つの中間に位置している。たとえば，パソコン（PC）や家具などは，原材料を大量に調達して生産コストを抑えながら，半製品までを見込生産し，製品は受注生産している。

4-4-2　在庫地点（生産地，消費地）を考慮した選択方法
1)　生産地と消費地での在庫ポイントの違い

　サプライチェーンのネットワークが拡大し，世界中に生産拠点や販売先を持つようになると，生産地と消費地が遠くなるために，生産地と消費地のどちらかで在庫するかを考慮しながら，生産時期と在庫ポイントを決める必要がある。

　ポー（Pagh）の考え方を参考にすれば，「生産時期と在庫ポイントと在庫地点（生産地か消費地）」の組合せは，以下の5つとなる（図4-4-2）[7]。

　すなわち，生産時期と在庫ポイントの組合せは，4-4-1で述べたように3種類であるが，このうち「半製品在庫・受注生産（②）」と「見込生産・製品在庫（③）」の在庫地点には，生産地と消費地の2つがあるため，最終的に5つに分類できる。

2)　生産地と消費地を考慮した場合の在庫ポイントの特徴

　「生産地での原材料在庫，生産地での製品の受注生産（①）」は，原材料の在庫を持ち，受注してから製品を生産する方法である。在庫負担は小さいが，リードタイムは生産時間と輸送時間の合計になるので長くなる。

　「生産地での半製品在庫，生産地での製品の受注生産（②-(1)）」は，見込生産した半製品を，工場近くの倉庫で在庫しておき，注文に応じて製品を生産し，輸送する方法である。原材料から生産するよりも，リードタイムが短くなる。

　「生産地での見込生産，生産地での製品在庫（③-(1)）」は，見込生産した製品を工場近くの倉庫で在庫しておき，注文に応じて消費地に輸送する方法である。在庫費用が生じるが，生産時間の分だけリードタイムが短くなる。

　「消費地での半製品在庫，消費地での製品の受注生産（②-(2)）」は，消費地に半製品を輸送しておき，顧客の注文を受けてから組立またはラベル貼りなど最後の工程だけをおこない納品するような例である。消費地で半製品の在庫を持たなければならないが，生産時間と輸送時間の分だけリードタイムも短くなる。

　「生産地での製品の見込生産，消費地での製品在庫（③-(2)）」は，製造原

図4-4-2 生産地と消費地を考慮したときの生産と在庫の延期・投機戦略

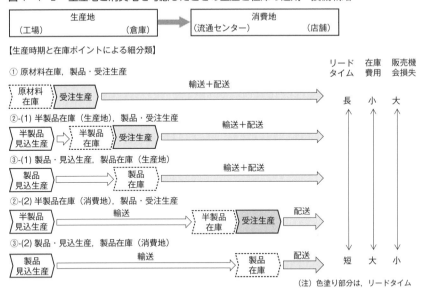

価が低くなるが，消費地で製品を在庫するため，在庫費用が大きくなる。ただし，リードタイムは最も短い。

3) 生産時期と在庫ポイントの選択方法

「原材料在庫・受注生産（①）」と「半製品在庫・受注生産（②）」と「見込生産・製品在庫（③）」の選択方法は，4-4-1で記した。このため次に，「半製品在庫・受注生産（②）」ないし「見込生産・製品在庫（③）」のときの，「生産地在庫（1）」か「消費地在庫（2）」を選択すれば良いことになる。

この「生産地在庫（1）」と「消費地在庫（2）」の大きな違いは，リードタイムのなかに生産地と消費地の間の輸送時間を含むか否かである。このため，発注から納品までのリードタイムが長くても許容される場合は「生産地在庫（1）」を，短い必要がある場合は「消費地在庫（2）」を選択することになる。

4-5　在庫ポイントの多様化とその影響

4-5-1　在庫ポイントの多様化
　在庫ポイントは基本的に3つ（原材料在庫，半製品在庫，製品在庫）であるが，これを詳細に分けると7つになる（表4-5-1，図4-5-1）。
　そして，近年国際間での分業が発展することにより，生産時期や在庫ポイントの種類も多様になり，デカップリング・ポイントが細分化されている。

4-5-2　国際化による半製品在庫・受注生産の増加とモジュール化
1）　国際化にともなう「半製品在庫・受注生産」の増加
　近年，サプライチェーンの国際化が進み，各国間での製品・半製品の輸出入が増えるにつれて，受注生産と見込生産の両方のメリットを生かすために，「半製品在庫・受注生産」を採用する例が増えている。
　たとえば，パソコン（PC）は，マザーボード，ハードディスク，ケース，モニターなどのパーツを在庫しておき，顧客の注文に応じて組み立てて出荷する。同じように，自動車では，車種の選定後に，車の色やシートの素材などを選び，カーナビやカーオーディオなどのオプションを付けて，顧客のニーズに合わせた自動車を供給している。

2）　国際化にともなうモジュール化の増加
　受注生産が普及するにつれて，モジュール化とマス・カスタマイゼーションが一般化している。
　モジュール化とは，「複数の原材料や部品を1つの単位のパーツにまとめておくこと」である。たとえばパソコンを組み立てるとき，メモリー装置，ディスクユニットなど，部品をまとめておくことである[8]。
　このモジュール化により，顧客の要求に合わせて，メモリーの容量やディスクユニットをセットすることができる。この結果，顧客のニーズに合わせて多様な製品を生産することができる。

表4-5-1 生産時期と在庫ポイントによる種類と特徴

生産時期と在庫ポイント	種　　類	特　　徴
1. 原材料在庫・受注生産	①特注受注生産 （ETO：Engineering to Order）	特注品を受注に応じて設計し，原材料を調達後，製品を生産・販売する。
	②規格品受注生産 （MTO：Make to Order）	規格品を，受注に応じて原材料を調達し，製品を生産・販売する。
2. 半製品在庫・受注生産	③受注加工組立 （BTO：Built to Order）	受注後に，原材料をもとに製品を組立て販売する。
	④受注仕様組立 （CTO：Configuration to Order）	受注内容に応じて仕様を変更して，製品を組立て販売する。
	⑤受注組立 （ATO：Assemble to Order）	受注後に部品在庫をもとに，製品を組立て販売する。
3. 見込生産・製品在庫	⑥見込生産 （MTS：Make to Stock）	製品を見込生産し，自社で製品在庫を持って，販売する。
	⑦流通在庫補充販売 （STS：Ship to Stock）	製品を見込生産し，物流業者や流通業者が製品在庫を持ち，販売する。

図4-5-1 生産時期別のデカップリング・ポイント[9]

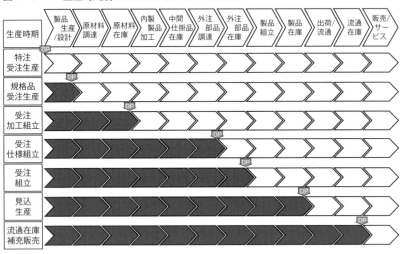

3) マス・カスタマイゼーションの普及

マス・カスタマイゼーションとは,「モジュール化によって,大量生産と同じように低価格化を実現しつつも,詳細な仕様に応えるために,カスタマイズする方法」である。

この言葉は,マスプロダクション（大量生産）とカスタマイゼーションの合成語である。マス・カスタマイゼーションは,受注組立生産（ATO：Assemble To Order）と呼ばれる場合もある。

マス・カスタマイゼーションは,パソコン（PC）や自動車だけでなく,いわゆる「イージーオーダー」の服やファストフードのハンバーガーに至るまで,多くの分野で用いられている。

4-5-3　在庫の変動量の拡大可能性と対策
1)　ブルウィップ効果の影響

ブルウィップ効果（鞭効果）とは,「サプライチェーンを構成する各事業者がそれぞれ在庫を持つとき,小売業者から原材料・部品業に向かって次々に発注されていくために,在庫の変動量が増える現象」である（図4-5-2）。ブルウィップとは,牛の鞭（ムチ）のことである。鞭は手元で小さく振っても,鞭の先は大きくしなって動くことから名付けられている。

たとえば,小売業者の店舗で通常より商品が5個多く売れたとすると,小売業者は「もう少し売れるかもしれない。今の在庫では足りない」と考え,卸売業者に通常より多めの20個を注文する可能性がある。卸売業者もまた「売れ筋の商品になるかもしれない。他の小売業者からも注文があるだろう。現在の在庫では欠品になる」と考え,メーカーに多めの90個を注文する可能性がある。すると,メーカーは「大ヒット商品になるかもしれない。多く生産しなければ間に合わない」と考え,200個を生産する可能性がある。そしてメーカーから注文を受けた原材料・部品業も,多めに部品を生産して在庫するようになる。

このように,店舗で通常より5個多く売れただけだが,サプライチェーンにおいて発注を繰り返すたびに発注の変動量が増えていき,結果として在庫の変動も増える可能性が大きくなる。

図4-5-2 ブルウィップ効果（鞭効果）

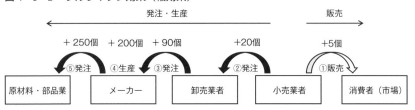

2) エシェロン在庫の管理の必要性

　ブルウィップ効果を避けるためには，サプライチェーン全体の在庫を管理する必要がある。エシェロン（Echelon）在庫とは，「流通センターや店舗などの個々の在庫を含めた，サプライチェーン全体での在庫」である。そして，エシェロンとは「階層」という意味である。

　メーカーにとってのエシェロン在庫は，自らの工場や倉庫だけでなく，卸売業の流通センターや，小売業の配送センターや店舗の在庫とともに，輸送中の在庫も対象となる。また，卸売業であれば自社の流通センター以降の在庫を，小売業であれば配送センター以降の在庫を，対象とすることが多い。

　不良在庫と販売機会の損失を減らすためには，①需要予測や生産計画の情報を共有して在庫を削減すること，②リードタイムを短くすることが重要である。このため，サプライチェーンを構成する各企業の協力のもとで，エシェロン在庫を管理する必要がある。

　たとえば，メーカーでは，卸小売業から販売情報を受け取るとともに，部品メーカーに生産計画を開示することで，無駄な在庫を削減できる。また，小売業では，店舗の売り上げ情報を卸売業やメーカーに開示することで，効率的な仕入れを実現できる。さらに，洋服の製造販売をしている企業では，海外の工場と国内の倉庫の在庫を管理するとともに，国内の店舗での商品別販売動向を把握しながら，売れない店舗から売れる店舗に商品を移動させることで，サプライチェーン全体の在庫を減らしている。

参考文献
1) アーンスト・アンド・ヤング・アドバイザリー編：「サプライチェーンマネジメン

トの理論と実践」，幻冬舎，p.154, 2013
2) 菊池康也：「SCMの理論と戦略」，税務経理協会，p.130, 2006
3) Hau Lee：「Postponement for mass customization; Satisfying customer demands for tailor-made products」，『Strategic Supply Chain Alignment』，Gattorna (ed.), pp.77-91, 1998.
4) Zinn, W., Bowersox, D. J.：「Planning physical distribution with the principle of postponement」，『Journal of Business Logistics』，Vol.9, No.2, pp.117-136, 1988.
5) Louis P. Bucklin：「Postponement, Speculation and the Structure of Distribution Channels」，『Journal of Marketing Research (pre-1896)』2., pp.26-31, 1962.
6) 光國光七朗：「経営視点で学ぶグローバルSCM時代の在庫理論—カップリングポイント在庫計画理論—」，コロナ社，pp.1-22, 2005
7) J. D. Pagh and M. C. Cooper：「Supply chain postponement and Speculation Strategies: How to Choose the Right Strategy」，『Journal of Business Logistics』Vol.19, No.2, pp.13-33, 1998.
8) 知念肇：「新時代サプライチェーンマネジメント論」，pp.86-124，白桃書房，2006
9) 渡邉一衛・武岡一成監修：「生産管理プランニング3級」，中央職業能力開発協会，pp.60-62, 2007

第5章

サプライチェーンにおける物流ネットワーク

第5章のねらい

　第5章の目的は，物流ネットワークを構成するノード（結節点施設），リンク（輸送路），モード（輸送手段）のうち，企業が自ら計画することが多いノードのうち，特に物流施設の計画方法を理解することである。

　そこで本章では，サプライチェーンにおける物流ネットワークの役割を説明する（5-1）。次に，物流施設の種類と内容を説明する（5-2）。そして，物流ネットワークにおける物流施設の立地（生産地立地，中継地立地，消費地立地）（5-3）と，消費地立地の場合の物流施設の数と位置（5-4）の計画方法を説明する。

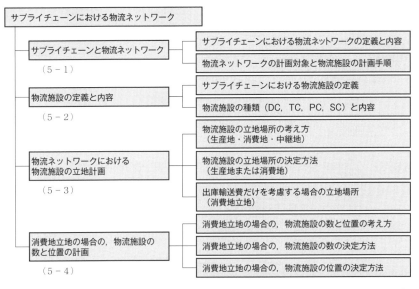

5-1 サプライチェーンと物流ネットワーク

5-1-1 サプライチェーンにおける物流ネットワークの定義と内容
1） 物流ネットワークの計画方法

第2章で示したように，サプライチェーンを細かくみれば，倉庫や工場などの施設の連続でもある。また第4章で示したように，在庫ポイントとなる物流施設の位置は，生産地ないし消費地を選択することになる。つまり，企業が物流ネットワークを構築するときは，「どこに，どのような物流施設を設けるか」が課題となる。

そこで本章では，物流ネットワークの構築方法として，メーカーや卸小売業の物流施設の計画方法を明らかにする。

なお本章の物流ネットワークの計画方法と，第3章（流通チャネルの計画）と第4章（生産時期と在庫ポイント）の関係，およびロジスティクスとの関係は，図5-1-1のとおりである。

図5-1-1 サプライチェーンにおける物流ネットワークと5章の位置付け

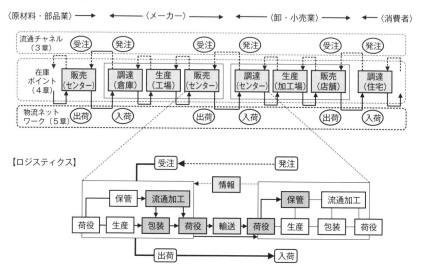

表5-1-1　物流ネットワークにおけるノード・リンク・モード

構成要素	内容
ノード	工場・物流施設・店舗，倉庫・トラックターミナル，港湾，空港，鉄道ターミナル
リンク	航路，航空路，道路，線路
モード	船舶，航空機，貨物自動車，鉄道貨車

2) 物流ネットワークの構成要素（ノード，リンク，モード）

　物流ネットワークは，ノード（結節点施設：工場，物流施設など）と，リンク（輸送路：道路，航路など）と，モード（輸送手段：貨物自動車，船舶など）で構成されている（表5-1-1）。

　ノード（結節点施設）とは，「商品や物資が発着ないし経由する施設」である。サプライチェーンにおけるノードには，工場や倉庫や店舗などがある。また物流業者が輸送するときには，自社のトラックターミナルや，港湾や空港などの公共施設もノードとなる。

　リンク（輸送路）とは，「商品や物資が移動する経路」である。貨物自動車が道路を走行し，船舶が航路を航海するように，輸送手段（例，貨物自動車，船舶など）が決まれば，輸送路（例，道路，航路など）は自動的に決まる。ただし，道路のように高速道路や一般道路があるとき，複数の輸送路のなかから選択する。

　モード（輸送手段）とは，「商品や物資を輸送する手段」である。なお，複数の輸送手段（貨物自動車→鉄道貨車→貨物自動車）で輸送するときは，最も長距離を運ぶ輸送手段（代表輸送手段，この場合は鉄道貨車）で表現することがある。

5-1-2　物流ネットワークの計画対象と物流施設の計画手順

　物流ネットワークの計画対象は，ノード・リンク・モードの3つである。
　このうち，道路や鉄道などのリンク（輸送路）では，道路を国・地方自治体が整備し，鉄道を運輸事業者が整備する。貨車や貨物自動車などのモード（輸送手段）は運輸事業者が用意することが多い。

そしてノード（結節点施設）について，鉄道ターミナルやトラックターミナルは運輸事業者が用意するものの，物流ネットワークを構成する工場・物流施設・店舗は，荷主（メーカー，卸小売業）が自ら用意することになる。

このため，SCMを荷主の視点から考えれば，工場・物流施設・店舗をどのように計画するかが課題となる。そして，工場の立地は原材料・部品の調達や技術水準などの多くの要素で決まるものであり，店舗の立地は消費者の分布によって決まるものである。それゆえ，効率的なSCMを構築するためには物流施設の計画が重要になる。

そこで本章では，荷主の工場や店舗の立地地点があらかじめ決められているとしたとき，その間で必要となる物流施設の計画方法を示すことにする。

このために，第1に「物流施設の定義と内容」（5-2），第2に「物流施設の立地場所の選定方法」（5-3），第3に「消費地における物流施設の数と位置の決定方法」（5-4）を明らかにする。

5-2 物流施設の定義と内容

5-2-1 サプライチェーンにおける物流施設の定義

物流施設とは，「主に商品や物資の発送や保管や仕分けなどをおこなう施設（流通センター，倉庫など）」である。

サプライチェーンにおいて，商品や物資は，多様な施設を経由して消費者のもとに届く。たとえば，ペットボトル飲料のサプライチェーンであれば，「ボトル詰め工場→卸売業の流通センター→小売店舗→消費者宅（冷蔵庫）」となる。

これらの施設のうち，工場は生産施設，店舗は小売施設，住宅は居住施設である。よって，物流ネットワークの構築にあたり荷主が計画できるのは，物流施設（流通センター，倉庫など）だけである。

5-2-2 物流施設の種類（DC, TC, PC, SC）と内容
1） DC（流通センター，Distribution Center）

物流施設は，物流機能の違いによって4つに分類できる（図5-2-1）。

写真 5-2-1　物流施設の例（流通センター，DC）

　第1の DC（流通センター，Distribution Center）とは，「輸送・保管・流通加工・包装などのさまざまな機能を持つ物流施設」である。たとえば，日用品を扱う DC では，毎日異なった量のさまざまな品目の商品を仕分けて配送するために，商品の保管，配送先別の仕分け，値札付け，包装をして，発送している（写真5-2-1）。

　なお，同じような役割を持つ DC であっても，業界や企業によって，ロジスティクス・センター，商品センター，物流センターなどと，名称が異なることがある。

2) TC（積み替えセンター，Transfer Center）

　第2の TC（積み替えセンター，Transfer Center）とは，「入庫した商品を直ちに仕分けて積み替える物流施設」であり，トラックターミナルが代表的である。このため TC は，輸送機能と荷役機能が主である。なお TC と似た役割で，より規模が小さく配送に特化した施設を，デポ（Depot）と呼ぶことがある。

3) PC（加工センター，Process Center）

　第3の PC（加工センター，Process Center）とは，「スーパーの総菜のように，一部の生産を含めて商品を加工し包装する物流施設」である。このため PC は，流通加工と包装機能が主となる。

4) SC（倉庫，Stock Center）

第4のSC（倉庫，Stock Center）とは，「商品や物資を保管する物流施設」である。このためSCは，保管機能が主となる。

図5-2-1 物流施設の種類と特徴[1]

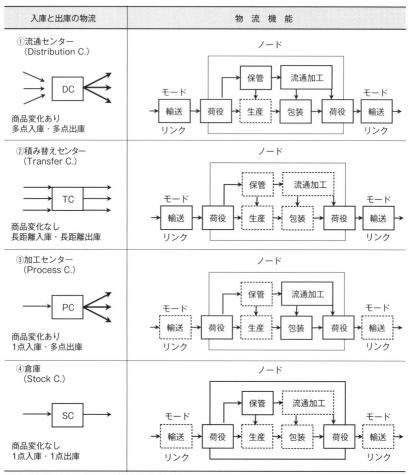

（注）情報機能は，すべての物流施設に付随している。
　　→：商品内容が変化したことを示す。

5-3　物流ネットワークにおける物流施設の立地計画

5-3-1　物流施設の立地場所の考え方（生産地・消費地・中継地）[2]

　生産地の工場から消費地の店舗の間で，物流施設の立地場所は，原則として，①生産地，②消費地，③中継地のいずれかが選ばれる。このことは，第4章で示したように，生産時期と在庫ポイントによる物流施設の立地地点と同じである（図5-3-1）。

　生産地に立地する物流施設（①）には，農産品のように生産地で集荷した商品用の倉庫（SC）や，工場にある製品保管用の流通センター（DC）がある。つまり，多くの場所から集荷し入庫輸送費が大きくなる物流施設や，消費地に大量に運ぶことで出庫輸送費が小さくなる物流施設である。

　消費地に立地する物流施設（②）には，数多くの小売業者を取引相手とする卸売業者の倉庫（SC）や，店舗に商品を配送するスーパーの流通センター（DC）や，総菜などを作る加工センター（PC）がある。つまり，工場から大量輸送するように入庫輸送費が小さい物流施設や，店舗に少量ずつ配送するような出庫輸送費が大きくなる物流施設である。

　中継地に立地する物流施設（③）には，港湾・空港・鉄道ターミナル・高速道路インターチェンジなどの交通結節点の近くに立地する施設がある。特に港湾倉庫（SC）で保管をしたり，トラックターミナル（TC）で仕分けをおこなうことで，費用や時間の節約になる物流施設がある。生産地から消費地が遠距離の場合には，輸送途中の貨物を積み替える中継地に物流施設を設けることがある。

5-3-2　物流施設の立地場所の決定方法（生産地または消費地）

　物流施設（流通センター，倉庫など）の立地場所は，生産地と消費地の間で，総輸送費が最小となる地点を選ぶことになる。

　すなわち，物流施設の「施設費（ノードコスト：土地代，建設費，管理費，作業費など）」が立地場所で大きく変わらないとすれば，メーカーにとっては「入庫輸送費（例，工場から物流施設までの輸送費）」と，「出庫輸送

図5-3-1 物流施設の，生産地立地・消費地立地・中継地立地[3]

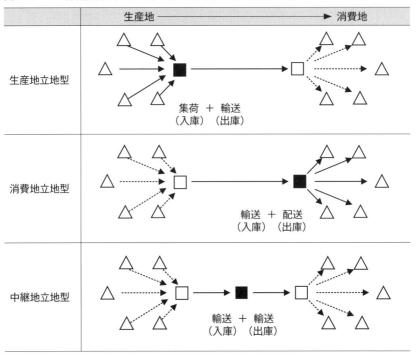

(注) ■：立地している物流施設を示している。
　　 □：調達ないし届け先の物流施設を示している。
　　 ──▶：立地している物流施設の，入庫輸送費と出庫輸送費を示している。

費（例，物流施設から店舗までの輸送費）」の合計の「総輸送費（リンクコスト）（入庫輸送費＋出庫輸送費）」の最も小さい場所が，最適な立地場所となる（図5-3-2）。

この結果をもとに，土地の条件や交通条件を加味して決定する。

$$CT = C_i + C_o \tag{式5.3.1}$$

　　ここで，CT：総輸送費（＝入庫輸送費＋出庫輸送費）
　　　　　　C_i ：入庫輸送費（例，工場から物流施設までの輸送費）
　　　　　　C_o ：出庫輸送費（例，物流施設から店舗までの輸送費）

図5-3-2 入庫輸送費と出庫輸送費による物流施設の立地場所

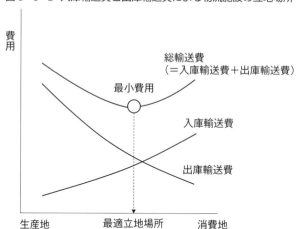

5-3-3　出庫輸送費だけを考慮する場合の立地場所（消費地立地）

　我が国の商取引では，商品の販売者が購入者への配送費を負担する慣行（店着価格制）がある。このため，メーカーが物流施設を設けるときは，「入庫輸送費（工場→物流施設）」と「出庫輸送費（物流施設→店舗）」の両方を負担する。

　しかし，卸売業が物流施設を設けるときは，「入庫輸送費（工場→物流施設）」はメーカーの負担になり，卸売業は「出庫輸送費（物流施設→店舗）」だけを負担することになる。同様に，小売業も出庫輸送費だけを負担することが多い。

　このように，入庫輸送費を負担せず出庫輸送費だけを負担する場合は，出庫輸送費の最も安い場所に立地することになるので，卸小売業の物流施設は原則として消費地に立地する（図5-3-3）。

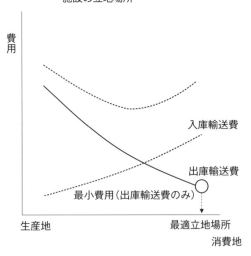

図5-3-3 出庫輸送費だけを考慮する場合の物流施設の立地場所

5-4 消費地立地の場合の，物流施設の数と位置の計画

5-4-1 消費地立地の場合の，物流施設の数と位置の考え方[4]

物流施設の立地場所を消費地とした場合，次に検討すべきことは，「物流施設の最適な数」（5-4-2）と，「物流施設の都心からの位置」（5-4-3）の決定である。

たとえば，企業が東京都市圏で複数の物流施設を計画するとき，何カ所の物流施設を設けることが最も効率的であるか，また都心からどの程度離れた場所に計画すべきか，という課題である。

5-4-2 消費地立地の場合の，物流施設の数の決定方法
1) 施設費と輸送費の最小化による決定方法

物流施設の数は，原則として総費用が最小となるように決定する。

一般に物流施設の数が多いほど，施設費が大きくなる。一方で，物流施設が多いと配送先までの距離は短くなるので，出庫輸送費は小さくなる。そし

て，入庫輸送費はあまり変化しない。

　つまり，物流施設の数が多くなるほど大きくなる費用（施設費）と，小さくなる費用（輸送費＝入庫輸送費＋出庫輸送費）を，物流施設の数ごとに試算し，費用の合計が最も小さくなる数を選定する（図5-4-1）[5)6)]。

　この結果をもとに，顧客への配送時間や配送圏域を加味して決定する。

$$CN = \{Cf\} + \{Ci + Co\} \qquad (式5.4.1)$$

　　ここで，CN：総費用（＝施設費＋入庫輸送費＋出庫輸送費）
　　　　　　Cf：物流施設の施設費（例，土地代，建設費，管理費，作業費）
　　　　　　Ci：入庫輸送費（例，工場から物流施設までの輸送費）
　　　　　　Co：出庫輸送費（例，物流施設から店舗までの輸送費）

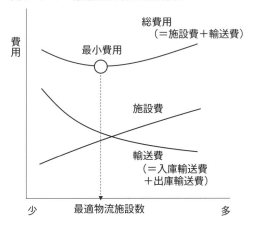

図5-4-1　物流施設の数の決定方法

2）物流施設の数が少なくなる場合

　物流施設の最適な数は，総費用（＝「施設費」＋「入庫輸送費＋出庫輸送費」）で決まるので，各費用が変化することで最適な数が変化する。

　物流施設の最適数が小さくなるのは，物流施設が多くなるにつれて「施設費」が急激に高くなる場合，もしくは「輸送費」があまり低くならない場合である。

たとえば，惣菜や弁当を作るスーパーの加工センター（PC）のように，大がかりな設備が必要であれば施設費が高くなるため，最適数は小さくなる。また，交通渋滞が少なく距離が長くなっても輸送費に大きな変化がなければ，最適数は小さくなる。

3） 物流施設の数が多くなる場合
　物流施設の最適数が大きくなるのは，物流施設が多くなるにつれて「施設費」があまり高くならない場合，もしくは「輸送費」が急激に低くなる場合である。
　たとえば，宅配便のサービスセンター（デポ）のように大がかりな設備を必要としなければ施設費は施設数が増えてもあまり上昇しないので，最適数は大きくなる。また，交通渋滞が激しく店舗までの輸送時間が長くなると指定時間内に商品や物資を輸送するためには，多くの車両が必要となることから，輸送費が高くなり，最適数は大きくなる。

5-4-3　消費地立地の場合の，物流施設の位置の決定方法
1） 施設費と出庫輸送費の最小化による決定方法
　物流施設の位置は，都市における都心から郊外までの間で，原則として費用最小となるように決定する。このとき，生産地から消費地にある物流施設までの入庫輸送費は，物流施設の位置が多少変化しても，大きく変わらないので無視できる。なぜならば，遠隔地の工場から大都市の物流施設への入庫輸送費は，物流施設の位置が10km程度変化しても変わらないからである。
　一般に物流施設を，地価の高い都心に置けば，施設費（土地代，建設費，管理費，作業費など）は高くなるが，店舗までの距離が短いので出庫輸送費は低くなる。逆に，地価の低い郊外に置けば，施設費は小さくなるが，出庫輸送費は高くなる。
　このため，式5.4.1から入庫輸送費を除いた式5.4.2を用いて，物流施設の位置が郊外になるほど低くなる費用（施設費）と，高くなる費用（出庫輸送費）を，物流施設の位置ごとに試算する。そして費用の合計が最も低くなる位置が，最適な位置となる（図5-4-2）。

$$CL = \{Cf\} + \{Co\} \tag{式5.4.2}$$

ここで，CL：総費用（＝施設費＋出庫輸送費）
　　　　Cf：物流施設の施設費（例，土地代，建設費，管理費，作業費）
　　　　Co：出庫輸送費（例，物流施設から店舗までの輸送費）

図5-4-2　物流施設の位置の決定方法

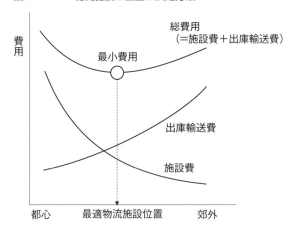

2）物流施設の位置が郊外に遠ざかる場合

　物流施設の最適な位置は，施設費と出庫輸送費の合計で決まるが，費用が変化することで最適な位置が変化する[7]。

　物流施設の位置が都心から遠ざかるのは，都心に近いほど「施設費」が急激に高くなる場合と，都心から遠くなっても「出庫輸送費」があまり高くならない場合である。

　たとえば，卸売業や小売業の大型の流通センター（DC）は，地価の高い都心を避けて郊外に位置し配送している。また，道路整備が進み交通渋滞がなければ，郊外に位置しても配送時間に大きな影響がなく出庫輸送費も高くならない。

3）物流施設の位置が都心に近づく場合

　物流施設の位置が都心に近づくのは，都心に近づいても「施設費」があま

り高くならない場合と，都心から遠くなると「出庫輸送費」が急激に高くなる場合である。

　たとえば，宅配便のサービスセンター（デポ）は，小さなスペースで運営でき高い配送頻度が求められるため，都心に位置している。また，即日配送など短いリードタイムが求められるときも，都心の近くに位置する傾向がある。

参考文献
1)　苦瀬博仁：「付加価値創造のロジスティクス」，白桃書房，p.119, 1999
2)　前掲書1)，pp.139-141
3)　前掲書1)，p.142
4)　前掲書1)，pp.144-146
5)　苦瀬博仁・久保幹雄・二階堂亮・管智彦：「配送コストと施設コストにもとづく物流施設の最適数と最適位置のモデル分析」，日本物流学会誌，Vol.5, pp.12-20, 1996
6)　苦瀬博仁・梶田ひかる監修：「ロジスティクス管理　3級〔第2版〕」，中央職業能力開発協会，pp.143-149, 2011
7)　前掲書1)，p.149

第6章

SCMにおける調達・生産・販売の計画

第6章のねらい

　第6章の目的は，SCMにおける計画と管理の違いを理解した上で，調達計画と生産計画と販売計画について，計画の内容と具体的な計画方法を理解することである。

　そこで本章では，最初にSCMにおける計画と管理の定義（6-1）を説明する。次に，調達・生産・販売の3つに分けて，調達計画としての発注・入荷の計画方法（6-2），生産計画としての投入・加工・産出の計画方法（6-3），販売計画としての受注・出荷の計画方法について説明する（6-4）。

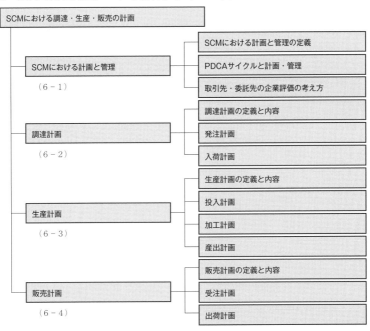

6-1 SCMにおける計画と管理

6-1-1 SCMにおける計画と管理の定義

サプライチェーンでは,第2章で示したように,メーカーは,調達・生産・販売をおこない,これを在庫・輸配送により実現する。このとき,生産を例にとれば,生産手順や作業方法を「計画」し,次に計画にしたがって実施する作業を「管理」する。

つまり,サプライチェーンにおける計画とは,「作業の手順を定め,資源配分や人員配置や予算を決めること」である。管理とは,「計画にしたがって事業を進め,進捗状況を確認すること」である。

そして,SCM(Supply Chain Management)においては,「調達・生産・販売」の計画・管理と,「在庫・輸配送」の計画・管理がある。

6-1-2 PDCAサイクルと計画・管理
1) PDCAサイクル

PDCAサイクルは,生産・在庫などの管理を円滑に進めるための管理手法の一つであり,計画(Plan),事業実施(Do),分析評価(Check),改善活動(Act)で構成される。

SCMでは,調達・生産・販売や,在庫・輸配送について,計画をし(P),実際に作業をおこない(D),その作業状況を評価して(C),改善につなげる(A)。このうち,作業の実施(D)と分析評価(C)と改善(A)が,管理業務の内容となる。

2) PDCAと,「調達・生産・販売」「在庫・輸配送」の計画と管理

計画(P)が適切に立てられれば実施(D)は可能である。また事業中と事業後の分析評価(C)が正しくおこなわれれば改善(A)も容易になる。このため,分析評価(C)で最も重要なことは,管理指標の設定である。

よって,すでに第3章で述べたように,「調達・生産・販売」については,第6章(調達・生産・販売の計画,P)で計画を示し,第7章(調達・生

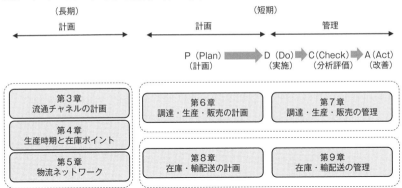

図6-1-1 SCMにおける計画と管理（図3-1-1，参照）

産・販売の管理，D，C，A）で管理指標を示す。また，「在庫・輸配送」については，第8章（在庫・輸配送の計画，P）で計画を示し，第9章（在庫・輸配送の管理，D，C，A）で管理指標を示す（図6-1-1）。

なお，第12章では，企業経営の視点から業績を評価するために，特に重要な指標であるKPI（Key Performance Indicator：重要業績評価指標）を説明している。KPIは，第7章と第9章の管理指標と密接な関係にある。

6-1-3 取引先・委託先の企業評価の考え方

1) 計画時における取引先・委託先の選定の重要性

サプライチェーンでは，調達・生産・販売段階で多くの企業と取引し，在庫・輸配送段階で物流事業者に業務委託することが多い。たとえば委託には，生産の委託（OEM，製造子会社）や，物流事業の委託（原材料や製品の保管や輸送など）がある。

実際の業務においては，重要な取引や委託が長期にわたることも多い。よって，安定的な取引や委託を継続していくためには，取引先や委託先を選定する前に，候補となる企業の業績や財務体質を調べておく必要がある。

すなわち，取引先や委託先の企業としての評価（業績，財務体質，信用など）をおこなったのちに，業務にあわせて，具体的な取引や委託の内容を検討することになる。

2) 委託先の選定のための検討項目

取引先や委託先の候補となる企業の業績や財務体質を調べるときの，代表的な検討項目には，①供給能力，②財務状況，③原価管理体制，④品質管理体制，⑤組織と経営状況，⑥労働環境の6つがある[1]。

供給能力（①）とは，「生産能力・リードタイム・発注変更への柔軟性」である。財務状況（②）とは，「経営の安定性」である。原価管理体制（③）とは，「製造原価の管理体制」である。品質管理体制（④）とは，「原材料・部品と製品の品質の管理体制」である。組織と経営状況（⑤）とは，「組織の健全性と経営体制」である。労働環境（⑥）とは，「従業員の雇用体制と労働条件」である。

6-2 調達計画

6-2-1 調達計画の定義と内容

1) 調達計画の定義

調達とは，「調達先に，原材料・部品や製品を発注して，入荷すること」である。

調達計画とは，「生産に必要な原材料・部品の数量と品質を定め，適切な時間・場所・価格（費用）で調達するために，『発注』と『入荷』を計画すること」である（図6-2-1）。

これは2章で述べたロジスティクスの5R（時間・場所・費用・数量・品質）と対応している。

2) 調達計画の内容

発注計画では，（1）原材料・部品の調達先の候補を選定し，（2）購買方式（集中購買方式，分散購買方式）を決定し，（3）発注方式（競争入札，見積り合わせ，随意契約）を決定する。

入荷計画では，（4）検品の照合方法（現物照合，伝票照合，電子照合）を決定し，（5）現物照合の場合は，検品の数量（全数検品，抜き取り検品）を決める（図6-2-2）。

図6-2-1　サプライチェーンにおける調達・生産・販売計画の計画対象

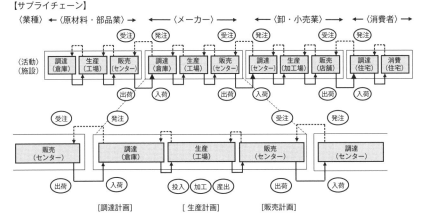

図6-2-2　調達計画の内容

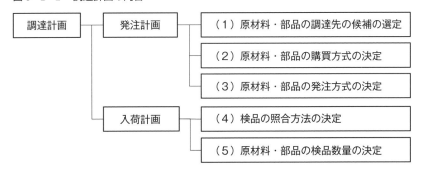

6-2-2　発注計画
1）原材料・部品の調達先の候補の選定（計画の（1））

原材料・部品の調達先の候補の選定では，適切な時期に要求する品質で発注量を納品できる調達先を選定する。

調達先の候補の選定のための検討項目には，調達先による①納品可能量，②品質基準，③納入価格，④納入時期，⑤納入場所の5つがある。この5つは，ロジスティクスの5Rと対応している（2-4-1参照）。

納品可能量（①）とは，「ある期間内に納品できる原材料・部品の数量」

である。品質基準（②）とは，「納品できる原材料・部品の品質の基準」である。納入価格（③）とは，「原材料・部品を納入する際の価格」である。納入時期（④）とは，「原材料・部品を納入できる時期」である。納入場所（⑤）とは，「指定した場所に納入できるか否か」である。

2）　原材料・部品の購買方式の決定（計画の（2））

　原材料・部品の調達先の候補が決定すると，次は購買方式を決めることになる。購買方式には，①集中購買方式と②分散購買方式の2つがある[2]。

　集中購買方式（①）とは，「ある原材料・部品を一社から購買する方式」である。集中購買方式は，まとめて発注した方がコストが安くなるメリットがあるが，事故や災害にあうと，納入できなくリスクもある。

　分散購買方式（②）とは，「複数の会社から購買する方式」である。分散購買方式は，発注量が多く一つの調達先の生産能力では納期までに納品できないときにおこなわれる場合が多い。事故や災害に対するリスク分散にもなるが，コスト増になることもある。

3）　原材料・部品の発注方式の決定（計画の（3））

　原材料・部品の購買方式を決定したのちに，発注方式を決定する。発注方式には，①競争入札，②見積り合わせ，③随意契約の3つがある[3]。

　競争入札（①）とは，「発注者が契約条件を提示し，複数の入札業者（原材料・部品業）のうち，最も低い価格の業者と契約する方式」である。競争入札は，発注量が多い場合で，特殊な生産技術が必要のない商品で，高価格であり，納期に余裕があるときに適している。

　見積り合わせ（②）とは，「信頼のおける複数の原材料・部品業から見積書を取り寄せ，その内容を詳しく検討して企業を決定する方式」である。見積り合わせは，発注量が少なく，低価格のときに適している。

　随意契約（③）とは，「信頼のおける原材料・部品業者と任意に契約する方式」である。随意契約は，特殊な生産技術が必要な商品の場合や，納期が短い場合に適している。

6-2-3　入荷計画
1）　検品の照合方法の決定（計画の（4））

検品では，納入された原材料・部品が，発注内容（品目，数量，品質，納期，納品場所）と一致しているかを確かめる。このとき検品の照合方法には，①現物照合，②伝票照合，③電子照合の3つがある。

現物照合（①）とは，「品目や数量などについて，発注伝票と現物を比較して確認する方法」である。現物照合は，品目や数量が少ない場合で，壊れ物や温度管理が必要なもので，原材料・部品が高価格なときに適している。

伝票照合（②）とは，「発注伝票と納品伝票を比べて確認する方法」である。伝票照合は，品目や数量が多い場合で，品質管理が容易なもので，原材料・部品が低価格なときに適している。

電子照合（③）とは，「電子的に確認する方法」である。電子照合は，伝票照合と同様の場合に用いられるが，特に品目や数量が多く，手作業での照合が難しい場合に適している。

この入荷計画における3つの照合方法は，後出の出荷計画の照合方法（6-4-3）と同じである。

2）　原材料・部品の検品数量の決定（計画の（5））

原材料・部品の検品数量の決定では，検品する際の数量を決定する。このとき，①全数検品と②抜き取り検品の2つがある。

全数検品（①）とは，「すべての原材料・部品を1個1個調べて良品と不良品を選別する検査方法」である。全数検品は，納品量が少ない場合で，不良品が多く，原材料・部品が高価格なときに適している。

抜き取り検品（②）とは，「原材料・部品の一部を調べて不良品の有無を確認する検査方法」である。抜き取り検品は，納品量が多い場合で，不良品が少なく，原材料・部品が低価格なときに適している。

6-3 生産計画

6-3-1 生産計画の定義と内容
1) 生産計画の定義
　生産とは,「原材料・部品を加工工程に投入し,加工したのちに,製品を産出すること」である（前出,図6-2-1）。
　生産計画とは,「製品を適切な時間・場所・価格（費用）のもとで,要求された数量と品質で生産するために,『投入』と『加工』と『産出』を計画すること」である。この生産計画も,ロジスティクスの5R（時間・場所・費用・数量・品質）と対応している。

2) 生産計画の内容
　投入計画では,（1）原材料・部品の加工工程への投入量を決定し,（2）原材料・部品の品質基準を決定する。
　加工計画では,（3）生産方式（連続生産,ロット生産,個別生産）を決定し,（4）工数計画を決定し,（5）工程計画を決定する。
　産出計画では,（6）製品の品質基準を決定し,（7）製品の検品数量（全

図6-3-1　生産計画の内容

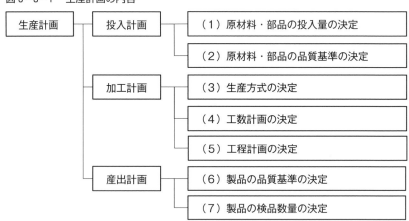

数検品，抜き取り検品）を決定する（図6-3-1）。

6-3-2　投入計画
1）　原材料・部品の投入量の決定（計画の（1））

投入量の決定とは，「加工工程に供給する原材料・部品の量を決めること」である。

原材料・部品の投入量は，加工する製品数をもとに，部品表を用いて算出する。部品表（BOM：Bill of Material）は，製品1個を加工するために必要な原材料・部品の品目と数量を示した表である[4]。

たとえば，身近な例で焼き魚定食1人前を作る場合，まず，焼き魚定食が，ご飯（1膳），焼き魚（1皿），みそ汁（1杯）で構成されていることを

表6-3-1　部品表（BOM）の例

メニュー	食材（部品）	単位数量
ご飯	白米	1合
	水	200ml
焼き魚	鯵の干物	1枚
味噌汁	味噌	15g
	豆腐	1/4丁
	かつお節	12g
	水	240ml

図6-3-2　部品表（BOM）を図示した例

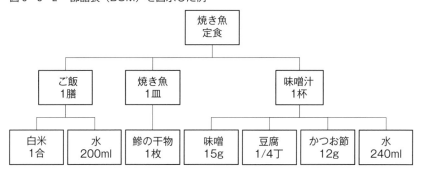

示す。次に，ご飯，焼き魚，みそ汁のそれぞれの構成要素を示す。これにより，焼き魚定食1人前を作るときに必要な材料の種類と数量（たとえば，ご飯は，白米1合と水200mlで構成されている）が明らかとなる（表6-3-1，図6-3-2）。

2） 原材料・部品の品質基準の決定（計画の（2））

原材料・部品の品質基準とは，「原材料・部品の品質を維持するための，品質の管理項目とその基準値」である。

原材料・部品の品質基準には，機械部品では，①寸法，②重さ，③硬度など，加工食品では，④使用期限，⑤温度などがある。

品質基準に適合した原材料・部品だけを，次の加工工程に投入し，基準に達していないものは投入しない。

6-3-3　加工計画
1） 生産方式の決定（計画の（3））

生産方式には，①連続生産，②ロット生産，③個別生産の3つがある[5]。

連続生産（①）とは，「専用の生産設備で一つの製品を，一定期間継続して大量に生産する方法」である。連続生産は，飲料品や食料品のように製品ごとに専用の生産ラインを設けるだけの十分な需要がある場合に適している。

ロット生産（②）とは，「汎用もしくは専用の生産設備で複数の製品を，一定数量（ロット単位）ずつ生産する方法」である。ロット生産は，自動車部品や半導体のように製品ごとに専用の生産ラインを設けるほどの需要がない場合に適している。

個別生産（③）とは，「汎用の生産設備を利用して，注文の都度製品を生産する方法」である。個別生産は，造船や大型発電機のように受注量が1台もしくは数台の場合に適している。

2） 工数計画の決定（計画の（4））

工数計画の決定とは，「製品を産出するまでに必要な，作業員数，設備の

必要量,エネルギーなどの量を求めること」である。

このとき,「①作業に必要な時間や量」と「②製品の生産量」をもとに,「③作業の工数」を求める。さらに「④作業可能時間」により,「⑤作業員数」が求められる。

たとえば,作業に必要な時間(①作業員1人が製品1個の加工にかかる時間)が1時間で,80個生産する(②)とすると,作業の工数(③)は80人時となる。作業員の作業可能時間(④)が1人あたり8時間／日であれば,延べ10人日の作業員(⑤)が必要になる。これは,作業員が1人であれば10日間,2人であれば5日間,10人であれば1日で生産できることを意味する。

同じように,設備やエネルギーの必要量も,生産量と作業の工数をもとに,算出することができる。そして,これらの工数のデータは,工程計画に利用する。

3) 工程計画の決定(PERT:Program Evaluation and Review Technique)(計画の(5))

工程計画の決定とは,「原材料・部品が加工されて製品として産出されるまでの作業の順序を決めること」である。

工程計画の代表的な手法に,PERT(Program Evaluation and Review Technique)がある。PERT は,複数の作業を組み合わせて,最も早く生産が完了するために必要な時間と,その時間内での作業の順序を明らかにするものである[6]。

このとき PERT では,①生産に必要な作業を明らかにし,②各作業に要する時間(日数)を明らかにし,③作業間の前後関係をもとに作業の順序を明らかにする。そして,④作業の順序を示す工程のネットワーク図を作成し,⑤ネットワーク図から時間が最小となる作業の順序を明らかにする。

たとえば,焼き魚定食の場合,①料理はご飯と焼き魚と味噌汁の3つの工種で構成されている。②それぞれの調理に要する時間を明らかにする(焼き魚の場合は,魚を焼く作業に7分)。③作業の前後関係から,工種ごとに作業の順序(米を研ぎ,米を炊く,茶碗に盛る)を明らかにする(図6-3-3)。

④工種(ご飯,焼き魚,味噌汁)ごとに,作業にかかる時間(炊飯の場合,米を研ぐ時間,米を炊く時間,茶碗に盛る時間)を算出し,これを図に示すことで,焼き魚定食の工程のネットワーク図を作成する。このとき,全体の工期(作業時間)を守るために,作業に着手できる最も早い時刻(最早開始時刻:最も早く作業を始めることができる時刻)と,着手しなければならない最も遅い時刻(最遅開始時刻:最も遅く作業を始めることができる時刻)が明らかとなる。

⑤ネットワーク図から,最も時間のかかる工種(炊飯)を選ぶことにより,時間が最小となる作業の順序が明らかになる。この最も時間のかかる工種は,PERTの中で最早開始時刻と最遅開始時刻が同値となる工種であり,クリティカルパスという。図6-3-3の例では,米を研ぐ,米を炊く,盛りつけがクリティカルパスである。

6-3-4　産出計画
1) 製品の品質基準の決定(計画の(6))

製品の品質基準とは,「製品の品質を維持するための,品質の管理項目とその基準値」である。これは,原材料・部品の品質基準の決定と同じである

図6-3-3　PERTによるネットワーク図の例(焼き魚定食)

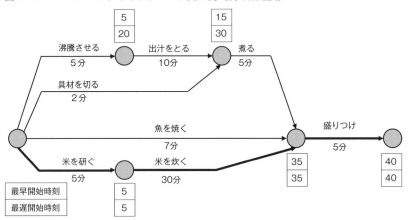

(6-3-2,2)参照)。品質基準の決定の手順と検討項目は，機械部品では，①寸法，②重さ，③硬度など，加工食品では，④使用期限，⑤温度などがある。

品質基準に適合した製品だけを出荷し，基準に達していないものは出荷しない。

2) 製品の検品数量の決定（計画の（7））

検品数量の決定方法には，①全数検品，②抜き取り検品がある。これは，原材料・部品の検品数量の決定と同じである（6-2-3，2)参照)。

全数検品（①）は，出荷量が少ない場合で，不良品が多く，製品が高価格なときに適している。抜き取り検品（②）は，出荷量が多い場合で，不良品が少なく，製品が低価格なときに適している。

6-4　販売計画

6-4-1　販売計画の定義と内容
1)　販売計画の定義

販売とは，「販売先から受注し，販売先へ製品を出荷すること」である（前出，図6-2-1）。

販売計画とは，「生産された製品を，適切な時間・場所・価格のもとで，要求された数量と品質で顧客に販売（提供）するために，『受注』と『出荷』を計画すること」である。この販売計画も，ロジスティクスの5R（時間・場所・費用・数量・品質）と対応している。

2)　販売計画の内容

受注計画では，（1）製品の受注総量を決定し，（2）製品の最低受注単位（製造ロット，出荷ロット，出荷単位）を決定する。

出荷計画では，（3）検品の照合方法（現物照合，伝票照合，電子照合）を決定し，（4）現物照合の場合は，製品の検品数量（全数検品，抜き取り検品）を決定し，（5）製品の出荷時間を決定する（図6-4-1）。

図6-4-1　販売計画の内容

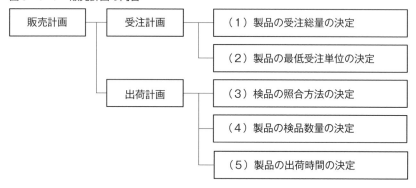

6-4-2　受注計画
1）　製品の受注総量の決定（計画の（1））

　製品の受注総量とは，「生産計画で決められた製品数の生産数量であり，受注可能な最大数量」である。

　受注生産の場合，受注量（需要量）は原材料・部品の供給量によって決まる。そして，製品の生産量が受注量を上回ることはない。

　見込生産の場合，生産計画にもとづき生産量が決められる。このとき生産量が受注量（需要量）を下回れば，販売機会の損失となる。逆に生産量が受注量（需要量）を上回れば，売れ残りとなる。このため，販売量が長期間にわたって安定している製品は実績にもとづき，また新製品などではアンケート調査や類似品の調査にもとづき予測することが多い。

2）　製品の最低受注単位の決定（計画の（2））

　製品の最低受注単位の決定とは，「注文を受け付ける最小の受注単位を決めること」である。最低受注単位には，①製造ロット，②出荷ロット，③出荷単位の3つがある。

　製造ロット（①）とは，「同じ原材料・部品や同じ工程で製造された製品の量の単位」である。たとえば，100個受注したとしても，一度に40個しか製造できないときは，製造ロットは40個と表現する。同一の原材料・部品

や，同じ作業員が同じ温度で製造するため，品質も同じになる。製造ロット単位での受注は，品目数が少なく販売量が多い場合が多い。

出荷ロット（②）とは，「貨物自動車等の輸送機関へ1回に積載可能な製品の量の単位」である。40個の製造ロットであっても，貨物自動車に20個しか積載できなければ，出荷ロットは20個になる。出荷ロットが異なれば別の貨物自動車で輸送することになるので，衝撃や破損の状況は異なる。

出荷単位（③）とは，「輸送用具（コンテナやパレットなど）の都合で，ある数量ごとに出荷する場合の出荷量の単位」である。たとえば，パレットに積載可能な数量を出荷単位としておけば，常に効率よく積み込むことができる。出荷ロットが20個でも，一つのパレットに10個積めるとすれば，出荷単位は10個となる。

6-4-3　出荷計画
1）　検品の照合方法の決定（計画の（3））

照合とは，「出荷する製品が受注内容（品目，数量，品質，出荷日，出荷先）と一致しているかを確かめること」である。照合方法には，①現物照合，②伝票照合，③電子照合の3つがある。

この照合方法は，入荷計画（6-2-3,1)）の発注伝票を，出荷計画で受注伝票に変えるだけで，基本的な考え方は同じである。すなわち，現物照合（①）は「受注伝票と現物の比較」，伝票照合（②）は「受注伝票と出荷伝票の比較」，電子照合（③）は「電子的な確認」である。

2）　製品の検品数量の決定（計画の（4））

検品数量の決定方法には，①全数検品，②抜き取り検品がある。これは，調達計画の入荷時や，生産計画の産出時の検品と同じである（6-2-3,2)および6-3-4,2)参照）。

全数検品（①）は，出荷量が少ない場合で，不良品が多く，製品が高価格なときに適している。抜き取り検品（②）は，出荷量が多い場合で，不良品が少なく，製品が低価格なときに適している。

3) 製品の出荷時間の決定（計画の（5））

製品の出荷時間の決定とは，「指定された時刻に間に合うように届けるために，出荷時間を決定すること」である。出荷時間の決定は，平均的な輸送時間を基本とし，渋滞や事故の可能性を考慮して決める。

参考文献
1) 上原修：「購買・調達の実際」，日本経済新聞出版社，pp.56-62，2007
2) 渡邉一衛・武岡一成監修：「生産管理オペレーション2級（購買・物流・在庫管理）」，中央職業能力開発協会，pp.20-21，2008
3) 前掲書2），pp.15-17
4) 田村隆善・大野勝久・中島健一・小島貢利：「新版　生産管理システム」，朝倉書店，p.70，2012
5) 渡邉一衛・武岡一成監修：「生産管理オペレーション3級」，中央職業能力開発協会，pp.97-98，2012
6) 渡邉一衛・武岡一成監修：「生産管理プランニング2級（生産システム・生産計画）」，中央職業能力開発協会，p.184，2008

第7章

SCMにおける
調達・生産・販売の管理

第7章のねらい

　第7章の目的は，調達管理と生産管理と販売管理について，管理の方法と管理指標を理解することである。それぞれの管理は，第6章で示した計画（調達計画，生産計画，販売計画）にもとづき，おこなうことになる。

　そこで本章では，調達計画にもとづく調達管理として，発注・入荷の管理指標を説明する（7-1）。また，生産計画にもとづく生産管理として，投入・加工・産出の管理指標を説明する（7-2）。さらに，販売計画にもとづく販売管理として，受注・出荷の管理指標を説明する（7-3）。

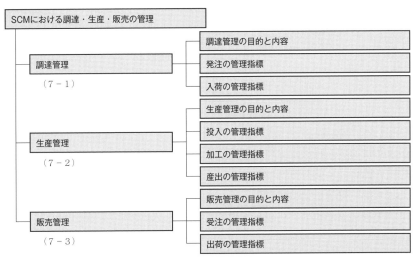

7-1 調達管理

7-1-1 調達管理の目的と内容
1) 調達管理の目的と管理指標

調達管理とは,「生産に必要な原材料・部品を,適切な時間・場所・価格のもとで,要求された数量と品質で生産場所に供給するために,『発注』と『入荷』を統制すること」である。このため調達管理では,第6章の調達計画(6-2)にもとづき,①発注管理と②入荷管理の2つをおこなう(図7-1-1)。

発注管理(①)の目的は,品目や数量などの発注ミスをなくし,発注時刻を守ることにある。このための管理指標には,「a. 発注エラー率」や「b. 発注締め時刻遵守率」がある。

入荷管理(②)の目的は,品目・数量の厳守と品質維持と納期遵守である。このための管理指標には,「c. 納品率」,「d. 不良品率(入荷時)」,「e. 入荷時刻遵守率」がある。

2) PDCAサイクルにおける調達計画と調達管理

第6章で示したように,調達計画(P)と調達管理(D, C, A)により,PDCAサイクルが構成されている(図6-1-1)。すなわち,調達管理の管理指標による評価にもとづき,現場での改善や調達計画に反映させる必要がある。

このため,発注の管理指標(a〜b)の評価結果は,発注計画(図6-2-1,調達先の候補の選定,購買方式の決定,発注方式の決定)にフィードバックする。同じように,入荷の管理指標(c〜e)の評価結果は,入荷計画(検品の照合方法の決定,検品数量の決定)にフィードバックする。

7-1-2 発注の管理指標
1) 発注ミス防止のための管理指標と対策(a. 発注エラー率)

「a. 発注エラー率」とは,「発注件数に対する発注エラー件数の比率」であ

図7-1-1　調達管理の目的と管理指標

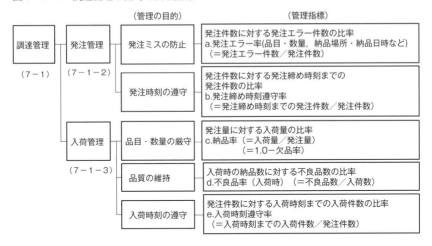

る。発注エラーは，品目・数量の間違いや，納品場所・納品日時のミスなどにより起きるため，その原因には，発注データの入力ミスや，機械の読取りミスなどがある（図7-1-1）。

　この対策には，入力データのチェックの多重化や，データの見やすい発注伝票への改良や，EOS（10-3-1参照）導入による手入力回数の削減などがある。これらの方法によっても改善できない場合には，発注エラーが多く起きる会社との取引を停止し，発注計画における購買方式を見直す必要がある。さらに，過度な競争入札により，不慣れな取引先との間で発注ミスが起きるのであれば，発注方式を見直す必要がある。

2）発注時刻遵守のための管理指標と対策（b.発注締め時刻遵守率）

　「b.発注締め時刻遵守率」とは，「発注件数に対する発注締め時刻までの発注件数の比率」である。発注締め時刻を守れない原因には，発注締め時刻忘れや，発注処理時間の遅れなどがある。

　この対策には，社内での発注締め時刻の周知がある。これらの方法によっても改善できない場合には，EOS導入による発注作業時間の短縮や，調達先が在庫を管理するVMI（Vender Management Inventory：ベンダー管理

在庫）導入による発注作業の省略などがある。さらには，発注締め時刻を遅くできる取引先への変更を含めて，発注計画を見直す必要がある。

7-1-3　入荷の管理指標
1）　品目・数量の厳守のための管理指標と対策（c. 納品率）

「c. 納品率」とは，「発注量に対する入荷量の比率」である。納品率が低くなる原因には，発注量の波動が大きく調達先の供給能力を上回ることや，生産時間に比べて短いリードタイムがある。

この対策には，自社内において，調達先の出荷能力に合わせた発注量の平準化や，リードタイムの延長がある。これらの方法によっても改善できない場合には，調達先を複数にしたり，納品率の高い調達先と随意契約することを含め，発注計画を見直す必要がある。

2）　品質維持のための管理指標と対策（d. 不良品率（入荷時））

「d. 不良品率（入荷時）」とは，「入荷時の納品数に対する不良品数の比率」である。品質基準を満たさない原材料・部品（不良品）が入荷される原因には，加工時の品質管理が不十分なことや，発注先での出荷検品の精度が低いことなどがある。

この対策には，自社における入荷時検品の精度向上（例，抜き取り検品から全数検品への変更など）や，発注先に出向いて出荷検品方法の改善指導がある。これらの方法によっても改善できない場合には，検品の照合方法の見直しとして，電子照合から現物照合への変更など入荷計画の見直しが必要である。

3）　入荷時刻遵守のための管理指標と対策（e. 入荷時刻遵守率）

「e. 入荷時刻遵守率」とは，「発注件数に対する入荷時刻までの入荷件数の比率」である。入荷時刻が守られない原因には，調達先の固定化や短いリードタイムがある。

この対策には，調達先の出荷能力に合わせた発注量の平準化や，リードタイムの延長がある。これらの方法によっても改善できない場合には，入荷時

刻を厳守できる調達先と随意契約するように発注方式を見直すとともに，入荷計画を見直す必要がある。

7-2 生産管理

7-2-1 生産管理の目的と内容
1） 生産管理の目的と管理指標

生産管理とは，「製品を適切な時間・場所・価格のもとで，要求された数量と品質で生産するために，『投入』と『加工』と『産出』を統制すること」である。このため生産管理では，第6章の生産計画（6-3）にもとづき，①投入管理，②加工管理，③産出管理の3つをおこなう（図7-2-1）。

投入管理（①）の目的は，原材料・部品の投入量と投入品目のミス防止である。このための管理指標には，「a.投入量ミス率」と「b.投入品目ミス率」がある。

加工管理（②）の目的は，非効率な生産の防止であり，生産性の確保と工程進捗の維持である。このための管理指標には，「c.人時当たり加工量」と「d.工程進捗率」がある。

産出管理（③）の目的は，製品の加工ミス防止と産出遅れの防止である。このための管理指標には，「e.歩留まり率」と「f.直行率」，および「g.生産時間遵守率」がある。

2） PDCAサイクルにおける生産計画と生産管理

調達管理と同様に，生産管理の管理指標による評価にもとづき，現場での改善や生産計画に反映させる必要がある。

このため，投入管理の管理指標（a, b）の評価結果は，投入計画（図6-3-1，投入量と原材料・部品の品質基準の決定）にフィードバックする。加工管理の管理指標（c, d）の評価結果は，加工計画（生産方式，工数計画，工程計画）にフィードバックする。産出管理の管理指標（e～g）の評価結果は，産出計画（製品の品質基準の決定，検品数量の決定）にフィードバックする。

図7-2-1　生産管理の目的と管理指標

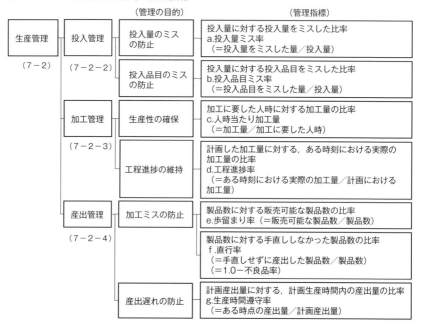

7-2-2　投入の管理指標

1)　投入量のミスの防止のための管理指標と対策（a.投入量ミス率）

「a.投入量ミス率」とは，「原材料・部品の，投入量に対する投入量をミスした比率」である。原材料・部品の量を誤って投入する原因には，数量の確認ミスや，投入場所のミスがある。

この対策には，投入時の品目や数量のチェックの多重化や，作業ミスを防止するための掲示や警報を鳴らす方法がある。これらの方法でも改善できない場合には，生産能力に合わせた適切な投入量への変更，より詳細な部品表への変更を含め，投入計画を見直す必要がある。

2)　投入品目のミスの防止のための管理指標と対策（b.投入品目ミス率）

「b.投入品目ミス率」とは，「原材料・部品の，投入量に対する投入品目をミスした比率」である。原材料・部品の品目を誤って投入する原因には，入

荷時の検品ミスや,投入時の品質確認ミスがある。

この対策には,入荷時の検品精度向上や,投入現場での品質のダブルチェックなどがある。これらの方法によっても改善できない場合には,より詳細な部品表への変更や品質基準の変更など,投入計画を見直す必要がある。

7-2-3 加工の管理指標

1) 生産性の確保のための管理指標と対策（c. 人時当たり加工量）

「c. 人時当たり加工量」とは,「加工に要した人時に対する加工量の比率」である。たとえば,5人で8時間かけて（40人時）,製品80個を加工した場合,人時当たり加工量は2個／人時（＝80個÷（5人×8時間））となる。人時当たり加工量の低下は生産効率の低下を意味しており,この原因には,加工量に比較して,過剰な作業員数,長い作業時間などがある。

この対策には,作業量に応じた適正な作業員数の配置や,作業待ち時間の解消などがある。これらの方法によっても改善できない場合には,連続生産など生産方式を見直す必要がある。また,生産量に応じた作業時間を求めるために工数計画や工程計画を見直す必要がある。

2) 工程進捗の維持のための管理指標と対策（d. 工程進捗率）

「d. 工程進捗率」とは,「計画加工量に対するある時刻における実際の加工量の比率」である。工程進捗率が低くなる原因には,少ない作業員数や長い作業時間による遅れがある[1]。

この対策には,作業現場における作業方法の改善や作業時間の効率化がある。これらの方法によっても改善できない場合には,作業量に応じた適正な作業員数の配置（工数計画）や,作業時間短縮のための作業工程（工程計画）の見直しが必要である。

7-2-4 産出の管理指標

1) 加工ミスの防止のための管理指標と対策（e. 歩留まり率,f. 直行率）

産出された製品（①）は,良品（②手直しせずに品質基準を満たす製品）と不良品（③手直し前の不良品）に分けられる。不良品は,手直し（簡易な

修正や加工)をおこなうことで，再び良品（④手直しにより品質基準を満たす製品）と不良品（⑤手直し後の不良品）に分けられる。この結果，販売可能な製品（⑥）は，良品（②）と手直しされた良品（④）の合計になる（図7-2-2）。

「e.歩留まり率」とは，「製品数（①）に対する販売可能な製品数（⑥）の比率（⑥／①）」である[2]。このとき，販売可能な製品数（⑥）は，手直しせずに品質基準を満たす製品（②）と，手直しにより品質基準を満たす製品（④）の合計となる。

「f.直行率」とは，「製品数（①）に対する良品数（②）の比率（②／①）」である[3]。すなわち，最初の品質検査により合格する製品の比率である。

なお，全体から直行率を引いた数値が不良品率にあたる。この「不良品率」とは，「製品数（①）に対する不良品数（③手直し前の不良品）の比率（③／①）」である。すなわち，最初の品質検査により不合格となる製品の比率である。

また，直行率（②／①）と不良品率（（③手直し前の不良品）／①）の合計が100％となる。販売可能な製品数（⑥）は，良品数（②手直が不要な良品）と良品数（④手直し後の良品）の合計である。このため，歩留まり率（⑥（②＋④）／①）は，直行率（②／①）と，手直し後の良品の比率（④／①）の合計である。しかし，手直ししても品質基準を満たさなければ（④＝0），直行率と歩留まり率は等しい。

歩留まり率が低くなる原因や直行率が低くなる原因には，原材料・部品の投入時のミスと，原材料・部品の加工時のミスがある。投入時のミスには，先に述べたように，投入計画を見直すことが考えられる。

これらの対策には，調達時の検品精度の向上，投入時のチェックの多重化，加工手順を示したチェックシートの改善，加工時の生産工程の見直し，加工時の品質管理の改善などがある。これらの方法によっても改善できない場合には，加工時のミスについては，工程計画（作業順序）の見直しが必要である。

図7-2-2　歩留まり率・直行率・不良品率（生産時）の関係

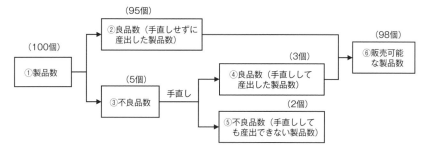

歩留まり率＝⑥98／①100 ＝（②95＋④3）／①100
直　行　率＝②95／①100
不 良 品 率＝③ 5／①100

2）　産出遅れ防止のための管理指標と対策（g. 生産時間遵守率）

「g. 生産時間遵守率」とは，「計画産出量に対する，計画生産時間内の産出量の比率」である。

生産時間遵守率が低くなる原因には，原材料・部品の不足や，生産設備の不具合や，作業人員の配置ミスや，作業工程のミスなどがある。

これらの対策には，作業現場での原材料・部品の在庫量の増加や，生産設備のメンテナンスの改善がある。これらの方法によっても改善できない場合には，作業量に応じた適正な作業員数の配置（工数計画）や，作業時間短縮のための作業工程（工程計画）の見直しが必要である。

7-3　販売管理

7-3-1　販売管理の目的と内容
1）販売管理の目的と管理指標

販売管理とは，「生産された製品を，適切な時間・場所・価格のもとで，要求された数量と品質で顧客に販売（提供）するために，『受注』と『出荷』を統制すること」である。このため販売管理は第6章の販売計画（6-4）にもとづき，①受注管理と②出荷管理の2つをおこなう（図7-3-1）。

図7-3-1　販売管理の目的と管理指標

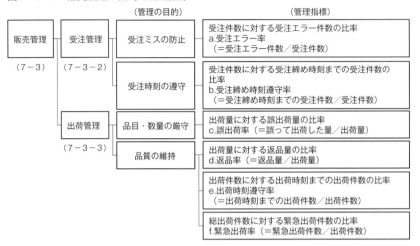

　受注管理（①）の目的は，受注ミス防止と受注時刻遵守である。このための管理指標には，「a.受注エラー率」，「b.受注締め時刻遵守率」がある。

　出荷管理（②）の目的は，品目・数量の厳守と品質維持である。このための管理指標には，「c.誤出荷率」，「d.返品率」，「e.出荷時刻遵守率」，「f.緊急出荷率」がある。

2）　PDCAサイクルにおける販売計画と販売管理

　調達管理と生産管理と同様に，販売管理の管理指標による評価にもとづき，現場での改善や，販売計画に反映させる必要がある。

　このため，受注管理の管理指標（a, b）の評価結果は，受注計画（図6-4-1，製品の受注総量の決定，最低受注単位の決定）にフィードバックする。出荷計画の管理指標（c～f）の評価結果は，出荷計画（検品の照合方法の決定，検品数量の決定，出荷時間の決定）にフィードバックする。

7-3-2　受注の管理指標

1）　受注ミス防止のための管理指標と対策（a. 受注エラー率）

　「a.受注エラー率」とは，「受注件数に対する受注エラー件数の比率」であ

る[4]。受注エラーは，品目・数量の間違いや，出荷先・出荷日時の間違いなどにより起きるため，その原因には，受注データの入力ミスや，機械の読取りミスなどがある。

この対策には，受注データのチェックの多重化や，データの見やすい受注伝票への改良や，EOS導入による受注作業の自動化などがある。これらの方法によっても改善できない場合には，受注総量や受注単位を改善するような受注計画の見直しが必要である。

2) 受注時刻遵守のための管理指標と対策（b. 受注締め時刻遵守率）

「b. 受注締め時刻遵守率」とは，「受注件数に対する受注締め時刻までの受注件数の比率」である。受注締め時刻遵守率が低くなる原因には，受注締切時刻の設定が不適切なことや，発注者が締切時刻を守らないことがある。

この対策には，顧客のニーズに合わせて受注締切時刻を遅らせることや，締切時刻を遅らせることによる人員配置の見直しがある。これらの方法によっても改善できない場合には，発注先への時刻厳守の依頼や，受注総量や最低受注単位を改善するような受注計画の見直しが必要である。

7-3-3 出荷の管理指標

1) 品目・数量の厳守のための管理指標と対策（c. 誤出荷率）

「c. 誤出荷率」とは，「出荷量に対する誤出荷量の比率」である[5]。誤出荷とは，「品目・数量や，住所・発送先・発送日時を間違えて出荷すること」である。誤出荷率が高くなる原因には，受注時の入力ミスや，出荷時の検品ミスや，配送時の住所・発送先などの読み間違いなどがある。

この対策には，受注データのチェックの多重化や，出荷時検品の機械化や，検品回数の多重化や，データの見やすい配送伝票への改良などがある。これらの方法によっても改善できない場合には，検品の照合方法の見直しとして，電子照合から現物照合への変更や，検品数量の見直しとして，抜き取り検品から全数検品への変更など，出荷計画の見直しが必要である。

2) 品質維持のための管理指標と対策（d.返品率, e.出荷時刻遵守率, f.緊急出荷率）

「d.返品率」とは,「出荷量に対する返品量の比率」である[6]。返品とは,「売れ残りや期限切れにより販売先から製品が返却されること」である。返品率が高くなる原因には, 販売先の過大な発注や, 出荷時の検品ミス, 日付管理のミスなどがある。

この対策には, 顧客とデータを共有して正確な需要予測をすることや, 出荷時検品の機械化や, 検品の多重化などがある。

「e.出荷時刻遵守率」とは,「出荷件数に対する出荷時刻までの出荷件数の

図7-3-2　調達・生産・販売管理と在庫・輸配送管理における管理指標

調達管理 (7-1)	生産管理 (7-2)	販売管理 (7-3)	在庫管理 (9-1)	輸配送管理 (9-2)
（発注管理）	（投入管理）	（受注管理）	（入庫管理）	（輸送手段の管理）
a.発注エラー率	a.投入量ミス率	a.受注エラー率	a.誤入庫率	a.定時到着率
b.発注締め時刻遵守率	b.投入品目ミス率	b.受注締め時刻遵守率	b.人時当たり棚入れ量	b.輸送コスト比率
	（加工管理）		（保管管理）	（配車・配送の管理）
	c.人時当たり加工量		c.在庫日数	c.誤配率（数量）
	d.工程進捗率		d.在庫回転率	d.誤配率（場所）
			e.棚卸差異率	e.指定時刻遅延率
			f.不良在庫比率	
			g.廃棄ロス率	
			h.保管効率	
（入荷管理）	（産出管理）	（出荷管理）	（出庫管理）	（品質の管理）
c.納品率	e.歩留まり率	c.誤出荷率	i.ピッキングミス率	f.荷傷み発生率（輸送中）
d.不良品率（入荷時）	f.直行率	d.返品率	j.人時当たりピッキング量	g.荷傷み発生率（積みおろし時）
e.入荷時刻遵守率	g.生産時間遵守率	e.出荷時刻遵守率	k.欠品率	
		f.緊急出荷率	l.誤出庫率	

比率」である。出荷時刻が守られない原因には，出荷作業の遅れや，過大な受注量などがある。

この対策には，出荷作業の効率化や，受注量の制限などがある。

「f. 緊急出荷率」とは，「総出荷件数に対する緊急出荷件数の比率」である。緊急出荷は，誤出荷や顧客の事情により発生する。緊急出比率が高くなる原因には，JIT（Just in Time）配送により販売先での安全在庫が少ないことや，出荷時の検品ミスや，このミスによる不良品の出荷などがある。

この対策には，契約や配送計画の見直しや，出荷時検品の機械化や，検品の多重化などがある。

以上の対策で改善されない場合には，最低受注単位を増やすなど，受注計画の見直しが必要である。また，出荷時刻の繰り上げなど，出荷計画の見直しが必要である。

なお，図7-3-2は，調達・生産・販売管理（第7章）と，在庫・輸配送管理（第9章）の管理指標を示したものである。

参考文献
1) 桑田秀夫：「生産管理概論第2版」，日刊工業新聞社，p.122, 2013
2) 二葉邦彦：「部品工場の生産管理」，工学図書株式会社，p.33, 2005
3) バーナード・マー著，SolPlc 訳：「マネージャーのための KPI ハンドブック」，ピアソン桐原，pp.283-287, 2012
4) 苦瀬博仁・梶田ひかる監修：「ロジスティクス管理2級〔第2版〕」中央職業能力開発協会，p.59, 2012
5) 前掲書4)，p.59
6) 前掲書4)，p.59

第8章

SCMにおける
在庫・輸配送の計画

第8章のねらい

　第8章の目的は，在庫計画と輸配送計画について，計画の内容と具体的な計画方法を理解することである。

　そこで本章では，在庫計画として，入庫・保管・出庫の計画方法について説明する（8-1）。次に輸配送計画として，輸送手段の計画方法，配車・配送計画方法，輸送中の品質の計画方法について説明する（8-2）。

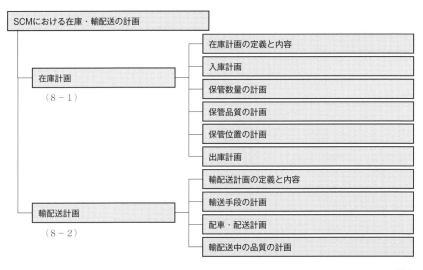

8-1 在庫計画

8-1-1 在庫計画の定義と内容
1） 在庫計画の定義

在庫とは，「保管している原材料・部品や製品のこと」である。ただし，在庫は，入庫と出庫により変動し，輸送中のものを含む場合もある。

在庫計画は，「生産に必要な原材料・部品や販売に必要な製品を，適切な時間・場所・費用のもとで，要求された数量と品質で供給するために，『入庫』と『保管』と『出庫』を計画すること」である。これは2章で述べたロジスティクスの5R（時間・場所・費用・数量・品質）と対応している。

図8-1-1 サプライチェーンとロジスティクスと物流の相互関係（図2-2-1の再掲）

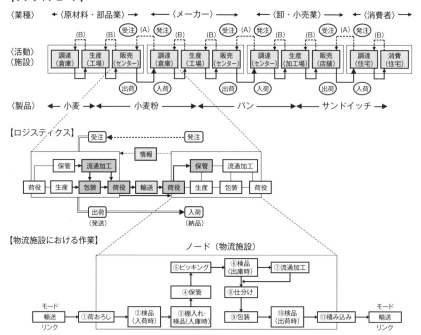

2）　在庫計画の内容

入庫計画では，（1）入庫量，（2）入庫時刻を決定する。

保管計画では，保管数量，保管品質，保管位置を計画する。保管数量の計画では，（3）在庫の発注方式，（4）需要量の変動，（5）安全在庫量，（6）発注量を決定する。保管品質の計画では，（7）保管中の温度帯，（8）保管機器と保管資材を決定する。保管位置の計画では，（9）物流施設内で保管位置を決める方法（固定またはフリーロケーション）を決定し，（10）固定ロケーションの場合は，倉庫内での位置（棚列番号，棚番号，棚段番号など）を決定する。

出庫計画では，（11）出庫量，（12）出庫時刻を決定する（図8-1-1，図8-1-2）。

8-1-2　入庫計画
1）　入庫量の決定（計画の（1））

入庫量の決定とは，「後出の（6）にもとづき発注量が決まったとき，それに応じて入庫量を決めること」である。このとき，発注量を1回で入庫することもあれば，複数回になることもある。輸送手段や入庫時の作業の都合に応じて，最適な入庫量を決める。

2）　入庫時刻の決定（計画の（2））

入庫時刻の決定とは，「入庫量が決まったとき，それに応じて入庫時刻を決めること」である。このとき，輸送手段や入庫時の作業の都合に応じて，最適な入庫時刻を決める。

8-1-3　保管数量の計画
1）　在庫の発注方式の決定（計画の（3））

在庫の発注方式とは，「原材料・部品や製品が品切れ（欠品）しないように，発注時期と発注量を決める方式」である。発注方式は，発注時期と発注量によって，4つの組合せ（①定期定量，②不定期定量，③定期不定量，④不定期不定量）がある（図8-1-3）。

定期定量発注方式（①）とは，「定期的にあらかじめ決められた量（定量）

図8-1-2 在庫計画の内容

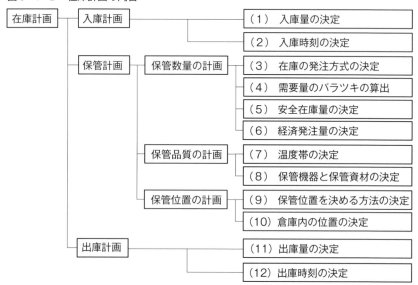

を発注する方式」である。この方式では，需要量の変動が非常に少ないとき，毎回同じ数量を定期的に発注する。

不定期定量発注方式（②）とは，「在庫量があらかじめ決められた基準値を下回ったときに（不定期），定量を発注する方式」である。この方式は，発注間隔（次回発注するまでの期間）を変えることで，需要量の変動に対応している。

定期不定量発注方式（③）とは，「定期的に，その時に必要な量（不定量）を発注する方式」である。この方式は，発注量を変えることで，需要量の変動に対応している。

不定期不定量発注方式（④）とは，「発注間隔や発注量を決めずに，必要な時に必要な量を発注する方式」である。この方式は，発注間隔および発注量を変えることで，需要量の変動に対応している。

2） 需要量のバラツキの算出（計画の（4））

需要量のバラツキとは，「考慮すべき期間中の需要量のバラツキであり，

図 8-1-3 発注時期と発注量からみた4つの発注方式[1]

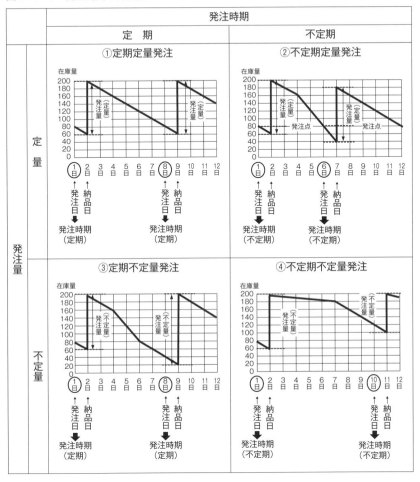

その期間（t）と需要量の標準偏差（σ）で求める数値」である。このとき考慮すべき期間（t）とは，不定期定量発注方式（②）ではリードタイムに相当し，定期不定量発注方式（③）ではリードタイムと発注間隔の合計になる。

なお，標準偏差とは，分散（需要量の平均値に対するバラツキ）の平方根であり，値が大きいほどバラツキの程度が大きい。

需要量のバラツキ＝$\sigma\sqrt{t}$　　　　　　　　　　　　　　　　　　　　　　（式8.1.1）

このとき，σ：需要量の標準偏差，t：考慮すべき期間

3） 安全在庫量の決定（計画の（5））

　安全在庫量とは，「突発的な需要や納品日などのずれが生じても，欠品を起こさないために必要な在庫量」である。

　安全在庫量は，安全係数と需要量のバラツキによって求める。安全係数とは，許容欠品率（もしくはサービス率）によって統計的に得られる数値である。許容欠品率は，出庫依頼があったときに欠品しても良いとされる比率であり，許容欠品率1％とは100回の出庫依頼に対して1回は欠品してもよいという数値である。そして許容欠品率1％のとき，サービス率は99％となる（表8-1-1）。

安全在庫量＝$k\sigma\sqrt{t}$　　　　　　　　　　　　　　　　　　　　　　（式8.1.2）

このとき，k：安全係数，σ：需要量の標準偏差，t：考慮すべき期間

4） 経済発注量の決定（計画の（6））

　経済発注量とは，「最も低コストになる発注量」である。実際の発注では，経済発注量を参考に，箱やケースの単位で発注することも多い。

表8-1-1　許容欠品率とサービス率にもとづく安全係数[2]

許容欠品率	サービス率	安全係数
1.00%	99.00%	2.33
2.00%	98.00%	2.06
2.50%	97.50%	1.96
3.00%	97.00%	1.89
5.00%	95.00%	1.65
10.00%	90.00%	1.29
20.00%	80.00%	0.85
30.00%	70.00%	0.53

ここでは，4つの発注方式のうち，よく使われている不定期定量発注方式（②）と定期不定量発注方式（③）について述べる。

　不定期定量発注方式（②）では，あらかじめ経済発注量を決めておく。これは，発注1回当たりの費用（c），年間需要量（D），在庫費用係数（d），在庫品目の単価（p）で求めることができる。また，発注点（発注をしなければならない在庫量）は，平均需要量（μt）と安全在庫量（$k\sigma\sqrt{t}$）から求めることができる[3)4)]。

$$経済発注量 = \sqrt{\frac{2cD}{dp}} \quad (式8.1.3)$$

　このとき，c：発注1回当たりの費用，D：年間需要量，d：在庫費用係数（単価に対して在庫にかかる費用の比率），p：在庫品目の単価

$$発注点 = \mu t + k\sigma\sqrt{t} \quad (式8.1.4)$$

　このとき，μ：単位期間（1日）の平均需要量，t：考慮すべき期間（リードタイム），k：安全係数，σ：需要量の標準偏差

　定期不定量発注方式（③）では，あらかじめ最適発注間隔を決めておく（例：毎週金曜日，毎月25日など）。発注量は，考慮すべき期間（t）での平均需要量（μt）と，その期間中の安全在庫量（$k\sigma\sqrt{t}$）と，現在の在庫量（s）で求める。このとき，考慮すべき期間とは，リードタイムと発注間隔（次回発注するまで期間）の合計である。

$$発注量 = \mu t + k\sigma\sqrt{t} - s \quad (式8.1.5)$$

　このとき，μ：単位期間（1日）の平均需要量，t：考慮すべき期間（リードタイム＋発注間隔），k：安全係数，σ：需要量の標準偏差，s：現在の在庫量

8-1-4　保管品質の計画
1）　温度帯の決定（計画の（7））

　温度帯とは，「保管する原材料・部品や製品の特性に合わせた温度」であ

る。一般に，4つ（①常温，②定温，③冷蔵，④冷凍）が設けられている[5][6]。

常温（①）は，室内温度であり，缶詰や家具を保管するときの温度である。定温（②）は，10℃から20℃の温度帯であり，パンや米飯や調味料を保管するときの温度である。冷蔵（③）は，-18℃から10℃の温度帯であり，生鮮野菜などを保管するときの温度である。冷凍（④）は，-18℃以下の温度帯であり，冷凍食品やアイスクリーム，冷凍マグロなどの品目により，さらに温度帯が細分化されている。

保管する原材料・部品，製品によって，品質を損なわないための温度が異なることから，これらに応じて温度帯を選択する必要がある。

2） 保管機器と保管資材の決定（計画の（8））

保管機器（①）とは，「原材料・部品や製品を保管するための，パレットラックや棚などの機器」である。このうち，パレットラックは，重量物やパレットに載せた原材料・部品や製品を保管するときに使用する。棚は，軽量物やパレットに載せられていない原材料・部品や製品を保管するときに使用する。

保管資材（②）とは，「原材料・部品や製品を衝撃や汚損破損から守るとともに，保管しやすくするための，段ボール，パレット，コンテナ，ボンベ，ボトル・缶などの資材」である。このうち，段ボールは，安価なため，低価格な商品でも使用できる。パレットやコンテナは，荷物をまとめて保管するときに使用する。ボンベは，液体や気体を保管するときに使用する。ボトルや缶は，液体を保管するときに使用する。保管資材は保管する原材料・部品や製品の特性に合わせて，木製，プラスチック製，金属製などから選択する。

8-1-5 保管位置の計画
1） 保管位置を決める方法の決定（計画の（9））

保管位置を決める方法の決定とは，「物流施設内で品目ごとに保管位置を定めておくか（①固定ロケーション），定めないか（②フリーロケーション）

を選択すること」である[7]。

　固定ロケーション（①）とは，「品目ごとに保管する位置を決めておく方法」である。この方法は，品目ごとに位置が固定されているため管理しやすいが，品目数が多くなると保管スペースも多く必要になる。固定ロケーションは，出荷頻度が高く出荷量の変動が少ない場合に適している。

　フリーロケーション（②）とは，「品目ごとに保管する位置を決めずに空いた位置に置く方法」である。この方法は，品目ごとに固定されていないので保管スペースを有効利用できるが，保管位置が一定していないために分かりにくい場合がある。フリーロケーションは，出荷頻度が低く出荷量の変動が大きい場合に適している。

2）　倉庫内の位置の決定（計画の（10））

　倉庫内の位置の決定とは，「固定ロケーションの場合に，倉庫内での原材料・部品や製品の保管位置（棚列番号，棚番号，棚段番号など）を決定すること」である。

　倉庫内の保管位置は，①ピッキングの効率と②移動距離の2つに影響を与える。ピッキングの効率（①）では，同じ受注でピッキングすることが多い類似の製品を近くに保管しておき，ピッキングの時間を短縮する必要がある。移動距離（②）では，出荷頻度の高い製品を出入口の近くにおき，移動距離を短縮することである[8]。

　なお，品目別の出荷頻度を分析する方法の1つにパレート分析がある。パレート分析とは，品目を出荷量の大きさ順に並び替えて，A品目，B品目，C品目の3段階に分類する方法である。一般には，出荷比率を品目ごとに算出し，高い順に累積比率を算出したとき，70％（または80％）までを構成する品目をA品目，70～90％（または80～95％）の品目をB品目，それ以上の品目をC品目に分類する。パレート分析で分類されたA品目は出入口に近い位置に，C品目は遠い位置に保管することが多い（図8-1-4）。

図8-1-4 品目別出荷量のパレート分析の例

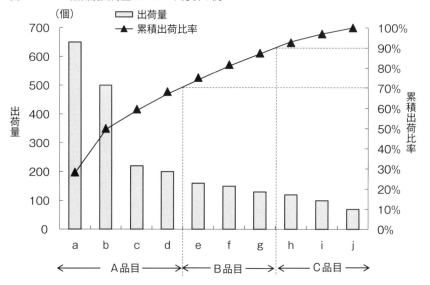

8-1-6 出庫計画
1) 出庫量の決定（計画の (11)）
　出庫量の決定とは，「受注量にもとづき，出庫量を決めること」である。このとき，受注量に応じて1回（例，1台の貨物自動車，1個のコンテナなど）で出庫することもあれば，複数に分けて出庫することもある。また，出庫時の作業の都合に合わせて，1回当たりの最適な出庫量を求める。

2) 出庫時刻の決定（計画の (12)）
　出庫時刻の決定とは，「出庫量が決まったとき，指定された時刻に間に合うように届けるために，出庫時刻を決めること」である。
　このとき，輸送手段や出庫時の作業の都合に応じて，平均的な輸送時間を基本とし，渋滞や事故の可能性を考慮して，出庫時刻を決める。

図8-2-1　輸配送計画の内容

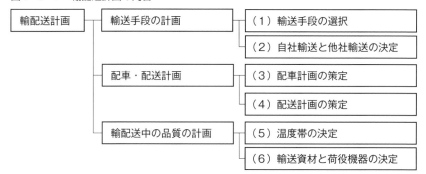

8-2　輸配送計画

8-2-1　輸配送計画の定義と内容
1）　輸配送計画の定義
　輸配送とは,「原材料・部品や製品を施設間で移動させること,また移動のために荷役すること」である。
　輸配送計画とは,「生産に必要な原材料・部品や販売に必要な製品を,適切な時間・場所・費用のもとで,顧客から要求された数量と品質で供給するために,『輸送手段』と『配車・配送』と『輸配送中の品質』を計画すること」である。これは2章で述べたロジスティクスの5R（時間・場所・費用・数量・品質）と対応している。

2）　輸配送計画の内容
　輸送手段の計画では,（1）輸送手段を選択し,（2）自社輸送か他社輸送かを決める。
　配車・配送計画では,適切な車両を選択し,担当する運転手を指名するために,（3）配車計画を策定する。次に,配送順序や配送経路を決めるために,（4）配送計画を策定する。
　輸配送中の品質の計画では,（5）温度帯を決定し,（6）輸送資材と荷役

機器を決定する（図8-2-1）。

8-2-2　輸送手段の計画
1）　輸送手段の選択（計画の（1））
　輸送手段の選択とは，「貨物自動車，鉄道，船舶，航空機のうち，どの輸送手段を使うかを決めること」である。

　荷主企業は，適切な輸送手段を選択するとき，①貨物特性と②輸送条件を考慮する必要がある。貨物特性（①，3T）とは，「貨物の品質を維持するための，温度（Temperature），届け先までの輸送時間（Time），取り扱いに注意が必要な壊れ物やワレモノなどの耐性（Tolerance）」である。輸送条件（②）とは，「出荷日時，輸送ロット，輸送距離，納期，時間指定の有無，商品価格（運賃負担力）」である[9]。

　貨物自動車は，輸送ロットが小さく納期が厳しい貨物の，短距離の集荷や配送に向いている。鉄道は，大量輸送が可能であり，長距離に向いている。船舶は，大量輸送が可能であり，長距離輸送に向いているが，輸送時間は鉄道よりも長い。航空機は，短時間での輸送が可能であり，高付加価値品やリードタイムの短い商品や物資の輸送に向いている。

　また，輸送手段では，輸送する品目特性に応じた車両を選ぶ必要がある。たとえば，冷凍品は冷凍車，精密機械はエアサスペンション車両，液体はタンク車，コンクリートはミキサー車などである。

2）　自社輸送と他社輸送の決定（計画の（2））
　自社輸送と他社輸送の決定とは，「①自社輸送でおこなうか，②他社輸送（物流業者に委託して輸送）でおこなうかを決めること」である。なお，鉄道や船舶や航空機の場合は他社輸送が多いので，この選択は自動車のときに限られることが多い。

　自社輸送（①）と他社輸送（②）の決定にあたっては，自社輸送の費用（車両費などの初期投資と運営費の合計）と，他社輸送の費用（支払い輸送費用）を比較し，品質に差がなければ安い方を選択すれば良い。自社の輸送能力（輸送に使用できる自動車の台数や積載容量や，運転手の勤務状況な

ど）に余裕があり，自社で輸送した方が安価な場合は自社輸送とすることが多いが，自社で車両をもたずに輸送を他社に委託する例が増えている。

8-2-3　配車・配送計画
1）　配車計画の策定（計画の（3））
　配車計画とは，「荷主が自ら輸送するとき，もしくは物流事業者が荷主から委託された貨物を輸送するときに，①使用する車両を選び，②担当する運転手を指名する計画」である。

　車両の選定（①）にあたっては，輸送量や配送先施設の状況に合わせて，車両のサイズや車種を決める。運転手の指名（②）にあたっては，免許の種類や労働条件（労働拘束時間，運転時間など）により決める。

2）　配送計画の策定（計画の（4））
　配送計画とは，「①配送方法（ルート配送とピストン配送）を選択し，②配送順序を決定し，③配送経路を決める計画」である。

　配送方法（①）には，ルート配送とピストン配送がある。ピストン配送とは，「物流施設と配送先の間を往復して配送する方法」である。ルート配送とは，「物流施設から出発した車両が複数の配送先を巡回して配送する方法」である。

　配送順序（②）は，ルート配送の場合，指定された配送先の到着時刻に合わせて配送順序を決定する。

　配送経路（③）は，輸送距離や輸送時間が短くなるように配送経路を決定する。

　なお，貨物自動車が原材料・部品等の複数の集荷先を巡回し，集荷混載して指定された工場に納品するシステムをミルクラン方式という。ルート配送は複数の配送先を巡回するが，ミルクランは複数の集荷先を巡回することである。

8-2-4 輸配送中の品質の計画
1) 温度帯の決定（計画の（5））

温度帯の決定とは，「輸送する原材料・部品，製品の特性に合わせて，品質を維持するために温度帯を決定すること」である。先に示した4つの温度帯（常温，定温（10℃から20℃），冷蔵（-18℃から10℃），冷凍（-18℃以下））は，サプライチェーンでは共通している。

温度帯を維持するためには，輸送手段の車両ごとに温度を決める場合（冷凍車，冷蔵車など）と，車両に冷凍庫や冷蔵庫を積載する場合がある。

2) 輸送資材と荷役機器の決定（計画の（6））

輸送資材の決定（①）とは，「輸送する原材料・部品や製品を衝撃や汚損破損から守るための，貨物自動車や船舶などの輸送手段に合わせて使用するパレットやコンテナを決めること」である。

輸送資材を利用するメリットとして，パレットに貨物を積むことで，フォークリフトを使用した荷役が可能になり，作業効率が向上する。コンテナに貨物を積むことで，クレーンなどを使用して荷役できるため，船舶や貨物自動車などの異なる輸送手段を使っても，発地から着地まで途中でコンテナを開けずに運ぶことができる。

輸送資材の決定にあたっては，輸送する原材料・部品や製品の，輸送時間，重量，荷姿を考慮する。たとえば，弁当や総菜などは折りたたみコンテナや通い箱，宅配便やスーパーの納品にはロールボックスパレットを用いる。段ボールに収納された部品はパレットを利用することが多い。半製品や製品の輸出入には海上コンテナを用いることが多い。なお，輸送中の衝撃や破損を防ぐためには，ラッシング（荷物をベルト状のもので固定ないし締め付けること）や，緩衝材（衝撃を吸収する発泡スチロールやスポンジのこと）を用いることがある。

荷役機器の決定（②）とは，「輸送資材に合わせて貨物の積みおろしに用いる機器を決めること」である。荷役機器として，パレットではフォークリフト，海上コンテナではガントリー・クレーンなどが使用される。また，段ボール箱や包装箱ではベルトコンベア，自動倉庫ではスタッカークレーン，

細かい移動には台車などが使用される。

　荷役機器の決定にあたっては，輸送する原材料・部品や製品の，輸送時間，重量，荷姿を考慮する。たとえば，宅配便の物流センターのように，短時間に大量の小さい貨物を搬送する場合には，ベルトコンベアが使用される。宅配便などでの短距離の配送には，台車が使用される。

参考文献
1）苦瀬博仁編著：「ロジスティクス概論」，白桃書房，p.142, 2014
2）勝呂隆男：「適正在庫のマネジメント」，日刊工業新聞社，pp.52-62, 2005
3）苦瀬博仁・梶田ひかる監修：「ロジスティクス管理3級〔第2版〕」，中央職業能力開発協会，pp.178-184, 2011
4）苦瀬博仁・梶田ひかる監修：「ロジスティクス管理2級〔第2版〕」，中央職業能力開発協会，pp.146-159, 2012
5）一般社団法人日本冷蔵倉庫協会HP
　　http://www.jarw.or.jp/study/guardian/temperature
6）前掲書1），p.63
7）前掲書1），p.143
8）前掲書1），p.147
9）苦瀬博仁：「付加価値創造のロジスティクス」，pp.132-133, 税務経理協会，1999

第9章

SCMにおける在庫・輸配送の管理とTQC

第9章のねらい

　第9章の目的は，在庫管理と輸配送管理について，管理の方法と管理指標を理解することである。それぞれの管理は，第8章で示した計画（在庫計画と輸配送計画）にもとづき，おこなうことになる。

　そこで本章では，在庫計画にもとづく在庫管理として，入庫・保管・出庫の管理指標を説明する（9-1）。また，輸配送計画にもとづく輸配送管理として，輸送手段の管理指標，配車・配送の管理指標，輸配送中の品質の管理指標を説明する（9-2）。さらに，在庫管理や輸配送管理の現場において導入されているTQC（総合的品質管理）とQC7つ道具を説明する（9-3）。

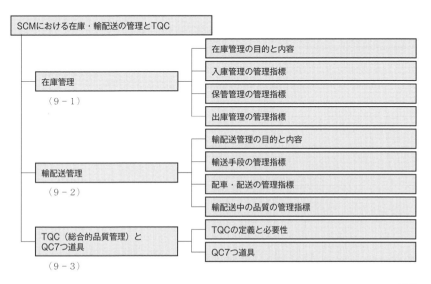

9-1 在庫管理

9-1-1 在庫管理の目的と内容
1) 在庫管理の目的と管理指標

在庫管理とは,「生産に必要な原材料・部品や販売に必要な製品を,適切な時間・場所・価格のもとで,要求された数量と品質で供給するために,『入庫』と『保管』と『出庫』を統制すること」である。このため在庫管理では,第8章の在庫計画(8-1)にもとづき,①入庫管理,②保管管理,③出庫管理の3つをおこなう(図9-1-1)。

入庫管理(①)の目的は,入庫ミスの防止,入庫作業の効率化である。このための管理指標には,「a. 誤入庫率」と「b. 人時当たり棚入れ量」がある。

保管管理(②)の目的は,在庫量の抑制,在庫回転率の向上,棚卸ロスの防止,不良品の防止,廃棄ロスの防止,保管スペースの有効活用である。このための管理指標には,「c. 在庫日数」,「d. 在庫回転率」,「e. 棚卸差異率」,「f. 不良在庫比率」,「g. 廃棄ロス率」,「h. 保管効率」がある。

なお,「c. 在庫日数」,「d. 在庫回転率」,「e. 棚卸差異率」は,保管計画における保管数量の計画にもとづく管理指標であり,「f. 不良在庫比率」,「g. 廃棄ロス率」は同様に保管品質の計画に,「h. 保管効率」は保管位置の計画にもとづく管理指標である。

出庫管理(③)の目的は,ピッキングミスの防止,ピッキング作業の効率化,欠品ロスの防止,出庫ミスの防止である。このための管理指標には,「i. ピッキングミス率」,「j. 人時当たりピッキング量」,「k. 欠品率」,「l. 誤出庫率」がある。

これらの管理指標は,必要に応じて取捨選択することもある。

2) PDCAサイクルにおける在庫計画と在庫管理

第6章で示したように,在庫計画(P)と在庫管理(D,C,A)により,PDCAサイクルが構成されている(図6-1-1)。すなわち,在庫管理の管理指標(9-1)による評価は,現場での改善や在庫計画(8-1)に反映さ

図9-1-1 在庫管理の目的と管理指標

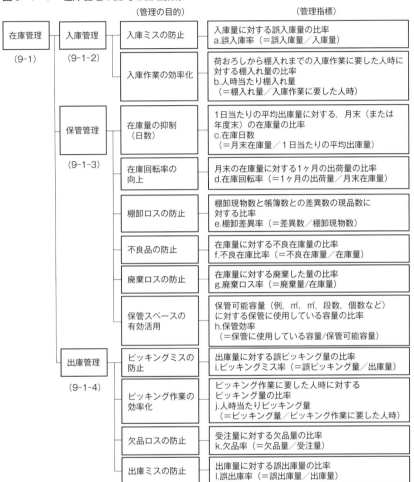

せる必要がある。

　このため，入庫管理の管理指標（9-1-2，a，b）の評価結果は，入庫計画（図8-1-2の，入庫量の決定，入庫時刻の決定）にフィードバックする。保管管理の管理指標（9-1-3，c〜h）の評価結果は，保管計画（図8-1-2の，保管数量の計画，保管品質の計画，保管位置の計画）にフィー

ドバックする。同じく出庫管理の管理指標（9-1-4，i～l）の評価結果は，出庫計画（図8-1-2の，出庫量の決定，出庫時刻の決定）にフィードバックする。

9-1-2　入庫管理の管理指標
1）　入庫ミスの防止のための管理指標と対策（a. 誤入庫率）

「a. 誤入庫率」とは，「入庫量に対する誤入庫量の比率」である。誤入庫の原因には，入庫時の品目と数量の検品ミスや，棚入れの時の保管位置（棚列番号，棚番号，棚段番号など）のミスがある。

この対策には，入庫時の検品の徹底や，棚入れの時の保管位置の明示と棚番号の表記の改善，伝票の表記の改善などがある。これらの方法によっても改善できない場合には，大きなミスを避けるために，1回の入庫量を小さくする入庫計画の見直しが必要である。

2）　入庫作業の効率化のための管理指標と対策（b. 人時当たり棚入れ量）

「b. 人時当たり棚入れ量」とは，「荷おろしから棚入れまでの入庫作業に要した人時に対する棚入れ量の比率」である。人時当たり棚入れ量が低くなる原因には，複数の貨物の入庫時間が重なって入庫エリアに長時間滞留することや，検品（入庫時）に時間がかかることがある。

この対策には，入庫時間の調整や，検品作業の電子化などがある。これらの方法によっても改善できない場合には，入庫時刻に余裕を持たせるような入庫計画の見直しが必要である。

9-1-3　保管管理の管理指標
1）　在庫量の抑制のための管理指標と対策（c. 在庫日数，d. 在庫回転率）

「c. 在庫日数」とは，「月末の在庫量（80個）を，1日当たりの平均出荷量（10個／日）で割った値（8日）」である[1]。この在庫日数は，「製品が入荷してから売り切るまでの日数」でもある。

「d. 在庫回転率」は，「1ヶ月に出荷する量（300個／月）を月末の在庫量（80個）で割った値（3.75回転）」である[2]。この在庫回転率は，「1ヶ月の

うちに，現在の在庫量が入れ替わる回数」でもある。

　このとき，在庫日数は小さい方が良く，在庫回転率は大きい方が良い。

　この対策には，在庫量の削減や，出庫量の増加のための販売促進などがある。これらの方法によっても改善できない場合には，安全在庫量の削減など保管数量の計画の見直しが必要である。

2）　棚卸ロス防止のための管理指標と対策（e. 棚卸差異率）

　「e. 棚卸差異率」とは，「棚卸現物数と帳簿数との差異数の現品数に対する比率」である[3]。差異数とは，棚卸したときの実際の在庫量と，帳簿上に記載されている在庫量の差である。棚卸差異率が高くなる原因には，事務処理のミス（帳簿記載時の，入力間違い，数値の読み間違いなど）や，入出庫時の検品ミス（品目・数量の間違い）や，現品管理のミス（破損，紛失，誤廃棄，位置間違いなど）がある。

　この対策には，帳簿管理の徹底や，入出庫時の検品の多重化や，現品管理の徹底などがある。これらの方法によっても改善できない場合には，頻繁な棚卸の実施や，循環棚卸から一斉棚卸への変更などが必要である。

3）　不良品防止のための管理指標と対策（f. 不良在庫比率）

　「f. 不良在庫比率」とは，「在庫量に対する不良在庫量の比率」である。不良在庫とは，流行遅れ，期限切れ，季節外れとなって滞留している在庫や，発注ミスや需要予測のミスによる過剰な在庫のことである。

　この対策には，在庫の滞留を防ぐために，消費期限や賞味期限などの期日管理の徹底や，出庫順序（先入れ先出し）の厳守がある。これらの方法によっても改善できない場合には，販売数量の予測精度の向上や，適正な在庫量の維持などの保管数量の計画の見直しが必要である。

4）　廃棄ロスの防止のための管理指標と対策（g. 廃棄ロス率）

　「g. 廃棄ロス率」とは，「在庫量に対する廃棄した量の比率」である。このとき廃棄は，期限切れや汚破損などにより生じる。廃棄ロス率が高くなる原因として，期限切れは，発注量のミスや過剰な安全在庫量により起きること

が多い。汚破損は，在庫中の温度管理のミスなどにより起きることが多い。
　この対策には，入庫時の日付の確認などがある。汚損・破損の対策には，在庫中の品質管理（温湿度，水濡れの管理）などがある。これらの方法によっても改善できない場合には，発注量や安全在庫量など保管数量の計画の見直しと，品質維持のための設備や資機材などの見直しが必要である。

5）　保管スペースの有効活用のための管理指標と対策（h. 保管効率）
　「h. 保管効率」とは，「保管可能なスペース（容量）に対して，実際に保管に使用しているスペース（容量）の比率」である。保管効率が低くなる原因は，保管可能スペースに対して，実際に在庫で使用しているスペースが小さいことである。
　この対策には，他の製品の在庫を集約して全体の保管量を増やす方法がある。これらの方法によっても改善できない場合には，未使用のスペースを他の用途に転用したり，別企業に賃貸したり，さらには別の保管場所に在庫を移動させて使用を停止する方法がある。

9-1-4　出庫管理の管理指標
1）　ピッキングミスの防止のための管理指標と対策（i. ピッキングミス率）
　「i. ピッキングミス率」とは，「出庫量に対する誤ピッキング量の比率」である。誤ピッキングとは，「ピッキングのときの品目や数量のミス」である。ピッキングミス率が高くなる原因には，品目を区別しにくいことや，伝票の表示ミスや，棚番号の表示ミスなどがある。
　この対策には，伝票の表記の改善や，デジタルピッキングシステムの導入などがある。これらの方法によっても改善できない場合には，作業員の再配置など出庫計画の見直しが必要である。

2）　ピッキング作業の効率化のための管理指標と対策（j. 人時当たりピッキング量）
　「j. 人時当たりピッキング量」とは，「ピッキング作業に要した人時に対するピッキング量の比率」である。人時当たりピッキング量が低くなる原因には，一緒にピッキングされやすい製品や商品が別の場所に置かれていて1個

当たりのピッキング作業時間がかかることや，ピッキング場所が遠いために移動時間がかかることがある。

　この対策には，ピッキング効率を高めるために，類似やセットになりやすい製品や商品を近くの棚位置に保管することや，移動距離を短くするために，ピッキング回数の多い製品や商品を出入口の近くに置くことなどがある。これらの方法によっても改善できない場合には，荷役方法の全面的な改善など，出庫計画の見直しが必要である。

3）　欠品ロスの防止のための管理指標と対策　（k. 欠品率）

「k. 欠品率」とは，「受注量に対する欠品量の比率」である。欠品の原因には，在庫不足，生産の遅れ，大量の受注などがある。

　この対策には，在庫確認や生産スケジュールとの調整が必要である。これらの方法によっても改善できない場合には，生産スケジュールの再検討や生産量の再検討など，生産から販売までの全面的な見直しが必要である。

4）　出庫ミスの防止のための管理指標と対策　（l. 誤出庫率）

「l. 誤出庫率」とは，「出庫量に対する誤出庫量の比率」である。誤出庫の原因には，出庫時の品目と数量の検品ミスがある。

　この対策には，出庫時の検品を徹底する必要がある。これらの方法によっても改善できない場合には，伝票の表記の改善や検品作業の電子化などがある。

9-2　輸配送管理

9-2-1　輸配送管理の目的と内容
1）　輸配送管理の目的と管理指標

　輸配送管理とは，「生産に必要な原材料・部品や販売に必要な製品を，適切な時間・場所・価格のもとで，要求された数量と品質で供給するために，『輸送手段』と『配車・配送』と『輸配送中の品質』を統制すること」である。このため，輸配送管理では，第8章の輸配送計画（8-2）にもとづき，

①輸送手段の管理，②配車・配送管理，③輸配送中の品質管理の3つをおこなう（図9-2-1）。

　輸送手段の管理（①）の目的は，輸送時間の確実性と輸送単価との適合性である。このための管理指標には，「a. 定時到着率」と「b. 輸送コスト比率」がある。

　配車・配送管理（②）の目的は，配送時の数量ミスの防止と，届け先ミスの防止と，指定時刻の遵守である。このための管理指標には，「c. 誤配率（数量）」，「d. 誤配率（場所）」，「e. 指定時刻遅延率」がある。

　輸配送中の品質管理（③）の目的は，輸送中と積みおろし時の品質を維持することである。汚損・破損の管理指標には，「f. 荷傷み発生率（輸送中）」と，「g. 荷傷み発生率（積みおろし時）」がある。このとき荷傷みとは，衝撃による破損と，水濡れや高温などによる汚損がある。破損も汚損も，輸送中と積みおろし時に生じるので，管理指標も輸送中と積みおろし時に分ける必要があるが，原因が特定できない場合は一括して扱うこともある。

　これらの管理指標は，必要に応じて取捨選択することもある。

2） PDCAサイクルにおける輸配送計画と輸配送管理

　在庫管理と同様に，輸配送管理の管理指標による評価にもとづき，現場での改善や輸配送計画に反映させる必要がある。

　このため，輸送手段の管理指標（9-2-2，a，b）の評価結果は，輸送手段の計画（表8-2-1の，輸送手段の選択，自社輸送と他社輸送の決定）にフィードバックし見直す。配車・配送管理の管理指標（9-2-3，c～e）の評価結果は，配車・配送計画（図8-2-1の，配車計画の策定，配車計画の策定）にフィードバックし見直す。輸送中の品質の管理指標（9-2-4，f，g）の評価結果は，輸配送中の品質の計画（図8-2-1の，温度帯の選択，輸送資材と荷役機器の決定）にフィードバックし見直す。

9-2-2　輸送手段の管理指標
1）　輸送時間の確実性の管理指標と対策（a. 定時到着率）

　「a. 定時到着率」とは，「到着件数に対する到着予定時刻通りに到着した件数の比率」である。

図9-2-1 輸配送管理の目的と管理指標

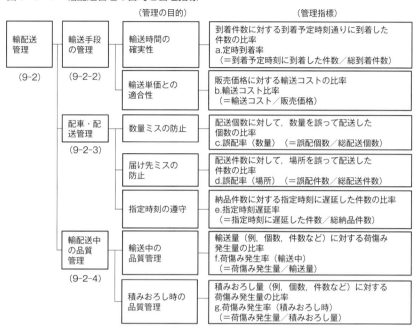

　定時到着率が低くなる原因は，貨物自動車輸送の場合，事故や渋滞に巻き込まれることである。鉄道は，事故や災害に巻き込まれることである。船舶や航空機による輸送は，天候により定時運行できないことである。
　この対策には，時間特性に応じた輸送手段（例，リードタイムが短い製品の輸送は航空機でおこなう，リードタイムが長い製品の輸送は船舶でおこなう）の選択がある。また，都市内において複数の顧客に貨物自動車で配送する場合，小さな事故や渋滞に備えて，余裕を持ったスケジュールをたてる。これらの方法によっても改善できない場合には，輸送手段の選択そのものを見直す必要がある。

2） 輸送単価との適合性の管理指標と対策（b. 輸送コスト比率）
　「b. 輸送コスト比率」とは，「販売価格に対する輸送コストの比率」である。

輸送コスト比率が高くなる原因は，販売価格に比べて過剰な輸送サービス（例，必要以上のリードタイムの短縮，過剰包装など）を選ぶことである。

この対策には，高価な製品であってもリードタイムが長い場合は，安価な輸送手段を選択するように，製品単価と輸送特性を考慮して選択する必要がある。これらの方法によっても改善できない場合には，輸送手段の選択そのものを見直す必要がある。

9-2-3　配車・配送の管理指標

1)　数量ミスの防止のための管理指標と対策（c.誤配率（数量））

「c.誤配率（数量）」とは，「配送個数に対する誤配個数の比率」であり，ここでは品目や数量を誤って配送した個数である。誤配率が高くなる原因には，受発注時や出荷時の伝票の読み取りミス（例，10個と16個読み取りミス），積み込み時の品目や数量の検品ミスなどがある。

この対策には，検品の機械化や多重化がある。これらの方法によっても改善できない場合には，伝票の読み取りの操作ミスを防ぐ自動読み取り装置の導入など，配車・配送計画の見直しが必要である。

2)　届け先ミスの防止のための管理指標と対策（d.誤配率（場所））

「d.誤配率（場所）」とは，「配送件数に対する誤配件数の比率」であり，ここでは場所を誤って配送した件数である。誤配率が高くなる原因には，受発注時や出荷時の伝票の入力ミスや読み取りミス（例，山形県と山梨県の読み取りミス），積み込む車両のミス（例，東北行きと関東行き車両の積み込みミス），類似した名称の企業への誤配送などがある。

この対策には，配送時の届け先を誤認しないように文字とバーコードを使った二重チェックがある。これらの方法によっても改善できない場合には，伝票の読み取りの操作ミスを防ぐ自動読み取り装置の導入など，配車・配送計画の見直しが必要である。

3)　指定時刻遵守のための管理指標と対策（e.指定時刻遅延率）

「e.指定時刻遅延率」とは，「納品件数に対する指定時刻に遅延した件数の

比率」である。指定時刻の遅延が起きる原因には，渋滞や事故により想定よりも輸送時間が長くなることや，ルート配送の場合に途中で想定よりも荷おろし時間が長くなることである。

この対策には，渋滞情報や事故情報の早期取得や，出荷時刻の前倒しと納品時刻の先送りなどがある。これらの方法によっても改善できない場合には，道路混雑の少ない配送ルートへの変更や荷役機器の使用による時間短縮など，配車・配送計画の見直しが必要である。

9-2-4　輸配送中の品質の管理指標
1)　輸送中の品質管理のための管理指標と対策（f. 荷傷み発生率（輸送中））

「f. 荷傷み発生率（輸送中）」とは，「輸送量に対する荷傷み発生量の比率」である。この原因には，温度管理が不十分なことによる品質劣化や，衝撃による貨物の破損などがある。

この対策には，厳密な温度管理や，貨物が輸送中に移動しないように，積載時にロープ等による固定などがある。特に後者の方法によっても改善できない場合には，輸送する品目特性に応じた車両（例，エアサスペンション車両）の選択などの輸配送計画における品質計画の見直しが必要である。

2)　積みおろし時の品質管理のための管理指標と対策（g. 荷傷み発生率（積みおろし時））

「g. 荷傷み発生率（積みおろし時）」とは，「積みおろし量に対する荷傷み発生量の比率」である。積みおろし時の荷傷みとは，荷役作業中に水濡れによる汚損や，落下による破損などのことである。積みおろし時の荷傷み発生率が高くなる原因は，防水や温度管理などの品質管理のための包装が不十分な場合や，熟練度の低い作業員による乱雑な荷役により発生する。

この対策には，現場での丁寧な荷扱いが必要である。これらの方法によっても改善できない場合には，製品そのものの包装を見直し，荷役機器の使用を含め，輸配送計画における品質計画の見直しが必要である。

なお，図9-2-2は，調達・生産・販売管理（第7章）と，在庫・輸配送管理（第9章）の管理指標を示したものである。

図9-2-2 調達・生産・販売管理と在庫・輸配送管理における管理指標（図7-3-2の再掲）

調達管理 (7-1)	生産管理 (7-2)	販売管理 (7-3)	在庫管理 (9-1)	輸配送管理 (9-2)
(発注管理)	(投入管理)	(受注管理)	(入庫管理)	(輸送手段の管理)
a.発注エラー率	a.投入量ミス率	a.受注エラー率	a.誤入庫率	a.定時到着率
b.発注締め時刻遵守率	b.投入品目ミス率	b.受注締め時刻遵守率	b.人時当たり棚入れ量	b.輸送コスト比率
	(加工管理)		(保管管理)	(配車・配送の管理)
	c.人時当たり加工量		c.在庫日数	c.誤配率（数量）
	d.工程進捗率		d.在庫回転率	d.誤配率（場所）
			e.棚卸差異率	e.指定時刻遅延率
			f.不良在庫比率	
			g.廃棄ロス率	
			h.保管効率	
(入荷管理)	(産出管理)	(出荷管理)	(出庫管理)	(品質の管理)
c.納品率	e.歩留まり率	c.誤出荷率	i.ピッキングミス率	f.荷傷み発生率（輸送中）
d.不良品率（入荷時）	f.直行率	d.返品率	j.人時当たりピッキング量	g.荷傷み発生率（積みおろし時）
e.入荷時刻遵守率	g.生産時間遵守率	e.出荷時刻遵守率	k.欠品率	
		f.緊急出荷率	l.誤出庫率	

9-3 TQC（総合的品質管理）とQC7つ道具

9-3-1 TQCの定義と必要性

1） TQCの定義

　TQC（Total Quality Control：総合的品質管理）は，JIS（Japanese Industrial Standards：日本工業規格）において，「市場調査，研究開発，調達，生産，販売，財務，人事などのすべての企業活動を対象に，企業の全員（経営者，管理者，作業者など）が参加する品質管理の活動」とされてい

る[4)5)6)]。

　品質管理とは,「買い手の要求にあった品質の品物またはサービスを経済的につくりだすための手段」[7)]である。また,品質管理の目的は,「販売先が要求する品質を保証すること,製品のバラツキを小さくすること」[8)]である。

2） QC7つ道具の必要性

　QC（Quality Control）とは製品やサービスの品質管理であり,QC7つ道具とは,「製品やサービスの品質を評価するための手法」である[9)]。7つ道具とは,チェックシート,グラフ,ヒストグラム,パレート図,特性要因図,散布図,管理図の7つである。

　この7つ道具は,調達・生産・販売管理と在庫・輸配送管理に共通して使用できる手法である。そして7つ道具は,実際に工場や倉庫やトラックターミナルなどの現場で使用されている。

　ここでは,倉庫における在庫管理を例に,QC7つ道具を説明する。

9-3-2　QC7つ道具

1）チェックシート

　チェックシートとは,「点検・確認項目を漏れなくチェックできるように,もしくは必要なデータを取得して記録できるように,あらかじめ設計してある書式」である[10)]。

　たとえば,倉庫を退出する際,倉庫内の設定温度の確認や,扉の施錠などの点検確認をおこなうためのチェックシートがある（表9-3-1）。

2）グラフ

　グラフとは,「データを二次元の図で表したもの」である[11)]。グラフにより,数量の大小関係,割合,変化などを視覚的に把握できる。グラフには,折れ線グラフ,棒グラフ,円グラフ,帯グラフなどがある。

　たとえば,冷凍倉庫の倉庫内の温度の変化を明らかにするために一定時間帯ごとの倉庫内の平均温度を,折れ線グラフで示す。これにより,倉庫内の温度の変化が明らかになる（図9-3-1）。

表9-3-1 チェックシート（例，冷凍倉庫退出時のチェックシート）

3月第1週 (3/1～3/7)	月 3月1日	火 3月2日	水 3月3日	木 3月4日	金 3月5日	土 3月6日	日 3月7日
担当者	岩尾	石川	長田	岩尾	石川	長田	石川
(温度の確認)							
設定温度 (-22℃)の 確認							
庫内温度（数値で記入）	℃	℃	℃	℃	℃	℃	℃
(退出の手順)							
庫内と通路の不審物の確認							
庫内の消灯							
扉の施錠							
(時間・担当者)							
チェック時間 (24時間表記)	:	:	:	:	:	:	:
チェック担当者の署名							

3）ヒストグラム

ヒストグラムとは，「データ範囲をいくつかに分類し，分類ごとの度数を示した図」である[12]。これにより，データのバラツキがわかり，製品や作業の偏りが明らかとなる。

たとえば，倉庫内の日別・時間帯別の平均温度を，温度帯別に観測回数のヒストグラムを作成する。これにより，倉庫内の平均温度の温度帯のバラツキが明らかとなる（図9-3-2，表9-3-2）。

4）特性要因図

特性要因図とは，「特性や原因を魚の骨のように示した図」である[13]。これにより，問題が発生したときに，その原因を解明でき，改善対象を明らかにすることができる。

図9-3-1　グラフ（例，冷凍倉庫内の温度の時間帯別変化）

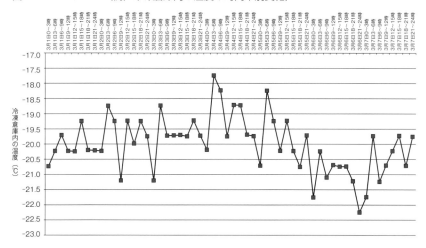

図9-3-2　ヒストグラム（例，冷凍倉庫内の温度の観測回数）

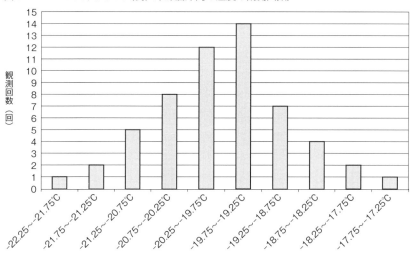

第9章　SCMにおける在庫・輸配送の管理とTQC　　141

表9-3-2　時間帯別の倉庫内温度と扉の開閉回数

調査日	時間帯	時間帯別倉庫内平均温度	扉開閉回数	日別倉庫内平均温度
3月1日	0～3時	－20.73℃	23回	－20.10℃
	3～6時	－20.23℃	30回	
	6～9時	－19.70℃	30回	
	9～12時	－20.23℃	25回	
	12～15時	－20.24℃	28回	
	15～18時	－19.24℃	29回	
	18～21時	－20.20℃	25回	
	21～24時	－20.21℃	25回	
3月2日	0～3時	－20.23℃	18回	－19.70℃
	3～6時	－18.74℃	33回	
	6～9時	－19.24℃	30回	
	9～12時	－21.20℃	21回	
	12～15時	－19.23℃	23回	
	15～18時	－19.99℃	29回	
	18～21時	－19.24℃	21回	
	21～24時	－19.74℃	19回	
3月3日	0～3時	－21.20℃	18回	－19.72℃
	3～6時	－18.73℃	37回	
	6～9時	－19.72℃	30回	
	9～12時	－19.71℃	30回	
3月6日	12～15時	－20.74℃	24回	－21.09℃
	15～18時	－20.74℃	23回	
	18～21時	－21.22℃	15回	
	21～24時	－22.25℃	16回	
3月7日	0～3時	－21.74℃	23回	－20.48℃
	3～6時	－19.73℃	33回	
	6～9時	－21.24℃	28回	
	9～12時	－20.70℃	26回	
	12～15時	－20.23℃	28回	
	15～18時	－19.72℃	28回	
	18～21時	－20.72℃	28回	
	21～24時	－19.75℃	25回	

図9-3-3　特性要因図（例，冷凍倉庫内の温度上昇の要因）

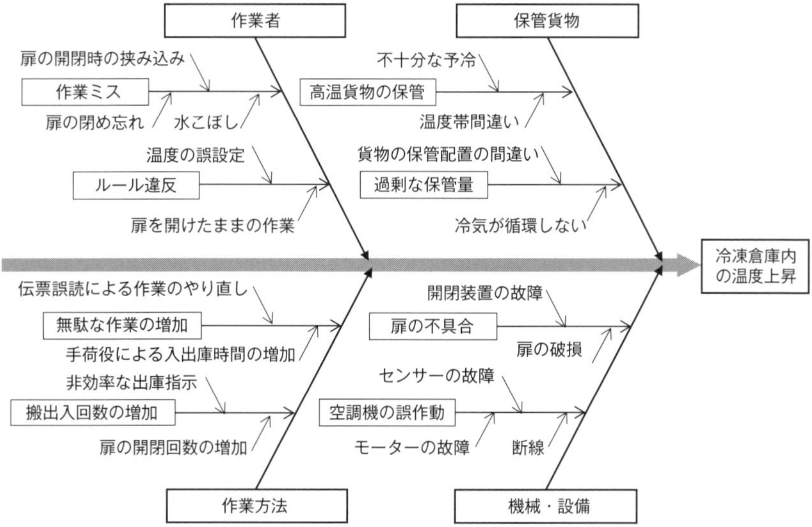

たとえば，倉庫内の温度が上昇する要因を明らかにするために，特性要因図を作成する。ここでは，保管貨物（Material），作業者（Man），機械・設備（Machine），作業方法（Method）の4つの要因から明らかにしている。これにより，倉庫内の温度上昇の要因が明らかとなる（図9-3-3）。

5）パレート図

パレート図とは，「項目別に件数の大きい順に並べるとともに，累積比率を示した図」である[14]。これにより，項目ごとの順位や比率を示すことができるため，改善効果の大きい重要な項目や，改善する必要がある項目を明らかにすることができる。

たとえば，倉庫内の温度が上昇する要因について調査をした結果，その要因の多い順に図示してパレート図を作成する。ここでは，横軸に温度上昇の要因をとり，左側の縦軸に要因の発生回数，右側の縦軸に各要因の累積比率をとっている。このとき，要因の比率を累積した曲線が，パレート曲線である（図9-3-4）。

このパレート図により，倉庫内の温度上昇の主な要因が明らかとなる。

6） 散布図

散布図とは，「2つの指標を横軸と縦軸に表示し，それぞれのデータをプロットした図」である[15]。これにより，2つの指標間の相関関係や異常値の有無が明らかとなる。

たとえば，倉庫内の温度上昇と倉庫入口の扉の開閉回数との関連性を明らかにするために散布図を作成する。この散布図において，扉の開閉回数が多いほど倉庫内の温度が高いため，両者の間に相関関係が認められる。よって，扉の開閉回数が倉庫内の温度上昇の要因の1つであることが明らかとなる（図9-3-5）。

7） 管理図

管理図とは，「縦軸に管理するデータの中心線と，許容できる変動範囲を示し，横軸に時間や日付を示した図」である[16]。

たとえば，冷凍倉庫の倉庫内の温度管理をおこなう場合，管理図のCL（Center Line：中心線）は，当該倉庫の一定期間（ここでは，1週間）の倉庫内の温度の平均値を示している。UCL（Upper Control Line：上方管理限界線）とLCL（Lower Control Line：下方管理限界線）は，管理限界値を示す線である。UCLとLCLの数値は，CLの値に，各日の時間帯別温度の標準偏差の2倍ないし3倍の幅をとることが多い（図9-3-6）。

これにより，時間変化にともなうデータのバラツキや，データが許容範囲を越える可能性が明らかとなる。管理限界線を越える可能性がある場合は，温度設定の確認や作業方法の点検などをする必要がある。

図9-3-4 パレート図（例，要因別の累積比率）

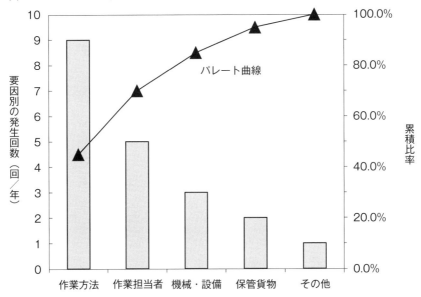

図9-3-5 散布図（例，扉の開閉回数と倉庫内の温度）

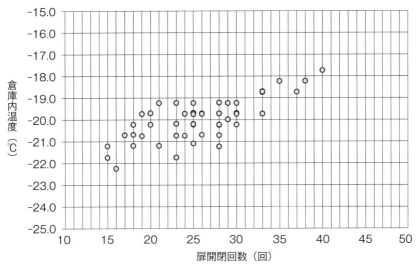

図 9-3-6　管理図（例，冷凍倉庫内の温度の時間帯別変化）

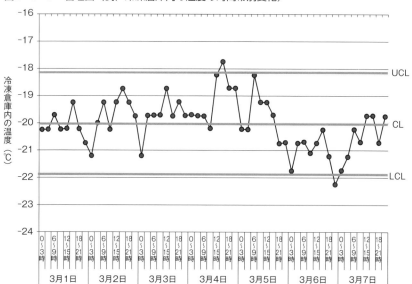

参考文献

1) 苦瀬博仁・梶田ひかる監修：「ロジスティクス管理3級〔第2版〕」，中央職業能力開発協会，p.185, 2011
2) 前掲書1)，p.186
3) 前掲書1)，pp.191-193
4) 二見良治：QC手法入門，日科技連，p.1, 2006
5) 二葉邦彦：部品工場の生産管理，工業図書株式会社，p.92, 2006
6) 桑田秀夫：生産管理概論第2版，日刊工業新聞社，p.196, 2013
7) 前掲書5)，p.92
8) 前掲書5)，p.92
9) 前掲書1)，p.45
10) 苦瀬博仁・坂直登監修：「ロジスティクスオペレーション2級〔第2版〕」，中央職業能力開発協会，pp.49-50, 2011
11) 前掲書5)，p.137
12) 前掲書1)，p.52
13) 前掲書1)，pp.48-49

14) 前掲書1），pp.47-48
15) 前掲書5），p.137
16) アスプローバ株式会社：http://www.asprova.jp/mrp/glossary/cat254/x-r.html

第10章

SCM と情報システム

第10章のねらい

　第10章の目的は，SCM に関わる情報システムとして，調達・生産・販売管理の情報システムと，在庫・輸配送管理の情報システムを，理解することである。

　そこで本章では，情報システムの歴史と身近な情報システム（10-1）と，物資や商品の内容・仕様・特徴を示す物資識別システム（10-2）を説明する。次に，調達・生産・販売管理の情報システム（10-3）と在庫・輸配送管理の情報システム（10-4）を説明する。そして，これからの情報システムと SCM を説明する（10-5）。

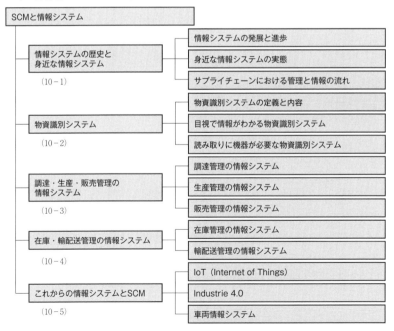

10-1 情報システムの歴史と身近な情報システム

10-1-1 情報システムの発展と進歩
1) 情報システムの発展

　企業は，調達・生産・販売管理と在庫・輸配送管理のために，情報システムを利用している。情報システムは，電話，FAX，オンラインシステムへと発展してきた。

　電話を利用していた時代は，数量や品目を聞き間違えることがあった。その後，書類を画像として読み取るFAXが利用されるようになると，聞き間違いはなくなったが，数値や文字の読み間違いが起きることがあった。

　その後，コンピュータの普及や光ファイバーなどのデジタル通信網の整備により，オンラインシステムが導入され聞き間違いや読み間違いはなくなったが，入力ミスは起きている。入力ミスを減らすには，確実な物資識別システムが必要になる。

2) 管理にかかわる情報システムの進歩

　サプライチェーンで使用するコンピュータシステムは，オフラインシステム，オンラインシステム，クラウドシステムへ発展してきた。

　1960年代にEDP（Electronic Data Processing：電子データ処理システム）と呼ばれたオフラインシステムは，企業内で用いるシステムであり，高額であったことから大企業しか導入できなかった。その後，オンラインシステムが広まるとともに，コンピュータの小型化・低価格化により，中小企業も導入できるようになった。オンラインシステムでは，企業間でデータを送受信するEDI（Electronic Data Interchange：電子データ交換）が普及した。その後，通信回線もデジタル通信網となり，大量のデータを送受信できるようになるとともに，インターネットを介してソフトウェアやサーバーを使うクラウドシステムが広まっている。

図10-1-1　サプライチェーンとコンビニの情報システム

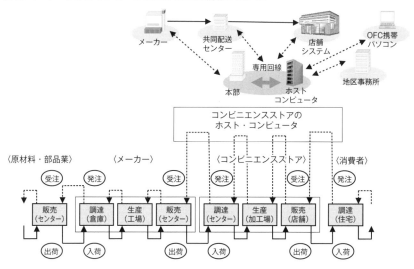

10-1-2　身近な情報システムの実態
1）　コンビニエンスストアの情報システム

　コンビニエンスストア（コンビニ）の商品は，メーカーの工場で生産され，メーカーの倉庫から出荷されて，コンビニの配送センターに輸送され，発注データにもとづき店舗別に仕分けられてから，店舗に商品が配送される[1]。

　このとき，発注通りの数量や品質で届けるために，製品の名称や数量，温度を管理することが重要である。この管理のために，商品に貼られているバーコードで示されている伝票番号を，ハンディターミナルを使って読み取り，本社のホスト・コンピュータに登録されているデータと照合している（図10-1-1）。

2）　宅配便の情報システム

　宅配便には，届け先，依頼主，内容物，届日時，伝票番号などが記入された伝票が貼り付けられている[2]。

　宅配便の貨物は，受付後，配送車から大型車に積み替えられて発送するタ

図10-1-2　サプライチェーンと宅配便の情報システム

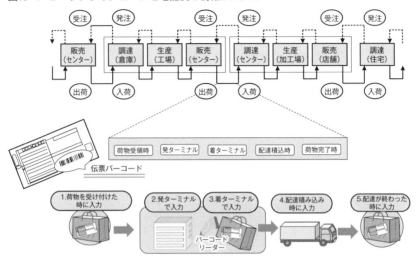

ーミナル（発ターミナル）を出発し，到着するターミナル（着ターミナル）で配送車両へ積み替えられ，配達される。このとき，それぞれの段階で伝票のバーコードを読み取り，本社のホスト・コンピュータのデータと照合することで，貨物が今どこにあるかを調べることができる（図10-1-2）。

10-1-3　サプライチェーンにおける管理と情報の流れ

サプライチェーンにおける管理には，すでに述べたように，調達・生産・販売管理（第7章）と，在庫・輸配送管理（第9章）がある。これらの管理をつなぐ情報には，商取引情報と物流情報の2つがある。これをメーカーの立場でみると，図10-1-3のように示すことができる。

第1の商取引情報は，消費者の発注情報が卸小売業者には受注情報として届き，次に卸小売業者の発注情報がメーカーには受注情報となって届く。このように商取引情報は，「消費者→卸小売業者→メーカー→原材料部品業者」へと，川下から川上にさかのぼっていく。

第2の物流情報は，原材料部品業者の出荷情報がメーカーの入荷情報となり，次にメーカーの出荷情報が卸小売業者の入荷情報となり，卸小売業者の

図10-1-3　サプライチェーンにおける管理と情報の流れ

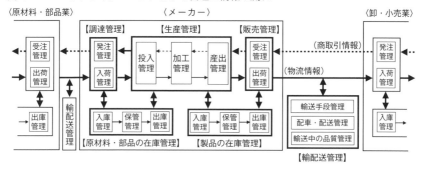

出荷情報が消費者の入荷情報になる。このように物流情報は，「原材料部品業者→メーカー→卸小売業者→消費者」へと，川上から川下に下っていく。

10-2　物資識別システム

10-2-1　物資識別システムの定義と内容

　物資識別システムとは，「物資の品目・型番・形状などを識別するためのシステム」である[3]。

　目視で情報がわかるシステムには，「伝票」や「商品ラベル」などがあり，品目や数量や大きさなどの情報が「文字」として記載されている。読み取りに機械が必要なシステムには，「バーコードシンボル」・「2次元シンボル（QRコード）」，「SCMラベル」，「電子タグ」，「GPS受信機」などがある（図10-2-1）。

　物資識別システムに収録・表示されるデータには，①数量（品名やサイズなど），②品質（荷扱い条件など），③場所（生産地，位置情報など），④費用（価格），⑤時間（生産日，出荷日など）の5つがある（表10-2-1）。

10-2-2　目視で情報がわかる物資識別システム
1）伝票

　伝票とは，「原材料・部品や製品などの品名や数量などが，文字情報とし

図10-2-1　物資識別システムの分類

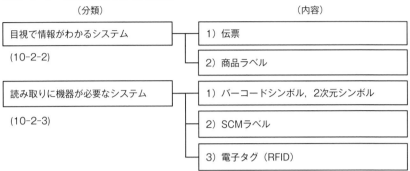

表10-2-1　物資識別システムに収録・表示される情報

分類		収録・表示される情報
①数量		品名, 内容物, 原材料, 色, 内容量, サイズなど
②品質		荷扱い条件, 廃棄時の分別方法など
③場所	地域	生産地, 販売地, 経由地など
	企業	生産者, 販売者, 輸送業者など
	地点	工場名, 届け先, 位置情報など
④費用		価格
⑤時間	日時	生産日, 出荷日など
	期間	消費期限・賞味期限など

て記載された帳票」である。伝票を目視することで，原材料・部品や製品の梱包を開けずに，品名や数量を理解することができる。また，伝票に記載されている番号のバーコードシンボルを読み取ることにより，目視だけでなく，届け先の住所などが自動的にデータとして入力できる（図10-2-2）。

　たとえば，宅配便の伝票には，発送元，発送先，受付日，配達予定日，配達予定時間帯，費用などが記載されている。

2）　商品ラベル

　商品ラベルとは，「原材料・部品や製品などの品名や数量などが文字情報として記載され，貼付されるシール」である。

図10-2-2　伝票の例[4]

図10-2-3　商品ラベルの例[5]

　たとえば，スーパーなどの食料品で使われているラベルでは，商品名のほか，数量（正味量），品質（保存温度），場所（販売者），費用（価格），時間（消費期限，加工年月日）を知ることができる（図10-2-3）。

10-2-3　読み取りに機器が必要な物資識別システム

1）　バーコードシンボル・2次元シンボル

　バーコードシンボルとは，「線の組み合せにより品名・数量などの情報を伝えるもの」である。目視だけでは理解できないため，読み取り装置が必要になる（図10-2-4）[6]。

　バーコードシンボルには，特定の番号が特定の商品に対応するように，共通の規格が必要になる。我が国では，JAN（Japanese Article Number）コードとして，一般財団法人 流通システム開発センターのJICFS/IFDB（JANコード商品情報データベース）により，規格化されている。

　JANコードには標準タイプ（13桁）と短縮タイプ（8桁）があるが，いずれも，左からGS1事業者コード（国際標準の識別コードを設定するために必要な事業者識別コード），商品アイテムコード，チェックデジットの順で構成されている。GS1事業者コードのうち，左2桁は国コードと呼ばれ，日本製品には「45」または「49」が付けられている。チェックデジットは，誤読を防止するための数値である。

　2次元シンボル（QRコード）は，「正方形の中に白と黒の模様が2次元で表示されたもの」である。バーコードシンボルに比べて情報量が多いため，製品の情報提供や，ホームページのURLの表示にも使用されている（図10-2-5）。

図10-2-4　バーコードシンボルの例[7]

図10-2-5　2次元シンボル（QRコード）の例[8]

2）SCMラベル

SCM（Shipping Carton Marking）ラベルとは，「製品の輸送容器や段ボールに貼られるラベル」である。SCMラベルには，目視できる情報もあるが，印刷されているバーコードの情報を利用することで，短時間で検品できる（図10-2-6）。

3）電子タグ（RFID）

電子タグ（RFID：Radio Frequency Identification）とは，「個々に異なる個体識別番号を持つ電子的な識別装置」である。RFIDに格納されている情報を読み取るだけでなく，情報を追記することもできる。

RFIDは，バーコードシンボルに比べて高価であるため，図書館での書籍の貸し出し管理，交通系ICカード（Suicaなど），繰り返し利用するときに用いられることが多い（図10-2-7）。

図10-2-6　SCMラベルの例[9]

図10-2-7　電子タグ（RFID）の例[10]

4）GPS 受信機

GPS（Global Positioning System：全地球測位システム）とは，「衛星からの電波と基地局との電波を使って，自ら位置を自動的に測位するシステム」である。

車両にGPS受信機を取り付けて衛星から位置情報（緯度・経度）を取得すれば，車両位置がわかる。このとき，車両に積まれている貨物が明らかになっていれば，輸配送中の貨物の位置もわかることになる（図10-2-8）。

図10-2-8　GPSの構成図[11]

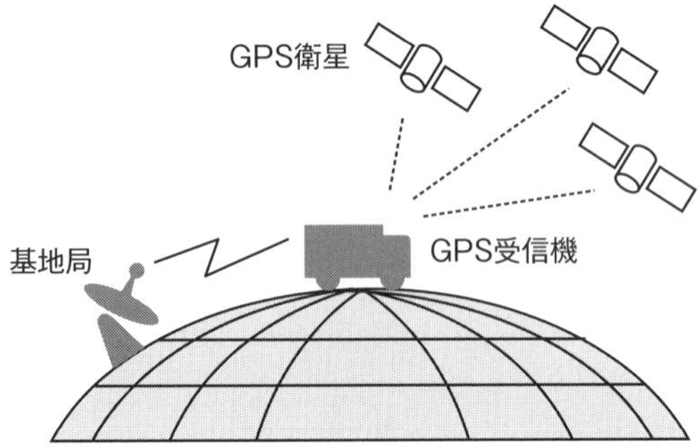

10-3　調達・生産・販売管理の情報システム

10-3-1　調達管理の情報システム
1）　調達管理の情報システムの定義と種類
　調達管理の情報システムとは，「発注と入荷を管理するシステム」である。卸小売業からメーカーに商品を注文したり，卸小売業が入荷時に検品する際にも用いられる。

　代表的な調達管理に関する情報システムには，① EOS と，② OMS がある（図10-3-1）。

2）　EOS
　EOS（① Electronic Ordering System：電子発注システム）とは，「原材料・部品業やメーカーや卸・小売業などの企業間で，電子的に原材料・部品や製

図10-3-1　調達・生産・販売管理の情報システムの対象範囲

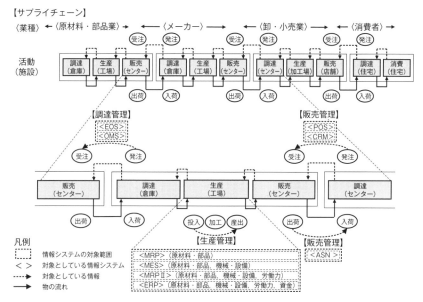

品を発注するシステム」である[12]。

これにより，手作業による伝票記入などをおこなわなくてよくなるため，発注作業量の削減や発注ミスの防止ができる。

3) OMS

OMS (② Order Management System：発注管理システム) とは，「原材料・部品業やメーカーや卸・小売業などの企業間で，原材料・部品や製品の発注情報（品目，数量，納期）や，請求・支払情報を管理するシステム」である[13]。

紙の伝票の保管が不要となるため，伝票の紛失などのミスを防止できる。なお，OMSは，EOSで発注した品目や数量などの受発注データに対して，使用することが多い。

10-3-2　生産管理の情報システム
1) 生産管理の情報システムの定義と種類

生産管理の情報システムとは，「原材料・部品の投入と，その加工と，製品の産出を管理するシステム」である。

代表的な生産管理の情報システムには，① MRPシステム，② MES，③ MRP Ⅱ システム，④ ERPシステムがある。

2) MRPシステム

MRP (① Material Requirements Planning：資材所要量計画) システムとは，「計画生産量にあわせて，必要な原材料・部品の所要量を計算するシステム」である。

これにより，在庫数量と比較した適切な発注量や，製品の生産開始に間に合うように納期を決めることができる[14]。なお，MRPは，計画された生産量が計画通り生産されているかを管理する場合にも用いられる。

3) MES

MES (② Manufacturing Execution System：製造実行システム) とは，

「原材料・部品の投入量，機械の加工能力，計画生産量などのデータを用い，生産実績と工程計画を管理するシステム」である。

これにより，生産計画と生産実績の差が把握できるため，生産遅れを防止できる。

4） MRP Ⅱ システム

MRP Ⅱ（③ Manufacturing Resource Planning：製造資源計画）システムとは，「計画生産量と生産に必要な資源（原材料・部品，機械容量，労働力など）から，適切な生産量・生産時間・労働力などを計画するシステム」である（JIS Z 814：2001）。

これにより，適切な工程計画を立てることができるとともに，必要な労働力も明らかとなる。なお，MRP Ⅱは，MRP の計画対象の原材料・部品に加えて，機械・設備，労働力も計画対象としている。

5） ERP システム

ERP（④ Enterprise Resources Planning：企業資源計画）システムとは，「生産管理・在庫管理・販売管理などを統合したシステム」である（JIS Z 814：2001）。

これにより，原材料・部品の購入費，作業員の人件費，機械の維持費用などが総合的に管理できる。

10-3-3　販売管理の情報システム
1） 販売管理の情報システムの定義と種類

販売管理の情報システムとは，「販売時点での在庫数量，顧客データ，出荷の3つを管理するシステム」である。

代表的な販売管理の情報システムには，① POS システムと，② CRM システム，③ ASN がある。

2） POS システム

POS（① Point of Sales：販売時点管理）システムとは，「卸・小売業にお

いて，店舗で消費者に商品を販売した時点で，品名・数量・日時などのデータを収集するシステム」である。

これにより，リアルタイムに在庫量を把握できるため，在庫管理や発注管理に利用できる。

3） CRMシステム

CRM（② Customer Relationship Management：顧客関係管理）システムとは，「卸・小売業において，顧客（消費者）ごとに，属性（性別，年齢，住所など）や商品の購入履歴を記録・管理するシステム」である。

これにより，消費者の好みや購買行動を分析し，販売促進や顧客サービスの向上に利用することができる。

4） ASN

ASN（③ Advanced Shipping Notice：事前出荷通知）とは，「出荷情報（納品時刻，品目，数量など）を，届け先に事前通知するシステム」である[15]。

届け先にとってみれば，原材料・部品や製品が到着する前に得られる事前出荷情報（ASN）と，発注情報を電子的に照合することができる。これにより，入荷前であっても電子的に検品ができ，入荷後の作業計画を立てておくことが可能となる。

10-4　在庫・輸配送管理の情報システム

10-4-1　在庫管理の情報システム
1） 在庫管理の情報システムの定義と種類

在庫管理の情報システムとは，「在庫の数量と品質と位置を管理するシステム」である。

代表的な在庫管理の情報システムには，① IMSと，② LMSと，③ WMSがある（図10-4-1）。

2） IMS

IMS（Inventory Management System：在庫管理システム）とは，「工場や倉庫などで保管している原材料・部品や製品の，数量，品質，位置を管理するシステム」である[16]。

数量については，入庫・在庫・出庫数量を管理することで，日々の在庫量の変動がわかり，品切れ（在庫切れ）を防ぐことができる。品質については，保管時の温度や在庫期間を管理することで，不良品や期限切れの出荷を防ぐことができる。位置については，商品を適切な位置に置き，管理することで，ピッキング作業などの時間短縮や，ピッキングミスを防ぐことができる。

図10-4-1 在庫管理・輸配送管理の情報システムの対象範囲

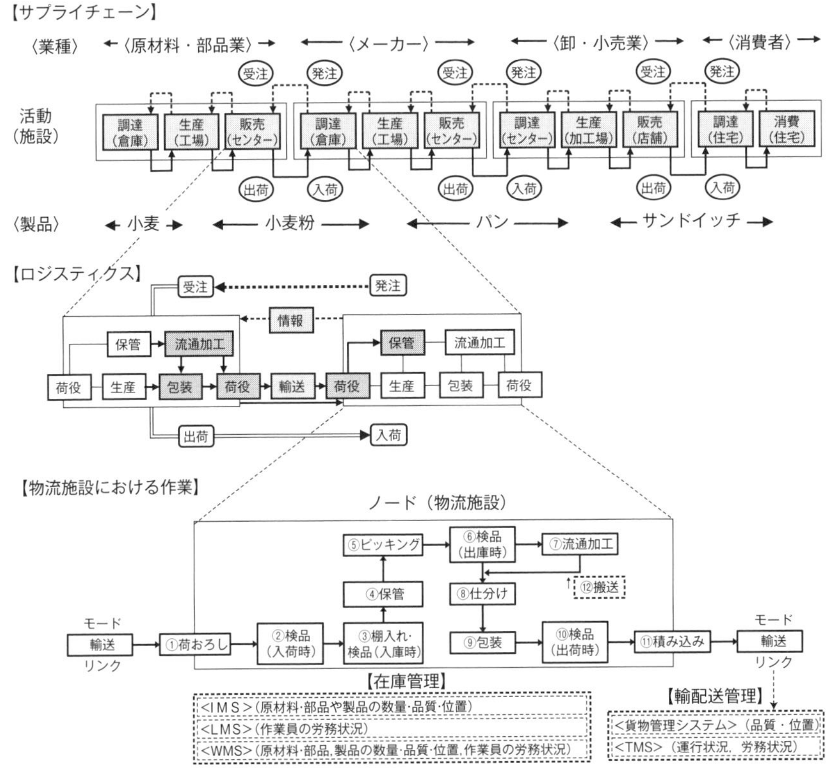

3） LMS

LMS（Labor Management System：労務管理システム）とは，「倉庫や流通センターなどで，荷おろし・検品・ピッキング・流通加工・包装などの作業（図10-4-1の①〜③，⑤〜⑫）が，適切な作業時間と作業人員のもとでおこなわれるように，作業内容を計画し，作業の実施を指示し，作業結果を管理するシステム」である[17]。

たとえば，ピッキング作業でのデジタル表示や音声指示，流通加工作業での商品のセット化や詰合せなどの指示，荷役作業での搬送指示などがある。これにより，作業ミスを防ぐことができ，作業時間の短縮や作業人員の適正な配置ができる。

4） WMS

WMS（Warehouse Management System：倉庫管理システム）とは，「IMS（在庫管理システム）とLMS（労務管理システム）を統合したシステム」である[18]。すなわち，在庫中の数量と品質と位置を管理するとともに，作業時間や作業人員を管理することができる（図10-4-2）。

図10-4-2　WMSの例[19]

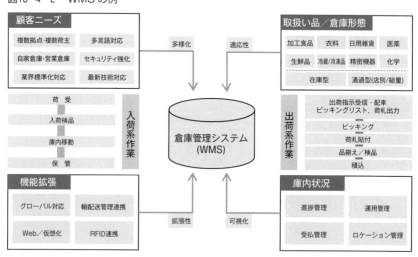

在庫管理システムと労務管理システムを統合することにより，入庫管理・保管管理・出庫管理と，作業管理（検品，棚入れ，ピッキング，流通加工など）を連携させることができる。たとえば，入庫時に検品作業と同時に棚入れ作業を指示できれば，効率化が促進できる。

　このとき，WMSでは，在庫登録（入荷した原材料・部品や製品の，品目・数量などを，台帳に登録する作業），在庫引当（保管場所からピッキングし，出荷のために確保するために，台帳に記入する作業），在庫引落（出荷した数量を，台帳の在庫量から差し引く作業）などの作業がある。

10-4-2　輸配送管理の情報システム
1）　輸配送管理の情報システムの定義と種類

　輸配送管理の情報システムとは，「輸配送中の原材料・部品や製品の，数量と品質と位置を管理するシステム」である。

　代表的な輸配送管理の情報システムには，① TMS と，②貨物管理システムがある（図10-4-1）。

2）　TMS

　TMS（① Transportation Management System：輸送管理システム）とは，「運行管理システムと配送管理システムを統合したシステム」である[20]。

　運行管理システムとは，「車両の運行状況（ルート，速度，燃料消費量など）と，運転手の労務状況（労働時間，休憩の有無など）を管理するシステム」である。これにより，運転手ごとの労務状況を把握することができるため，運転手に対して指示をすることで，過重労働を防ぐことができる。

　配送管理システムとは，「車両の配送ルートと，配送時刻（出発時刻と到着時刻）を管理するシステム」である。これにより，適切なルートと時刻が明らかになるため，指定納品時刻の遅れを防ぐことができる。

　GPS のデータから位置情報を得て，これを TMS と組み合わせることにより，貨物の数量・品質や，予定到着時刻もわかる。

3） 貨物管理システム

貨物管理システム（②）とは，「温度管理システムと貨物追跡システムを統合したシステム」である[21]。

このうち温度管理システムとは，「冷凍・冷蔵品など温度管理が必要な製品を輸配送するときに，製品の品質を保つように，車両やコンテナ内部の温度や製品の温度を管理するシステム」である。これにより，輸配送中の品質劣化を防ぐことができる。

貨物追跡システムとは，「配送ルート上での車両の位置を管理することで，貨物の位置を特定するシステム」である。これにより，走行や停止などの状態や，走行速度などの運行状況を把握することができる。

10-5　これからの情報システムと SCM

10-5-1　IoT（Internet of Things）

IoT（Internet of Things）とは，「建物，製品，自動車，輸送資材，荷役機器などのモノ（Things）が，インターネットに接続され，相互に情報をやり取りすること」である。これを実現するためには，モノにセンサーと通信機能を持たせる必要がある（図10-5-1）。

センサーがあれば，温度，湿度，衝撃，位置などを知ることができ，通信機能があれば，センサーから取得したデータをインターネットによって送ることができる。また，モノ自体がインターネットにつながっているため，自動的に機械や機器を操作することができる。たとえば，倉庫内のセンサーで製品別の在庫量を検知できれば，また最適な発注量と発注時期を算出できれば，インターネットにより自動発注できる。そして，配送された製品の自動検品や，搬送機器による自動棚入れも可能となる。

このように，モノがセンサーと通信機能を持つことで，SCM も変わる。現状では，車両やコンテナなどにセンサーや通信機能を持たせているが，軽量小型で安価な通信機能を持つセンサーが開発されれば，製品一つ一つから情報を発信できるようになる。このようになると，モノ自体が，内容や数量などのデータを発信でき，検品の労力も大幅に削減できる。

図10-5-1　サプライチェーンとIoTの関係

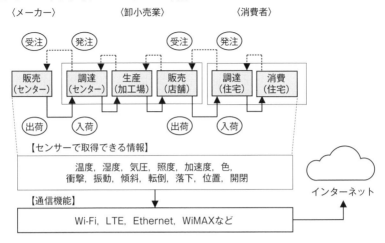

10-5-2　Industrie 4.0（ドイツ政府が提唱する第4次産業革命）

　Industrie 4.0とは,「ドイツ政府が提唱している第4次産業革命」である。第1次産業革命は蒸気機関の発明による工場制機械工業の発達であり,第2次産業革命は電気エネルギーを活用した大量生産であり,第3次産業革命はコンピュータを利用するオートメーションとロボット化による工業生産である。そして,第4次産業革命とは,「各種のセンサーを用いてビッグデータを解析し,ものづくりやサービスの生産性を高めること」である。

　Industrie 4.0の主たる目的は,スマートファクトリーを作ることにある。

　スマートファクトリーとは,「高度な自動化と,生産機器や生産設備の情報ネットワーク化により,生産効率が飛躍的に高まる工場」である。このとき,IoTにより,工程や品質,進行状況などさまざまな情報の「見える化」と「つながる化」が可能となる。

　そして,生産のデータ,受発注データ,労働者の労働時間や作業能力のデータなどを収集し分析することで,常に最適な生産方法や生産手順を構築できる。これにより,顧客ニーズに速やかに対応できる調達・生産・販売システムや在庫・輸配送システムの構築が可能となる（図10-5-2）。

第10章　SCMと情報システム　　167

図10-5-2　Industrie 4.0のシステム

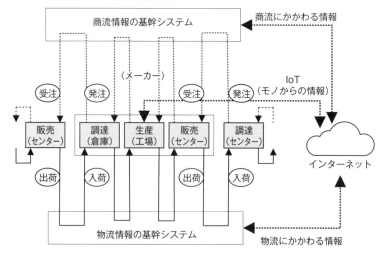

10-5-3　車両情報システム

　自動車には，車速やエンジンの回転数などを計測するために多数のセンサーが設置されている。また，これらのセンサーで取得したデータは，カーナビ（カーナビゲーション・システム），デジタコ（デジタル・タコグラフ），ドラレコ（ドライブ・レコーダ）などに使われている。

　これらのデータは，いままでエンジンや車両の制御やメンテナンスに使用されてきた。しかし今後は，これらのデータが，スマートフォンや道路上に設置された通信機器を通じてインターネットに接続することにより，車外でもデータを利用できるようになる。

　たとえば，貨物自動車の荷室に温度センサーを設置し，位置情報と組み合わせることで，輸配送中の車両の位置とともに荷室の温度もリアルタイムで把握できる。また，位置情報と速度を組み合わせることで，渋滞している区間などが知ることができ，渋滞区間を避けた輸配送経路をリアルタイムに指示でき，高度な輸配送管理をおこなうことができる。さらに近い将来には，位置情報と高度なセンサーを組み合わせることで，貨物自動車の自動運転の実現も期待できる。

参考文献

1) 株式会社セブン‐イレブン・ジャパン HP：
 http://www.sej.co.jp/company/aboutsej/info_01.html
2) 物流博物館 HP：
 http://www.lmuse.or.jp/b1/b14.html
3) 苦瀬博仁編著：「ロジスティクス概論」，白桃書房，p.150, 2014
4) ミライソフト有限会社 HP：
 http://miraisoft.com/?p=1487
5) ふじのくに食品表示ガイド
 http://www.shokuhin-shizuoka.jp/display/detail.php?id=29
6) 前掲書3），p.149
7) 一般財団法人流通システム開発センター HP：
 http://www.dsri.jp/standard/
8) 株式会社キーエンス HP：「2次元コードの基礎知識」
 http://www.keyence.co.jp/barcode/2jigenbasic/chishiki4.html
9) サカタウエアハウス株式会社 HP：
 http://www.sakata.co.jp/logistics-130/
10) トッパン・フォームズ株式会社 HP：
 http://rfid.toppan-f.co.jp/rfid/uhf-ictag/index.html
11) 株式会社アイ・オー・データ機器 HP：
 http://www.iodata.jp/products/gps/pcgps/gps.htm
12) 前掲書3），p.139
13) 藤川裕晃：「サプライチェーンマネジメントとロジスティクス管理入門」，日刊工業新聞社，p.128, 2008
14) 徳山博于・曹徳弼・熊本和浩：「生産マネジメント」，朝倉書店，p.68, 2002
15) 前掲書3），p.147
16) 前掲書3），p.140
17) 前掲書3），p.144
18) 前掲書3），p.145
19) 株式会社日立製作所 HP：
 http://www.hitachi.co.jp/products/ts_logi/solution/wms.html
20) 前掲書3），pp.152-153
21) 前掲書3），p.151

第11章

サプライチェーンと物流業

第11章のねらい

　第11章の目的は，サプライチェーンを支える物流業の事業内容を理解することである。

　そこで本章では，最初に倉庫業の事業内容（11-1），貨物運送業の事業内容（11-2），貨物利用運送事業の事業内容（11-3）を説明する。そして，サプライチェーンにおけるアウトソーシングについて説明する（11-4）。

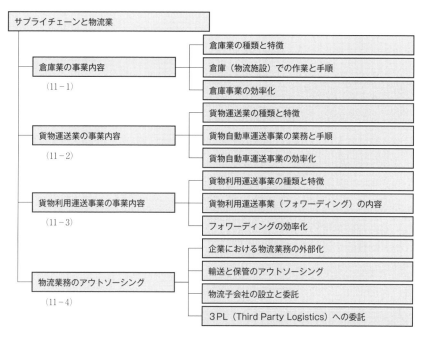

11-1 倉庫業の事業内容

11-1-1 倉庫業の種類と特徴
1） 倉庫業の定義

倉庫とは,「貨物（商品や物資）を保管する施設」である。そして倉庫業とは,「他人の貨物を有償で保管する事業」である。

倉庫には，営業倉庫と自家倉庫がある。

このうち営業倉庫とは,「倉庫事業者が寄託（当事者の一方が相手方のために保管をすることを約してある物を受け取ることによって，その効力を生ずる契約。民法第657条）を受けた物品を保管する倉庫」である。自家倉庫とは,「自社の貨物の保管のために所有している倉庫」である。

2） 営業倉庫の種類[1]

営業倉庫は，倉庫業法により，①1類倉庫，②2類倉庫，③3類倉庫，④野積倉庫，⑤貯蔵槽倉庫，⑥危険品倉庫，⑦水面倉庫，⑧冷蔵倉庫および⑨トランクルームの9種類に分類されている。このうち，①1類倉庫から⑥危険品倉庫までを，普通倉庫と総称している（図11-1-1，写真11-1-1）。

1類倉庫（①）とは,「防水・防湿・遮熱・耐火（防火）の機能と防そ措置（ネズミの侵入を防ぐ措置）が必要な倉庫」である。1類倉庫では，危険品と冷蔵品を除いた，米，繊維，パルプ，機械器具をはじめ，一般雑貨が保管できる。

2類倉庫（②）とは,「1類倉庫の機能から耐火（防火）の機能を不要とする倉庫」であり，燃えにくい貨物を保管できる。

3類倉庫（③）とは,「耐火（防火）性能に加え，防湿・遮熱の機能と防そ措置（ネズミを防ぐ措置）を不要とする倉庫」であり，燃えにくく，湿度に強い貨物を保管できる。

野積倉庫（④）とは,「貨物を野積みで保管する倉庫」であり，鉱物，木材，自動車などのうち，雨風にさらされてもよいものを保管できる。

貯蔵槽倉庫（⑤）とは,「タンクやサイロのこと」であり，液体および穀

図11-1-1　営業倉庫の種類

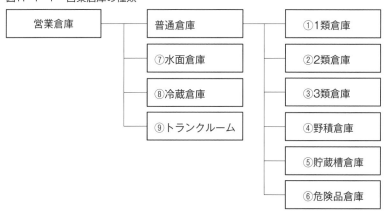

写真11-1-1　営業倉庫の例

出所：乾汽船株式会社 HP：http://www.inui.co.jp

物などを保管できる。

　危険品倉庫（⑥）とは，「消防法や高圧ガス取締法に規定する危険品を保管する倉庫」であり，石油，化学薬品，高圧ガスなどを保管する。

　水面倉庫（⑦）とは，「貨物を一定の区画の水面で保管する倉庫」であり，原木などを保管できる。

　冷蔵倉庫（⑧）は，「10℃以下の低温で貨物を保管する倉庫」であり，生鮮食料品や冷凍食品を保管できる。

　トランクルーム（⑨）とは，「個人の財産を保管する倉庫」であり，家財，美術骨董品，書類などを保管する。

11-1-2 倉庫（物流施設）での作業と手順

1) ①荷おろし～②検品（入荷時）

倉庫内の作業を，その順序にしたがって示すと，以下のようになる（図11-1-2）。

①荷おろしとは，「貨物自動車などの輸送機関から貨物をおろすこと」である。

②検品（入荷時）とは，「発注書や納品書の情報と，実際に貨物自動車からおろされた貨物の内容（品目，数量，品質など）を照合すること」である。インターネットで送信される搬入予定貨物の情報（品目，数量，到着予定時刻など）をASN（Advanced Shipping Notice：事前出荷通知）で受け取っている場合には，この情報と貨物の包装に貼付されたSCMラベル（Shipping Carton Marking：出荷梱包表示，10-2-3参照）を照合する。

2) ③棚入れ・検品（入庫時）～④保管～⑤ピッキング

③棚入れ・検品（入庫時）とは，「貨物（パレットや段ボール箱など）を保管位置（棚，ラック，床など）に納めること」である。このとき，パレットや段ボール箱を積み上げることもあれば，大きな貨物や形状が複雑な貨物などを床に直接置く（平置き）こともある。なお，倉庫の保管量を増やし，作業スピードを上げるために，入出庫を自動化した自動倉庫を利用することもある。棚入れと同時に，貨物の保管位置を確認することも重要である。

④保管とは，「棚入れからピッキングで取り出すまでの期間に，数量・品

図11-1-2 倉庫（物流施設）での作業

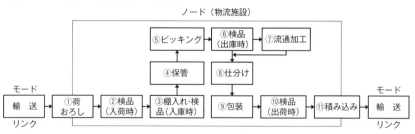

質・位置に間違いがないように納めておくこと」である。

⑤ピッキングとは，「出荷指示を受けた貨物を取り出すこと」であり，「摘み取り」と「種まき」の2つの方法がある。摘み取りとは，「出荷先別の出荷箱とともに作業員が移動し，保管された棚から出荷する貨物を拾い取っていく方法」である。種まきとは，「複数の出荷先に出荷される同一の貨物を一括して取り出し，これを複数の出荷先別の出荷箱に，移動しながら置いていく方法」である。

3） ⑥検品（出庫時）〜⑦流通加工

⑥検品（出庫時）とは，「ピッキングで取り出した貨物と，出荷指示された情報（品目，数量，品質など）を照合すること」である。

⑦流通加工とは，「検品した貨物に値札付けや詰め合わせなどをおこなうこと」である。たとえば，パソコンなどのIT機器や周辺機器を要求された仕様に合わせて組み立て，ソフトウェアをインストールするような作業（キッティング）もある。

4） ⑧仕分け〜⑨包装〜⑩検品（出荷時）〜⑪積み込み

⑧仕分けとは，「出荷先別に貨物を分けること」である。

⑨包装とは，「出荷先別に仕分けられた貨物の，破損や汚損を避けるために，適切な材料や容器等によって収納すること」である。包装された貨物には，品目や数量などの貨物の内容を示すSCMラベルが貼られる。

⑩検品（出荷時）とは，「出荷先ごとに，品目・数量・品質を最終的に確認すること」である。

⑪積み込みとは，「倉庫（物流施設）で包装され検品（出荷時）された貨物を，貨物自動車などの輸送機関に積むこと」である。

11-1-3 倉庫事業の効率化

1） 保管効率（①）

倉庫内の業務は，第9章で述べた在庫管理の指標を利用して管理することが多い。しかし，倉庫業として経営の効率化を考えるときは，①保管効率と

図11-1-3　倉庫事業の効率化の測定指標

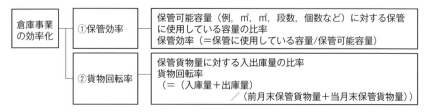

②貨物回転率の2つの指標がある（図11-1-3）。

保管効率（①）とは，「倉庫の最大保管可能容量に対する実際の保管貨物容量の比率」である。このときの単位は，貨物に着目したとき，パレット数，ケース数，個数などである。容積や面積に着目したときは，m³やm²である。

2）　貨物回転率（②）

貨物回転率（②）とは，「1ヶ月間に貨物が何回転したかを測定する指標であり，保管貨物量に対する入出庫量の比率」である[2]。このときの保管貨物量は，1ヶ月間に発生するおそれがある大幅な保管貨物量の変動の影響を排除するため，期首の保管貨物量（前月末保管貨物量）と期末の保管貨物量（当月末保管貨物量）の合計をとる。

3）　倉庫内の業務の効率化のための対策

保管効率を高める対策には，①貨物の大きさに合わせて棚の高さを変えて棚段数を増やす方法や，②通路を削減するために移動棚を設置する方法や，③上部の空間を活用するためメザニン（中二階）を設ける方法などがある。

また，入出庫の荷役効率を高める対策には，①適切な保管位置の選定，②ダブルトランザクション，③クロスドッキングがある。

適切な保管位置の選定（①）では，取り出すことが多い貨物を入り口の近くに配置して移動距離を短くする方法がある。

ダブルトランザクション（②，Double Transaction）とは，「倉庫内における保管場所（ストックエリア）と作業場所（ピッキングエリア）を分けること」である。ストックエリアからピッキングに必要な最小限の貨物をピッ

図11-1-4　ダブルトランザクションの例

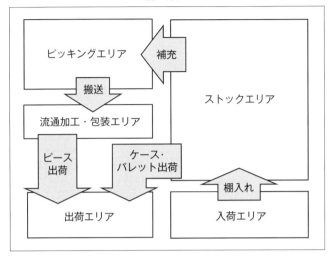

キングエリアに移し，出庫した分をストックエリアから補充する。ピース単位でピッキングをおこなうときに（バラピッキング），採用されることが多い。この結果，保管と作業の両方の効率性が高まる（図11-1-4）。

クロスドッキング（③，Cross Docking）とは，「入荷した貨物を保管することなく，すぐに輸送先別に仕分けて出荷する方法」である。入荷した貨物ごとに出荷先データを瞬時に読み取るとともに，自動仕分け装置などの荷役機器により，短時間で仕分けることができる。

なお，近年の物流施設では，単に入出荷データを読み取るだけでなく，物流事業者が，EDIにより受発注データと入出荷データ，および輸配送のデータを入出荷先と共有し，より効率化を進めている。

11-2　貨物運送業の事業内容

11-2-1　貨物運送業の種類と特徴
1）貨物運送業の定義と種類

貨物運送業とは，「他人の貨物を有償で輸送する事業」である。

図11-2-1　貨物運送業の種類

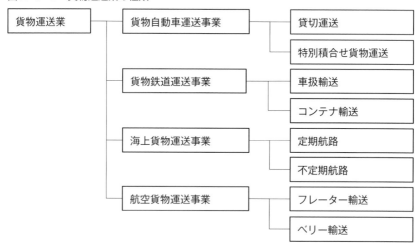

　このときの輸送には，貨物自動車，貨物鉄道，船舶，航空機など，さまざまな輸送機関を利用するが，我が国で最も多く利用しているのは貨物自動車である（図11-2-1）。

　貨物自動車には，自家用貨物自動車と営業用貨物自動車（貨物自動車運送事業者の保有事業用車両）の2つがある。荷主企業は，自家用貨物自動車で自ら輸送することもある。

　貨物鉄道や船舶や航空機などは，自家用船舶等を除くと運送事業者により運行（運航）される。このように自ら輸送機関を運行（運航）する事業は「実運送事業」，この事業をおこなう事業者は「実運送事業者（キャリア）」と呼ばれる。荷主企業は，実運送事業者（キャリア）または「貨物利用運送事業者（フォワーダー，11-3-1参照）」に輸送を委託する。

　それぞれの輸送機関には，輸送できる重量や距離，料金，CO_2排出量などの特徴がある。

2）　貨物自動車運送事業

　貨物自動車運送事業とは，「貨物自動車を使って他人の貨物を有償で運ぶ事業」である。この事業には，法律の区分とは別に，貸切運送（荷主1社の

写真11-2-1　貨物自動車運送に使用される車両の例

　　　　　大型車　　　　　　　　　　　宅配専用車両

いすゞ自動車株式会社 HP：http://www.isuzu.co.jp/product/giga/g_cargo/g_cargo.html
ヤマト運輸株式会社 HP：http://www.kuronekoyamato.co.jp/ytc/corporate/ad/40th/

貨物だけを1台の貨物自動車に積んで運行する運送）と，特別積合せ貨物運送（特積み：複数の荷主の貨物を同一車両に積み合わせて定期的に運行する運送）の2つがあり，荷主企業は自らの輸送ニーズに応じて選択することができる。

　貸切運送は，出発時間や到着地などを，荷主の都合で決めることができる（写真11-2-1）。

　特別積合せ貨物運送は，輸送ロット（輸送1件当たりの貨物量）が小さく，貨物自動車1台に満たない貨物を輸送する場合や，定期的に輸送する貨物に適している。宅配便は，特別積合せ貨物運送の一つである。

3）　貨物鉄道運送事業

　貨物鉄道運送事業とは，「鉄道を使って他人の貨物を有償で運ぶ事業」である。この事業には，貨物鉄道会社において荷主の貨物を貨車一両ごとに運ぶ車扱輸送と，鉄道コンテナごとに運ぶコンテナ輸送の2つがある。

　荷主企業は，石油や石炭や石灰などの原材料を運ぶとき，車扱輸送を利用することが多い。一方のコンテナ輸送は，工業製品や農産品のように，最終製品を運ぶときに利用することが多い（写真11-2-2）。

　貨物鉄道は，約20両の貨車で編成されるため，大量の貨物でも一度に運ぶことができ，ダイヤにしたがって運行されるので，定時性が確保できる。ただし，列車の運行は貨物駅間に限られることから，貨物駅と発着施設との間の集荷や配送は貨物自動車を利用することになる。このため，工場間輸送の

写真11-2-2　貨物鉄道運送に使用される列車の例

　　　　コンテナ列車　　　　　　　　　　　　車扱列車

大牟田運送株式会社 HP：http://www.omuta-unso.co.jp/kontena.html
福島臨海鉄道株式会社 HP　http://f-rinkai.co.jp/rail/rail-businessguide/

ように，貨車に直接積みおろしできる場合に有利である。

　なお貨物鉄道は，貨物自動車や航空機と比べてエネルギー効率がよく，CO_2排出量も少ない。

4）　海上貨物運送事業（船舶）

　海上貨物運送事業とは，「船舶を使って他人の貨物を有償で運ぶ事業」である。この事業には，定期航路と不定期航路の２つがある。定期航路とは，「あらかじめ定められている寄港地を，日程表にしたがって定期的に運航する航路」である。一方，不定期航路とは，「寄港地と日程表が荷主との契約で決まる航路」であり，特定の荷主企業との長期契約（通常，１～５年契約）のもとに運航されることが多い。

　海上輸送で使用される船舶は，荷主企業が輸送を委託する貨物に応じて使い分けられている。たとえば，原油や軽油などは「油槽船（タンカー）」，液化天然ガスは「LNG 船」，鉄鉱石・石炭・小麦などのばら状の貨物は「ばら積み貨物船（バルク船）」，完成自動車は「自動車運搬船」，鋼材などの工業製品は「一般貨物船」，海上コンテナは「コンテナ船」や「RORO 船（Roll on/Roll off）」などで運ばれる。このうち，コンテナ船や RORO 船は定期航路で，その他の船舶は不定期航路で運航されることが多い（写真11-2-3）。

　国内輸送での船舶は，貨物自動車や貨物鉄道よりも大量の貨物を輸送することができ，エネルギー効率が良いことから，長距離大量輸送や大型貨物の

写真11-2-3　海上貨物運送に使用される船舶の例

コンテナ船　　　　　　　　　　　RORO船

一般社団法人 日本船主協会 HP：https://www.jsanet.or.jp/kids/iroiro/index.html
日本内航海運組合総連合会 HP：http://www.naiko-kaiun.or.jp/about/about06_05.html

輸送に利用されている。国際輸送では，原油や石炭や鉄鉱石などの資源と，小麦やコーンや豆類などの食糧などを輸入し，国内で生産された工業製品を輸出している。

5）航空貨物運送事業（航空機）

　航空貨物運送事業とは，「航空機を使って他人の貨物を有償で運ぶ事業」である。この事業には，航空会社による使用航空機の種類により，貨物専用機（フレーター）による輸送と，旅客機の胴体腹部に設けられた貨物室（ベリー）を利用した輸送の2つがある（写真11-2-4）。
　貨物専用機の積載量は，機種により異なるものの，最大で100トン程度である。旅客機の貨物室の積載量は，大型機で25トン程度であるが，機種によっては1トンにも満たない。航空コンテナに納まらない大きな貨物を輸送するときは，フレーターが利用される。
　航空貨物輸送は，スピードが速く，輸送時間が短い一方で，運賃が高く，他の輸送機関と比べてエネルギー効率が悪い。このため，付加価値の高い小さな貨物や軽量の貨物，緊急輸送が必要な貨物の輸送に適している。

11-2-2　貨物自動車運送事業の業務と手順
1）配車計画

　貨物自動車運送事業者は，荷主企業から輸送を委託されると，配車計画と

写真11-2-4 航空貨物運送に使用される航空機の例

旅客機

貨物専用機

成田エアポートサービス株式会社 HP：http://www.nrtas.ana-g.com/business/cargo/tabid/75/Default.aspx
アサガミ株式会社 HP：http://www.asagami.co.jp/HP2010/service/aviation.html

運行計画を立てる。

　配車計画とは，「貨物特性に合わせた自動車と運転手を手配すること」である。一般的に，（表11-2-1）の手順で進められる。

2）運行計画

　運行計画とは，「運行ルート，運転手の拘束時間や運転時間，作業内容などを決めること」である。一般的に，（表11-2-2）の手順で進められる。

　そして，運行前の点呼のときに，運行管理者から運転手に運行計画が直接指示される。2泊3日以上の輸送のときは，運行指示書が手渡される[3)4)]。

11-2-3　貨物自動車運送事業の効率化

1）貨物運送事業に必要な測定指標

　貨物運送事業の効率化のうち，輸配送活動そのものの効率化については，第9章で述べた輸配送管理の指標を利用して管理することが多い。しかし，貨物自動車運送事業として経営の効率化を考えるときには，資産の有効利用を測定できる指標を追加しなければならない。

　この追加すべき指標が，①実働率（1ヶ月に稼働した日数の比率），②実車率（走行距離のうち，実際に貨物を載せて走行した距離の比率），③積載率（貨物自動車が積載した貨物の，積載可能量に対する比率）である[5)]。

表11-2-1　配車計画の手順

項　目	内　容
①車両の選択	貨物特性に合わせた車両を選択する。 貨物特性：貨物量（重量・容積），納品時間，出発地と到着地，温度・割れ物など
②運転手の手配	車両に合わせた免許の保持，勤務状況に合わせて運転手を手配する。
③他社への委託の検討	荷主企業から委託された輸送を他社に再委託するかを検討する。
④ルートの設定	出発地と到着地，通過地点を決定する。
⑤帰り荷の確保	到着地から出発地に戻るときの貨物を探す。

表11-2-2　運行計画の手順

項　目	内　容
①運行日時の設定	運行の開始地点と終了地点を設定し，同時に日時を設定する。
②運行ルートの設定	発着地および主な経過地の，発車と到着の日時を設定する。
③運行ルート上の注意事項	運行に際して注意を要する箇所（渋滞箇所や事故多発箇所）の位置
④労働時間の設定	拘束時間，運転時間，休憩地点と休憩時間の設定
⑤運転手交替時の注意事項	運転業務の交替がある場合，交替地点の設定と伝達事項の確認
⑥荷役作業時の注意事項	荷役作業がある場合，荷役作業の内容と所要時間の指示

　この3つの指標は，貨物自動車1台ごとに測定することもできるし（図11-2-2），事業で使用している全貨物自動車の合計で測定することもできる（図11-2-3）。

2）　貨物自動車運送事業者にとっての実働率（①）

　事業者にとっての実働率（①）とは，「一定期間内に保有している貨物自動車の延台数（実在延日車）のうち，業務に利用した貨物自動車の延台数（実働延日車）の比率」で示される。
　たとえば，貨物自動車を10台保有している事業者が1ヶ月（30日）事業

図11-2-2　貨物自動車運送（貨物車1台）の効率化の測定指標

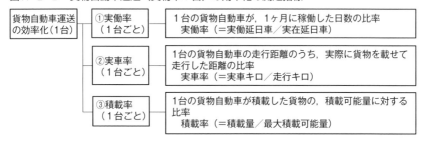

図11-2-3　貨物自動車運送事業（会社全体）の効率化の測定指標

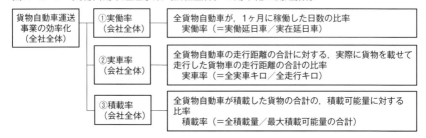

をおこなったとき，貨物を積載して走行した貨物自動車の一定期間内の延台数（1ヶ月に運行した車両数は延250日台）の，同期間に保有している貨物自動車の延台数（1ヶ月に保有していた車両数は延300日台）に対する比率（250/300）で示される。

3）　貨物自動車運送事業にとっての実車率（②）

　事業者にとっての実車率（②）とは，「貨物を積載して走行した車両の走行距離の合計（全実車キロ）の，全走行距離（全走行キロ）に対する比率」で示される。

　たとえば，貨物自動車を10台保有している事業者が1ヶ月（30日）事業をおこなったとき，車両ごとに全走行距離と貨物を積載して走行した距離を集計する。次に，10台の貨物自動車の数値をそれぞれ合計し，総積載走行距離の総走行距離に対する比率を求める。

4) 貨物自動車運送事業にとっての積載率（③）

事業者にとっての積載率（③）とは，「貨物を積載した車両のすべての積載量の合計（全積載量）の，使用した貨物自動車の最大積載可能量の合計に対する比率」で示される。積載量（積載可能量）には，重量基準と容積基準の2つがある。重量基準は重くて小さい貨物のときに採用され，容積基準は反対に軽くて大きい貨物のときに採用される。

5) 貨物自動車運送事業の効率化の方法（共同輸配送，求貨求車システム）

貨物自動車運送事業の効率化の方法には，共同輸配送と求貨求車システムがある。

共同輸配送とは，「複数の事業者が1台の貨物自動車を共同で利用すること」である。近年では，複数の貨物自動車運送事業者が，共同で輸送するための新会社を共同出資で設立することもある。共同輸配送によって，貨物自動車の車両数を削減できるとともに，積載率も高めることができる。

求貨求車システムとは，「使用する予定のない貨物自動車の情報と，運んで欲しい貨物の情報をインターネット上でマッチングさせるシステム」である。このマッチングにより，往復で貨物を積載することができるため実車率が高まり，また余裕のある荷室に貨物を積むことができるため積載率を高めることができる。

11-3　貨物利用運送事業の事業内容

11-3-1　貨物利用運送事業の種類と特徴
1) 貨物利用運送事業（フォワーディング）の定義

貨物利用運送事業（フォワーディング）とは，「実運送事業者（11-2-1参照）に委託して，他人の貨物を有償で発地から着地まで輸送する事業」である。

貨物利用運送事業法では，貨物利用運送事業を第一種貨物利用運送事業と第二種貨物利用運送事業の2種類に区分している。

第一種貨物利用運送事業とは，「第二種以外の貨物利用運送事業を指し，

貨物自動車輸送，鉄道輸送，海上輸送または航空輸送を実運送事業者に委託する事業」である。

第二種貨物利用運送事業とは，「貨物自動車輸送以外の鉄道輸送，海上輸送または航空輸送を実運送事業者に委託し，貨物鉄道駅や港湾，空港と発着地との輸送は貨物自動車を使って自らおこなう事業」である。

貨物利用運送事業者（フォワーダー）とは，「実運送事業者に委託して，自己の運送責任（運送途上で貨物が紛失したり，毀損したときの責任）のもとに，荷主企業の貨物を輸送する事業者」である。このとき，貨物利用運送事業者（フォワーダー）は，荷主企業と実運送事業者の両者と別々に運送契約を交わす。

2） 貨物利用運送事業者（フォワーダー）の特徴

フォワーダーは，それぞれの利用運送手段によって，鉄道フォワーダー（通運とも称される），海運フォワーダー，航空フォワーダーに区別されている。

貨物自動車運送事業者を除いて，実運送事業者は駅間，港湾間，空港間しか輸送できないが，第二種貨物利用運送事業者（フォワーダー）は，ドア・ツー・ドアの複合一貫輸送（複数の輸送機関を利用して，コンテナやパレットのままで輸送すること）をおこなう。

11-3-2　貨物利用運送事業（フォワーディング）の内容
1） 貨物利用運送事業（フォワーディング）の計画

フォワーダーは，荷主企業の輸送ニーズに応じて，最適な輸送手段（船舶，航空機など）を選択し，実運送事業者（キャリア：日本郵船，商船三井など）を選び，発地，中継地，着地を結ぶ輸送経路を計画する。

たとえば，海運フォワーダーであれば，①輸送時間と，②輸送コストを考慮し，③どこの船社を使って，④どこの港湾で貨物を積み込み，⑤どこの港湾で荷おろしするか，を考える。

コンテナ輸送する場合には，FCL（Full Container Load）とLCL（Less than Container Load）がある。FCLとは，「荷主企業の貨物がコンテナ1個

分に相当する貨物」である。LCLとは，「荷主企業1社の貨物がコンテナ1個に満たない貨物」である。このとき，フォワーダーは，複数の荷主企業の小口貨物を集めて，1個のコンテナ（LCLコンテナ）に積み合わせて輸送する。

2） 国際フォワーダーの特徴

国際フォワーダーとは，「国際間の複合一貫輸送をおこなうフォワーダー」である。

たとえば，日本から北米向け貨物の場合，①輸送時間と，②輸送コストを考慮して，③北米航路を運航している船社を選び，④その船社が就航している港湾から，⑤北米のどこの港湾に運ぶか，を考える。目的地が東海岸に近い北米東部であれば，東岸までパナマ運河を通って運ぶか，西岸でおろして貨物鉄道で東部の目的地まで運ぶかなどの比較がある。⑥輸送時間を短くするためには，航空機で西岸まで輸送し，船舶に積み替えて東岸に輸送する方法（エア＆シー）も検討する。

なお，輸出と輸入の場合，税関によっては通関時間が長引くことや検査が厳しいこともあるので，通関場所の選定も重要である。

11-3-3 フォワーディングの効率化
1） バイヤーズコンソリデーション（Buyer's Consolidation）

バイヤーズコンソリデーションとは，「複数の調達先から集められた特定の荷主の貨物を，1本のコンテナに積み合わせて，フルコンテナ化（FCLコンテナ）して輸送すること」である。バイヤー（Buyer：買い主）のさまざまな調達貨物を，一つのコンテナに混載（Consolidation）することから名付けられた。

これにより地方の店舗などに貨物を送る場合，海外から地方港を経由して店舗まで積み替えをせずに直接輸出することができ，また，海外の物流施設で流通加工をおこない，洋服をハンガーに吊るしたままコンテナで輸送するように，そのまま販売も可能な荷姿で輸出することができる。

2）非居住者在庫（Non Resident Inventory）

非居住者在庫（Non Resident Inventory）とは，「当該国に非居住の者が，当該国内で保有する在庫のこと」である。

国際物流において，当該国（例，ベトナム）に居住していない企業（例，日本企業）が，日本から当該国（例，ベトナム）に輸送した後，当該国（例，ベトナム）に保税状態で蔵置し，購入者（例，ベトナムの小売業）が必要になった時点で，必要になった量を輸入通関して納品する。

11-4　物流業務のアウトソーシング

11-4-1　企業における物流業務の外部化

企業は，物流業務を自社でおこなう場合と，他社に委託する場合がある。

自社の場合には，自社の社員や施設や資材を用いて，物流業務を社内でおこなうので，物流管理と物流作業の両方をおこなうことになる。

他社に委託する場合には，3つの形態（アウトソーシング，物流子会社，3PL）がある（図11-4-1）[6]。

11-4-2　輸送と保管のアウトソーシング
1）輸送のアウトソーシング

物流のアウトソーシングとは，「物流管理は社内の物流部門がおこない，物流作業（輸送，荷役，保管など）は外部の物流事業者へ委託すること」である。

輸送業務については，従来から多くの荷主企業が，自動車輸送，鉄道輸送，船舶輸送，航空輸送などで，物流事業者に輸送を委託している。

自動車輸送の分野では，自家用貨物自動車に代わって，輸送量に応じて柔軟に委託できる営業用貨物自動車の利用が増えている。

2）保管のアウトソーシング

輸送業務と比較して，保管業務のアウトソーシングはあまり進んでいない。

図11-4-1　物流業務の他社委託の3つの形態

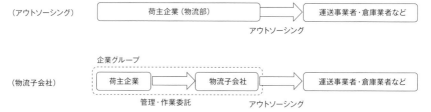

ノンアセット型：3PL事業者自身は物流事業を実施せず，物流事業者に再委託する形態
アセット型：　　3PL事業者がここの物流事業も実施する形態

　この理由には，①保管業務を自らおこない，施設能力が不足したときだけ営業倉庫を補完的に利用する企業が多いこと，②保管以外の物流業務（流通加工や仕分け，出荷など）を，他の物流事業者に委託していること，③正確な在庫管理をおこなうために，あえて自社施設を設けていること，などがある。

11-4-3　物流子会社の設立と委託

　物流子会社とは，「物流部門を独立させて，物流管理と物流作業の両方を委託すること」である。

　物流子会社の設立の目的は，①物流業務の独立採算を目指すことと，②親会社以外の業務を受注して事業を拡大することである。物流部門は，実際には付加価値を生むものの，利益を生み出さず費用だけが発生する部署（コストセンターと呼ばれることもある）と誤解される傾向が強い。そのため，採算性の改善を目指して，多くの物流子会社が設立されている。

第11章　サプライチェーンと物流業　　189

一方で近年は，物流子会社が他の物流事業者に買収される例も増えている。この理由には，①物流子会社が親会社以外の事業（外販）を拡大できないこと，②実務ノウハウの不足により親会社の物流合理化への寄与が小さいこと，③大きな合理化効果を求めて親会社が別の大手物流事業者に業務を委託すること，などがある。

11-4-4　3PL（Third Party Logistics）への委託
1）　3PLの定義と内容
　3PL（Third Party Logistics：サードパーティ・ロジスティクス）とは，「荷主企業（First Party）でも物流事業者（Second Party）でもない第三者（Third Party）に，荷主が物流業務（管理と作業）を包括的に委託すること」である。
　1980年代に荷主企業の物流合理化の必要性が高まり，物流業務そのものも複雑になったため，より専門的な知識が必要になって，3PLも増えていった。このとき，輸送や保管などを受託していた物流事業者と，荷主企業の設立した物流子会社が，3PLへと進出していった（図11-4-2）[7]。

2）　3PLによる荷主企業のメリットとデメリット
　荷主企業にとって，3PLには2つのメリットと1つのデメリットがある（表11-4-1）。

図11-4-2　3PLの業務内容

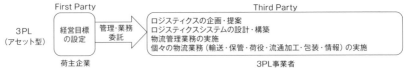

表11-4-1　3PLによるメリットとデメリット

1．荷主	
メリット	3PLによる物流合理化への寄与 3PL事業者間の競争促進によるコスト削減とサービス向上
デメリット	荷主企業の物流実態からの乖離
2．3PL事業者	
メリット	業務の拡大とそれによる売上高の増加
デメリット	物流事業者にとっての利益率低下の可能性 下請けに回る物流事業者の増加の可能性

　メリットの第1は，3PLは荷主企業の物流合理化へ大きく寄与する可能性である。3PL事業者1社による包括的な管理体制が構築されることにより，物流に関する情報の流れと物資の流れが円滑になる。

　メリットの第2は，包括的に物流業務を委託することから，3PL事業者の競争を促し，コスト削減とサービスの向上につながる可能性である。

　デメリットは，包括的に3PL事業者に委託することで，自らは物流の実態を把握できなくなる可能性である。このため，業務内容の効率性を判断できずに，3PL事業者の意向に沿わざるを得なくなる可能性もある。

3）　3PL事業者のメリットとデメリット

　3PL事業者にとって，3PLには1つのメリットと2つのデメリットがある。

　メリットは，他の物流事業者が受託していた業務を含めて包括的に業務を受託することにより，業務が拡大することである。

　デメリットの第1は，業務の受託により売上高が増加しても，業務単価が下がれば利益率が低下する可能性である。

　デメリットの第2は，物流業務が包括的に3PL事業者に委託されると，それまで元請の立場にいた物流事業者が下請の立場に転じる可能性である。

4）　3PLによるサプライチェーンの改善

　サプライチェーンを構成する調達・生産・販売の3つの段階で相互に情報

を伝達し合うことにより，サプライチェーン全体の無駄が削減され，効率が改善できる。

　３PL事業者が，調達・生産・販売の各段階の物流業務を包括的に受託すると，各段階で重複する作業を簡素化でき，かつ段階間の連携を図れるため，段階ごとに受託する場合と比較して，大幅な物流業務の改善が期待できる。

　このため，３PL事業者は，調達・生産・販売の各段階間でのロジスティクス（発注・受注・出荷・入荷）が，円滑におこなわれるように物流を管理する必要がある。

5)　３PLの成功の条件

　３PLを成功させるためには，次の３つの条件が必要である。

　第１は，荷主企業の「管理能力」である。これは，荷主は委託業務の明確な目標（費用削減，資産活用など）を示すとともに，３PL事業者が必要とする情報（経営情報，輸送や保管の実態の情報，資産や設備の情報など）を伝え，目標達成度の評価指標「KPI（Key Performance Indicator：重要業績評価指標）（欠品率，誤配率など。第12章参照）」を設定して，３PL事業者を管理する能力である。

　第２は，３PL事業者の「業務遂行能力」である。これは，荷主が委託する業務内容を理解し，業務の改善を提案してロジスティクス・システムを構築し，これを運用して，荷主の委託目標を達成する能力である。

　第３は，荷主企業と３PL事業者の「合意」である。これは，契約単価や契約期間とともに，KPIの設定値について合意し，これを達成できた時の利益の配分方針を決めることである。

参考文献
1)　苦瀬博仁編著：「ロジスティクス概論」, pp.62-63, 白桃書房, 2014
2)　国土交通省：「営業普通倉庫の実績（主要21社）について」
3)　全国貨物自動車運送適正化事業実施機関：「トラック運送事業の運行・車両・労務管理の手引き―法令実践ガイド―」, 2012

4）社団法人全国トラック協会：「トラックドライバーのための運行管理に関するポイント」，2006
5）国土交通省：「自動車輸送統計調査」
6）前掲書1），p.106
7）前掲書1），pp.106-107

第12章

SCM と企業経営

第12章のねらい

　第12章の目的は，サプライチェーン・マネジメント（SCM）による企業経営の目標の達成方法を理解することである。

　そこで本章では，最初に企業経営の目標とSCMの評価指標を説明する（12-1）。次に，SCMにおけるKPI（重要業績評価指標）とその選定方法について説明する（12-2）。そして，SCMにおける物流コスト分析の内容と方法について説明する（12-3）。最後に，企業経営からみたサプライチェーンの課題を説明する（12-4）。

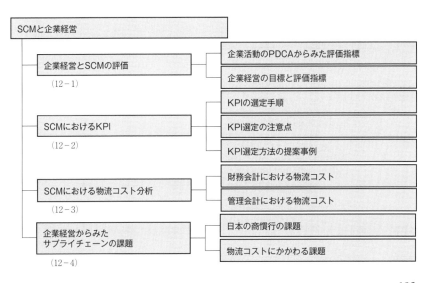

195

12-1　企業経営とSCMの評価

12-1-1　企業活動のPDCAからみた評価指標
1)　評価指標を用いた活動の改善

評価指標を用いた活動の改善には，活動内容にあわせてPDCAサイクルを実施することが一般的である（図12-1-1）。

第1に，サプライチェーンの調達・生産・販売や在庫・輸配送の計画にもとづき数多くの評価指標から，KPI（重要業績評価指標）を選定する（P）。第2に，目標値を設定し，活動を評価する（D）。第3に，活動ごとに実績値を測定して目標値と比較する（C）。第4に，実績値が目標値を下回っている場合は改善をおこなう（A）。

図12-1-1　KPIによる業務改善とKPIの選定

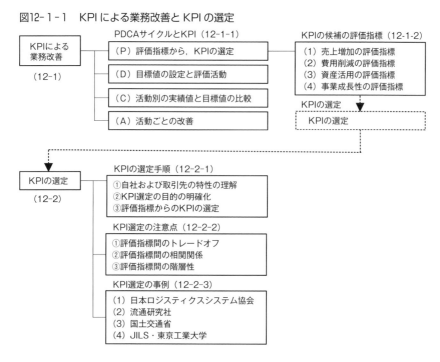

2） KPI（重要業績評価指標）の定義

KPI（重要業績評価指標：Key Performance Indicator）とは，「数多くあるSCMの評価指標のなかから，特に重要なものとして選定された指標」である。

このため，KPIの選定にあたっては，企業の経営目標にあわせて，重要な評価指標を設定することになる。

12-1-2　企業経営の目標と評価指標
1）　企業経営の目標とSCM

企業経営の4つの目標とその内容は，表12-1-1のとおりである。

KPIの候補となる評価指標は，企業経営の4つの目標（売上の増加，費用の削減，資産の活用，事業の成長性）に対応させるとともに，サプライチェーンにおける調達・生産・販売活動と，在庫・輸配送活動に対応させることが重要である。KPIの選定にあたって候補となる評価指標は，第7章および第9章で示したSCMの評価指標に相当する（図7-3-2，図9-2-2参照）。

たとえば，企業経営の4つの目標と評価指標（第7章，第9章）に対応させた表12-1-2にもとづき，KPIを選ぶことができる。

2）　売上の増加と評価指標

売上の増加のための評価指標は，表12-1-2のとおり，8の候補がある。

たとえば，調達管理での「納品率」，生産管理での「生産時間遵守率」，販売管理での「受注エラー率」，在庫管理での「欠品率」，輸配送管理での「輸送コスト比率」などである。

3）　費用の削減と評価指標

費用の削減のための評価指標は，表12-1-2のとおり，17の候補がある。

たとえば，調達管理での「発注エラー率」，生産管理での「歩留まり率」，販売管理での「誤出荷率」，在庫管理での「不良在庫比率」，輸配送管理での「誤配率（数量）」などである。

表12-1-1　企業経営の4つの目標と内容

目標	項目	内容
売上の増加	機会損失の削減	納品率の向上，欠品率の低下
	顧客サービスの向上	納入リードタイム短縮，商品・物流の高付加価値化
費用の削減	製造原価の低減	調達VMIの構築，生産管理の強化
	物流コスト低減	輸送・保管・流通加工・包装・荷役コスト削減
	その他の費用の低減	資産の見直し，人件費の見直し
資産の活用	設備の活用	遊休設備の稼働，設備の共同利用，共同配送
	在庫の削減	入庫・在庫・出庫管理，ABC分析
	売掛金・買掛金の管理	売掛金の回収サイクルの短縮，買掛金の見直し
	固定資産の流動化	土地・建物・設備の削減，自社倉庫のリース化
事業の成長性	製品・サービスの強化	環境対応，物流品質の向上，安全安心の担保
	CSRの向上	環境負荷の削減，法令遵守，災害時の協力

4） 資産の活用と評価指標

　資産の活用のための評価指標は，表12-1-2のとおり，5つの候補がある。

　たとえば，生産管理での「人時当たり加工量」，在庫管理での「在庫回転率」などである。

5） 事業の成長性と評価指標

　事業の成長性のための評価指標は，表12-1-2のとおり，7つの候補がある。

　たとえば，調達管理での「不良品率（入荷時）」，販売管理での「返品率」，在庫管理での「廃棄ロス率」，輸配送管理での「荷傷み発生率（輸送中）」などである。

表12-1-2　企業経営の目標と，KPI の候補となる評価指標の例

目標	調達管理 (図7-1-1 参照)	生産管理 (図7-2-1 参照)	販売管理 (図7-3-1 参照)	在庫管理 (図9-1-1 参照)	輸配送管理 (図9-2-1 参照)
売上の増加	納品率，入荷時刻遵守率	工程進捗率，生産時間遵守率	受注エラー率，受注締め時刻遵守率	欠品率	輸送コスト比率
費用の削減	発注エラー率，発注締め時刻遵守率	投入量ミス率，投入品目ミス率，歩留まり率，直行率	誤出荷率，出荷時刻遵守率	誤入庫率，人時当たり棚入れ量，不良在庫比率，ピッキングミス率，人時当たりピッキング量，誤出庫率	誤配率（数量），誤配率（場所），指定時刻遅延率
資産の活用		人時当たり加工量		在庫日数，在庫回転率，保管効率，棚卸差異率	
事業の成長性	不良品率（入荷時）		返品率，緊急出荷率	廃棄ロス率	定時到着率，荷傷み発生率（輸送中），荷傷み発生率（積みおろし時）

12-2　SCM における KPI（重要業績評価指標）

12-2-1　KPI の選定手順
1）　KPI（重要業績評価指標）の選定手順の考え方

　KPI の選定の手順は，①自社および取引先の特性の理解，② KPI 選定の目的の明確化，③サプライチェーンにおける活動と企業経営の目標にもとづく KPI の選定となる（図12-1-1，参照）。

　近年では政府も物流分野における KPI 導入を推進しており，国土交通省では物流事業者向けに「KPI 導入の手引き」を作成して普及に努めている[1]。

2） 自社および取引先の特性の反映

自社および取引先の特性（①）とは，「業種，業態，企業規模など」である。サプライチェーンには多くの企業がかかわるが，メーカーや卸小売業者，物流事業者のそれぞれが重視する評価指標は異なる。

たとえば，発注者としての卸小売業者は，納品率や指定時刻遅延率を重視する一方で，受注者としてのメーカーは，生産コストを重視する場合がある。また，物流事業者は，配送コストや付帯業務の有無を重視する場合がある。さらに消費者は，環境や安全を重視する場合がある。

このため，自社および取引先の特性を踏まえたKPIの選定が必要になる。

3） KPI選定の目的の明確化

KPI選定の目的（②）とは，評価指標を用いておこなう評価の対象，結果の利用目的などである。同一の企業内であっても，評価の対象ごとに重視する評価指標は異なる。

たとえば，経営者は，売上高や利益率などの経営にかかわる指標を重視するが，物流管理者は欠品率などの物流業務にかかわる指標を重視し，また作業者はピッキングミス率や保管効率や荷傷み発生率などの個別の物流業務にかかわる指標を重視する。

このため，評価の目的を踏まえて，漏れのないKPIの選定が必要である。

4） 評価指標からのKPIの選定

サプライチェーンにおける活動と企業活動の目標にもとづくKPIの選定（③）とは，5つの活動（調達・生産・販売と在庫・輸配送）と，4つの企業経営の目標（売上の増加，費用の削減，資産の活用，事業の成長性）を整合させて，評価指標からKPIを選定することである。

すでに表12-1-2で示したように，企業経営の目標とサプライチェーンにおける活動を対応させて，KPIを選ぶ方法がある。

12-2-2　KPI 選定の注意点
1)　評価指標間のトレードオフ

　数多くの評価指標から，KPI を選定するときの注意点として，①評価指標間のトレードオフ，②評価指標間の相関関係，③評価指標間の階層性の3つがある。

　評価指標間のトレードオフとは，「ある評価指標の達成水準を高めるために業務を改善すると，他の評価指標の達成水準が低下すること」である。

　たとえば，在庫管理において人時当たりピッキング量を高めるために作業人員を減らしたとき，人手不足によりピッキングミス率や誤出庫率が上昇することがある。このため，評価指標間のトレードオフを前提に，複数の評価指標を設定しておく必要がある。

2)　評価指標間の相関関係

　評価指標間の相関関係とは，「ある評価指標の達成水準を高めるために業務を改善すると，他の評価指標の達成水準も同時に上昇すること」である。

　たとえば，調達管理において納品率が上昇すると，在庫管理における欠品率が下がることが予想される。このとき，納品率と欠品率の両方を KPI として選定すると，二重に評価するおそれがある。このような過大評価を避けるために，関連する評価指標の相関関係を分析し，代表的な指標のみを取り上げる工夫が必要になる。

3)　評価指標間の階層性

　評価指標間の階層性とは，「ある評価指標による結果を左右する原因として，他の評価指標が含まれること」である。

　たとえば，調達管理において入荷時刻遵守率だけを評価指標として採用すると，入荷が遅れる原因が納入業者にあると勘違いしがちである。しかし，自らの発注締め時刻遵守率が低く，時間外の無理な注文により入荷が遅れている可能性もある。

　入荷時刻遵守率に影響を与える発注締め時刻遵守率のように，評価指標間に階層性があるときは，上位の階層の評価指標（入荷時刻遵守率）だけでな

く，下位の階層の評価指標（発注締め時刻遵守率）も採用して，的確に評価する工夫が必要である。

12-2-3　KPI選定の提案事例
1）荷主が利用するKPI（日本ロジスティクスシステム協会）

SCMにおけるKPI選定方法の代表的な提案例として，荷主が利用する「ロジスティクス評価指標（荷主KPI）」，3PL事業者が利用する「物流KPI」，物流事業者が利用する「KPI導入の手引き」，経営戦略にもとづく「SCMロジスティクススコアカード」の4つがある。

このうち，「ロジスティクス評価指標（荷主KPI）」とは，日本ロジスティクスシステム協会（JILS）内に設置された検討委員会での議論にもとづき2008年に提案されたKPIであり，荷主が利用することを前提に提案されたものである[2]。

具体的には，企業内部の階層（経営者，担当役員，各部門）ごとに3種類の指標（①経営指標，②ロジスティクス評価指標，③オペレーション指標）が示されている（表12-2-1）。

経営指標は，企業の経営者が，経営全体の計画，検証，統制のために用いることを想定した指標である。

ロジスティクス評価指標は，ロジスティクス担当役員が，ロジスティクス業務の計画，検証，統制のために用いることを想定した指標であり，これを「荷主KPI」と位置づけている（表12-2-2）。

表12-2-1　JILSによる「階層別の評価指標」
（経営指標，ロジスティクス指標，オペレーション指標）

階層ごとの指標	対象となる階層	評価指標
経営指標	社長，CEOなど	ROA，ROE，売上高，純利益率，営業利益率など
ロジスティクス評価指標（荷主KPI）	ロジスティクス担当役員など	コスト，サービスレベル，在庫，返品，環境・安全，物流条件
オペレーション指標	物流部門など	SKU数（企画開発），生産ロット（生産管理），配送先数（営業），物流コスト比率（物流）

表12-2-2　JILSによる「ロジスティクス評価指標（荷主KPI）」

分類	具体的な評価指標
コスト	物流コスト（売上高物流コスト比率）
サービスレベル	配送件数（配送1件当たり売上），欠品率，誤出荷率，遅配・時間指定違反率，荷傷み発生率
在庫	在庫日数（商品・製品在庫），棚卸差異率，棚卸資産廃棄損（対在庫金額），滞留在庫比率
返品	返品率
環境・安全	輸送によるCO_2排出量（対売上高），安全性
物流条件	配送先数（配送先1件当たり売上），納品リードタイム，SKU数（1SKU当たり売上），最低配送ロット

　オペレーション指標は，部門ごとの業務の評価に用いることを想定した指標である。

2） 3PL事業者が利用するKPI（流通研究社）

　「物流KPI」とは，流通研究社内に設置された物流KPI研究会での議論にもとづき，2007年に提案されたKPIである。3PL事業者が荷主と共有することを前提に提案された点に特徴がある[3]。

　具体的には，6つのプロセス（調達，顧客サービス＆受注処理，在庫管理，物流／配送センター業務，輸・配送，総合）と，6つの管理項目（安全・品質，リードタイム，生産性，原単位当りコスト，環境負荷，コスト）による表（マトリクス）を設定し，それぞれに該当する評価指標を示している。3PL事業者は，このマトリクスにもとづき，特に重要な評価指標をKPIとして選定する（表12-2-3）。

3） 物流事業者が利用するKPI（国土交通省）

　「KPI導入の手引き」とは，国土交通省に設置された「物流事業者におけるKPI導入のあり方に関する検討会」での議論にもとづき2015年に提案されたKPIであり，物流事業者が利用することを前提に提案されたものである[4]。

　具体的には，物流改善，荷主との連携，CSRへの対応などの目的ごとに

表12-2-3 流通研究社による「物流KPIマトリクス」の概要

プロセス 管理項目	調達	顧客サービス &受注処理	在庫管理
安全・品質	発注精度 ・緊急発注率 ・発注取消率 ・発注エラー率 完全購買オーダー率	受注訂正比率 受注エラー率 請求書エラー率	在庫充足率（欠品率） 物流事故品発生比率 物流以外不良品発生比率 返品未処理品在庫比率
リードタイム	調達リードタイム サプライヤー納期遵守率	納期回答リードタイム 受注エントリータイム 受注処理時間 最終受注締め遵守率 クレーム処理完了リードタイム	
生産性	人・時当り発注件数	人・時当り受注件数 EDI受注比率	完成品在庫日数 ・工場在庫日数 ・拠点在庫日数 ・輸送中在庫日数 不動在庫比率
原単位当りコスト	発注1件当りコスト	受注1件当りコスト	在庫アイテム数当り在庫管理コスト
環境負荷			
コスト	調達物流コスト 発注コスト	受注処理コスト 請求書発行管理コスト クレーム応対コスト	在庫管理コスト（マスター更新&補充発注） 在庫コスト（荷主のみ） ：金利・劣化・陳腐化

プロセス 管理項目	物流/配送 センター業務	輸・配送	総合
安全・品質	誤出荷率 棚卸精度 定刻内処理率 センター内貨物事故率 帳票ミス率	緊急出荷率 輸配送貨物事故率 誤配送率	完全オーダー達成率 返品率 物流クレーム率 度数率 強度率
リードタイム	入庫処理時間 出庫依頼サイクルタイム 入庫当日出庫比率	当日出荷比率 未着照会回答リードタイム 標準輸送リードタイム 遵守率	納品リードタイム 標準納期遵守率 指定納期遵守率 当日出荷最終締め時刻
生産性	人・時当り入庫量 人・時当り出庫量 保管効率	実働率 積載率 実車率 回転率	ロジスティクス担当フルタイム換算従業員当り完全オーダー件数
原単位当りコスト	入庫量当り入庫荷役コスト 出庫量当り出庫荷役コスト 出庫量当り保管コスト 出庫量当りオペレーションコスト（総費用）	トンキロ当り輸送コスト トンキロ当り配送・返品コスト 送り状1件当り配送コスト	トン当り総ロジスティクスコスト
環境負荷		トンキロ当りCO2排出量 トンキロ当りエネルギー使用量（MJ）	
コスト	入庫荷役コスト 出庫荷役コスト 保管コスト 放送コスト 流通加工コスト センター事務コスト 棚卸コスト（一斉・循環）	輸送コスト 配送コスト 輸・配送事務コスト	総ロジスティクスコスト 物流品質保証コスト 安全管理コスト 情報処理コスト 本社経費

表12-2-4 国土交通省による「KPI導入の手引き」による指標の例

分　類	具体的な指標例
財務	拠点別，車両別の売上高，利益率など
コスト・生産性	庫内用務における人時生産性など
品質・サービスレベル	誤出荷率，汚損・破損率など
物流条件・配送条件	配送頻度，ロットサイズなど
環境	温室効果ガス排出量・エネルギー消費量など
安全・リスク対策等	輸送業務における交通事故等の発生率など
物流サービスの安定供給	離職率・求人倍率など
人材・学習	従業員満足度など
技術・革新性	改善提案件数など

評価の視点を選択し，それに応じた評価指標を選定することが想定されている（表12-2-4）。

4） 経営戦略にもとづくKPI（JILS，東京工業大学）

「SCMロジスティクススコアカード」とは，日本ロジスティクスシステム協会と東京工業大学が2001年に共同開発したKPIであり，メーカーや3PLなどの事業形態ごとに，経営戦略の視点にもとづき提案されたものである[5]。

具体的には，企業の効率的なSCMの構築の有無や，自社の強み・弱みの客観的な把握のためのツールとして作成されている。このツールを利用する企業は，22の質問項目に5段階で回答することで，自己診断をすることが可能である。また，診断結果とベストプラクティスを比較し，改善に結びつけることが想定されている（表12-2-5）。

12-3　SCMにおける物流コスト分析

12-3-1　財務会計における物流コスト
1） 物流コストと物流コスト分析

物流コストとは，「物流活動をおこなうときにかかる費用」である。物流コストの増減は，企業の利益に密接な影響を及ぼすため，的確な分析が必要

表12-2-5 「SCMロジスティクススコアカード」の評価結果の例（全体平均）

大項目	中項目	評価値
企業戦略と組織間連携	企業戦略の明確さとロジスティクスの位置付け	3.01
	取引先との取引条件の明確さと情報共有の程度	3.17
	納入先との取引条件の明確さと情報共有の程度	3.16
	顧客満足の測定とその向上のための社内体制	2.97
	人材育成とその評価システム	2.79
計画・実行力	資源（運送手段）や在庫・拠点のDFLに基づく最適化戦略	3.01
	市場動向の把握と需要予測の精度	2.92
	SCMの計画（受注から配車まで）精度と調整能力	2.84
	在庫・進捗情報管理（トラッキング情報）精度とその情報の共有	2.86
	プロセスの標準化・可視化の程度と体制	2.75
ロジスティクスパフォーマンス	ジャストインタイム（フロア・レディ）の実践	2.86
	在庫回転率とキャッシュツーキャッシュ	2.46
	顧客リードタイムと積載効率	2.96
	納期・納品遵守率／物流品質	3.14
	トータル在庫の把握と機会損失	2.44
	環境対応	2.79
	トータルロジスティクスコストの把握	2.70
情報技術の活用の仕方	EDIのカバー率	2.91
	バーコード（AIDC）の活用度	2.62
	PC，業務・意思決定支援ソフト（ERP，SCMソフト等）の有効活用	3.45
	オープン標準・ワンナンバー化への対応度	2.62
	取引先への意思決定支援の程度	2.68

となる。物流コスト分析とは，「企業の活動に必要な物流コストを把握し，その結果にもとづき費用の削減や資産の活用を図ること」である。

　企業の経営活動に関する会計には，財務会計と管理会計の2つがある。

2） 財務会計では，正確な把握が難しい物流コスト

　財務会計とは，「株主や債権者など企業外部の利害関係者に対して，企業の経営成績や財務状況についての会計情報を提供するための会計」である。

そのため財務会計では，統一した基準に従って会計情報を作成し，財務諸表として提供することが求められている。

財務会計においては，物流などの個別業務で生じたコストの分類を示すことは，目的ではない。財務会計において企業が作成する損益計算書には，売上原価，販売費及び一般管理費（販管費）などの項目がある。しかし物流コストとして独立した項目（勘定科目）がないため，物流コストは，売上原価の一部や販管費の一部に分かれて計上されてしまう。

たとえば，メーカーの調達物流コストは，売上原価に含まれる場合が多く，販売物流コストは販管費に含まれる場合が多い。また，細かい勘定科目として運賃等があったとしても，多くの場合，それは輸送事業者などに支払った支払物流コストの一部であり，自家物流コストである自社の貨物自動車の車両費や人件費，燃料費などが売上原価や販管費に含まれてしまうことに変わりはない。

したがって，財務会計にもとづき物流コストを算定して管理することは容易ではない。

12-3-2　管理会計における物流コスト
1）　管理会計における物流コストの位置づけ

管理会計とは，「経営者など企業内部の利害関係者に対して，企業の意思決定や業績評価に資する会計情報を提供するための会計」である。そのため，統一した基準はなく，すべての企業に共通した集計・評価項目もあれば，企業ごとに異なる集計・評価項目もある。

管理会計にもとづいて物流コストを算出する場合には，最初に，財務会計データから物流に関係するデータを抽出し，集計する。次に，複数の項目にまたがるコストについては，業務を担当する社員の労働時間や設備の使用時間などに応じて，人件費や設備使用料を配分することで算出し，集計する。

2）　物流コストの分類[6]

物流コストには，4つの分類基準がある。

第1の分類基準は「領域別」であり，「調達物流コスト，生産物流コスト，

販売物流コスト」の3つに分類できる。なお，回収・廃棄で生じる物流コストは，静脈物流コストとして分類する場合がある。

第2の分類基準は「機能別」であり，「輸送コスト，保管コスト，荷役コスト，流通加工コスト，包装コスト，情報コスト」の6つに分類できる。

第3の分類基準は「主体別」であり，「自家物流コスト，支払物流コスト」の2つに分類できる。このうち自家物流コストとは，「メーカーや卸小売業者などの荷主企業が自ら物流業務をおこなう場合に生じるコスト」である。支払物流コストとは，「荷主企業が輸送事業者や倉庫事業者などに物流業務を委託する場合に支払うコスト」である。

第4の分類基準は「変固別」であり，「変動費，固定費」の2つに分類できる。変動費とは，「車両の燃料費など，物流業務の操業度の増減によって変わる費用」である。固定費とは，「車両のリース料など，操業度の増減に関係なく一定にかかる費用」である。

3） 物流コスト管理の考え方

サプライチェーンを考えるときには，調達・生産・販売活動を経るため，物流コストも，領域別（調達物流コスト，生産物流コスト，販売物流コスト）に把握することが重要である。また，在庫・輸配送活動に関するコストについては，機能別（輸送，保管，荷役，流通加工，包装，情報）に把握することが重要である。

ただし実際には，荷主企業が輸送事業者などに支払っている金額を用いて物流コストを認識することも多い。この場合には，主体別（自家物流コスト，支払物流コスト）に区別する必要がある。

4） 物流ABC（活動基準原価計算）

物流ABC（Activity Based Costing：活動基準原価計算）とは，「管理会計の考え方にもとづき，企業が物流活動別に物流コストの単価を求める方法」である（表12-3-1）。

物流ABCでは，①物流コストの集計単位となる活動（例，ピッキング，包装，積み込みなど）を設定し，②活動別の作業時間とその合計から，活動

別の作業時間の構成比率を求める。次に，③物流活動全体でかかった費用（人件費，もしくは活動に要した人数と時間と時給）を算出し，④②で求めた構成比率から活動別の費用を算出する。そして，⑤活動別費用を活動別処理量（例，ピッキング回数の合計）で除すことにより，最終的に活動別の単価（例，ピッキング1回当たりの単価）を求める[7]。

たとえば，表12-3-1において，ピッキング（通常）に比べ，ピッキング（a品）やピッキング（b品）のアクティビティ単価が約2倍高いので，これを改善する方法を考える。そして，作業時間の構成比が高い活動に着目し，改善方法を考える。たとえば，ピッキング（通常）が全体作業時間の21.7%を占めている。この活動を改善できれば，大幅なコスト削減が実現できる。

5） 管理会計における物流コスト算定マニュアル

管理会計による物流コストの算定には統一した基準がないため，政府は，物流ABCの考え方に従って，物流コストを算定するマニュアルを作成し公

表12-3-1 物流ABC（活動基準原価計算）の算出例

アクティビティ（活動）の設定	作業時間 合計（分）	作業時間 構成比	月間人件費 合計（円）	月間処理量	アクティビティ単価
	36,600	100%	33,168,000		
入荷品棚付け	1,023	2.8%	928,704	4,484回	207.1円/回
ピッキング（通常）	7,955	21.7%	7,197,456	171,449回	42.0円/回
ピッキング（a品）	1,840	5.0%	1,685,400	19,882回	83.4円/回
ピッキング（b品）	395	1.1%	364,848	4,389回	83.1円/回
補充	963	2.6%	862,368	6,720回	128.3円/回
数量検品	1,284	3.5%	1,160,880	31,495オリコン	36.9円/オリコン
梱包（通常）	3,219	8.8%	2,918,784	31,495口	92.7円/口
梱包（a品）	824	2.3%	762,864	6,153口	124.0円/口
値札付け	3,541	9.7%	3,217,296	130,825点	24.6円/点
返品検品	3,875	10.6%	3,515,808	32,975点	106.6円/点
…	…	…	…	…	…

表している。

　たとえば，通商産業省（現，経済産業省）が1992年に定めた「物流コスト算定・活用マニュアル」にもとづき，機能別・主体別・変個別の物流コストの表を作成することで物流コストが算定できる。また，この算出結果は，領域別（調達・生産・販売）に分類することもできる。

　なお，中小企業庁が2003年に定めた「物流 ABC 準拠による物流コスト算定・効率化マニュアル」では，中小企業も容易に物流 ABC によるコスト算定ができるようになっている。

12-4　企業経営からみたサプライチェーンの課題

12-4-1　日本の商慣行の課題
1）　センターフィー

　サプライチェーンでは，企業間の取引内容により物流の効率化が妨げられることがある。ここでは，卸売業者が小売業者に販売する例を中心に，①センターフィー，②付帯作業，③返品の3つの商慣行を説明する。

　センターフィー（①）とは，「メーカーや卸売業者が，チェーンストアなどの小売業者の流通センターに納品する際に，流通センターの使用料や店舗までの配送費として支払う料金」である[8]。

　大手の小売業者の場合，店舗ではなく流通センターでメーカーや卸売業者からの納品を受け付けることが一般的なため，メーカーや卸売業者はセンターフィーを負担することになる。

　このため，センターフィーの設定の妥当性や，料金水準についての検討が求められる。

2）　物流における付帯作業

　付帯作業（②）とは，「卸売業者が納品するときや，物流業者が配送するときに，小売業者に届けるだけでなく，店舗の棚に陳列する作業などを求められること」である。

　これらの作業が契約にもとづく有償の業務であれば問題はないが，しばし

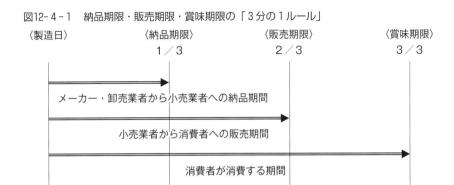

図12-4-1　納品期限・販売期限・賞味期限の「3分の1ルール」

ば契約に明記されない無償のサービスとして要求されることがある。

このため，契約書の完備に向けた検討が必要である。

3）返品と3分の1ルール

返品（③）とは，「売れ残りや期限切れの商品を，販売先から引き取ること」である。日本で返品が容易な理由のひとつとして，販売期限のルール「3分の1ルール」がある（図12-4-1）。

「3分の1ルール」とは，「製造日から賞味期限までを3等分して，最初の3分の1の期間（納品期間）を過ぎた商品は，メーカー・卸売業者から小売業者に，納品できないというルール」である。また，納品後でも，3分の2の期間（販売期間）を過ぎると，小売業者は消費者に販売できない。このとき，小売業者からメーカー・卸売業者に返品するが，返品にともなう物流コストはメーカー・卸売業者が負担することが多い[9]。

このため，納品期限や販売期限の見直しが求められる。

12-4-2　物流コストにかかわる課題
1）店着価格制によるコスト増

サプライチェーンにおける物流コストの課題には，①店着価格制，②在庫削減と在庫確保のバランス，③物流コストの集計の困難さの3つがある。

店着価格制（①）とは，「サプライチェーンの物流コストのうち，配送（販売物流）に要する物流コストが，商品の販売価格に含まれるという商慣行」である。

配送費が価格に含まれていて多頻度の配送でも価格が変化しないならば，小売業者は在庫削減を目的として，1回ずつの納品量を減少させることとなる。しかし，この場合は多頻度少量の配送となるため，卸売業者が負担する物流コストは増加する。

このため，提供する物流サービスごとに販売価格を変化させるような方法（メニュープライシングなど）の導入の検討が必要である。

2） 在庫コスト削減と在庫確保のバランス

在庫コスト削減と在庫確保のバランス（②）とは，「物流コスト削減のための在庫削減と，品切れを防ぐ在庫確保のバランス」である。

物流コストの削減にあたっては，主に輸配送コストと在庫コストが主な削減対象となることが多い。このうち在庫コストは，輸配送コストと比較して，不動在庫や過剰在庫をなくすことで削減しやすいため，一般的に在庫を削減する傾向にある。

しかし，安全在庫や適正な在庫があることで需要変動への対応も可能となる。また，地震などの災害に対して，サプライチェーンの断絶を防ぐにも，在庫が必要となる。

このため，陳腐化や汚損・破損がない限り，サプライチェーンのいずれかの段階において，原材料・半製品・製品のいずれかの形態で，一定量の在庫をもたざるを得ないことが多い。

3） サプライチェーンにおける物流コストの集計の困難さ

物流コストの集計の困難さ（③）とは，「何重にもかかっている物流コストを把握しきれないこと」である（図12-4-2）。

たとえば，原材料・部品業は製造原価に物流コストと利益を加えて販売価格を定めてメーカーに販売する。このとき，メーカーは，自社の仕入原価（原材料・部品業の定めた販売価格）の内訳はわからない。次にメーカーは，

図12-4-2 サプライチェーンにおける物流コストの集計の困難さ

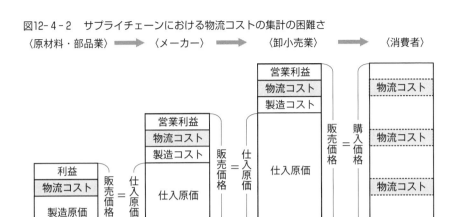

　仕入原価に製造コストと物流コストと利益を加え，卸小売業に販売する。卸小売業は，自社の仕入原価の内訳はもちろん，原材料・部品業がメーカーに原材料や部品を販売したときの物流コストを把握することはできない。

　このように，サプライチェーンを通して考えると，消費者の購入価格には物流コストは何重にもかかっているが，正確に集計することは難しい。

参考文献
1） 国土交通省 HP：http://www.mlit.go.jp/report/press/tokatsu01_hh_000218.html
2） 日本ロジスティクスシステム協会：「ロジスティクス評価指標の概要—荷主KPI—」，p.4, 2008
3） 物流KPI研究会：「3PL活用に向けた『物流KPI』研究報告書」RYUKENマテリアルフロー研究センター，2007
4） 前掲1）に同じ
5） 圓川研究室 HP：
http://www.me.titech.ac.jp/~enkawa/index-j.html
6） 苦瀬博仁編著：「ロジスティクス概論」，白桃書房，p.118, 2014
7） 前掲書6），p.123
8） 日本ロジスティクスシステム協会：「基本ロジスティクス用語辞典　第3版」，白桃書房，2009
9） 日通総合研究所：「物流コスト削減の実務」，中央経済社，pp.136-139, 2010

第13章

グローバル・サプライチェーンの構築とシームレス化

第13章のねらい

　第13章の目的は，国際化の動向を理解し，グローバル・サプライチェーンの構築と円滑化の方法について理解することである。

　そこで本章では，我が国産業の国際化の動向を整理したのち（13-1），我が国の企業の海外進出と撤退の動向から，グローバル・サプライチェーンの構築とそのための検討事項を説明する（13-2）。さらに，円滑なグローバル・サプライチェーンを構築するシームレス化の観点から，物流資材の標準化と通関制度，貨物追跡システム，電子決済システムについて説明する（13-3）。

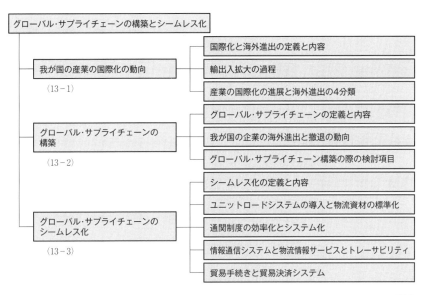

13-1 我が国の産業の国際化の動向

13-1-1 国際化と海外進出の定義と内容

産業の国際化とは,「輸出入の拡大や企業の海外進出により,国境を越えて事業活動(調達,生産,販売など)をおこなうこと」である。

このとき,海外進出とは,「生産工場や物流センターなどの施設を海外に立地させ,その国で事業活動をおこなうこと」である。一般に,①海外で支店を設置する方法,②現地企業を合併・買収する方法,③現地企業の株式を取得して資本参加する方法,④単独または現地企業と提携して新しい会社を設立する方法などがある。

13-1-2 輸出入拡大の過程

貿易立国である我が国は,海外から原材料を輸入し,国内で製品化して,海外へ輸出する加工貿易で発展した。

1950年代から始まる高度経済成長期に輸出入が増え始め,1970年代は輸出と輸入がともに大きく拡大した。そして1980年以降の約30年間は,金額ベースで輸出が常に輸入を上回る形で推移した。

しかし,2008年のリーマンショックによる世界同時不況や,2011年の東日本大震災による原発事故を経て,近年は輸出が伸び悩む一方,輸入が急増する傾向が現れている(図13-1-1)。

13-1-3 産業の国際化の進展と海外進出の4分類
1) 摩擦回避型の進出

我が国の企業の海外進出は,摩擦回避型,現地生産指向型,適地生産指向型,市場指向型の4つに分類することができる。

第1の摩擦回避型の進出とは,「貿易摩擦を回避するために,輸出先の欧米先進国に現地法人を設立すること」である。

我が国からの輸出により,1960年代の繊維産業,1970年代の鉄鋼産業,1980年代の自動車産業と電機産業が,特に米国との間で貿易摩擦を起こした。

図13-1-1　我が国における輸出入額の推移[1]

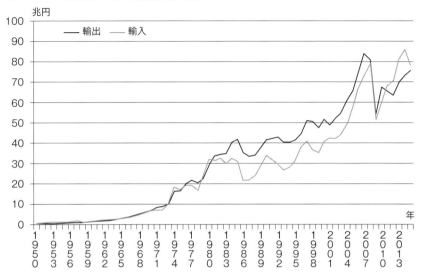

この貿易摩擦を回避する対策として，輸出の自主規制と，輸出先での現地生産があった。現地生産により，当初は生産機械など（生産財）の輸出が増え，次に原材料や部品の輸出も増加した。しかし，生産機械の輸出は次第に減っていき，原材料や部品の輸出も現地調達が増えることで減少した。

2）　現地生産指向型の進出

第2の現地生産指向型の進出とは，「国際競争力の低下を補うことを目的に海外に進出すること」である。

1985年のプラザ合意により，当時1ドル230円台後半であった円レートは，翌年に160円台後半になり，1988年には120円台となった。この円高により我が国産業の国際競争力が低下したため，相対的に人件費が安い新興国を中心に，生産機能を海外へ移転する企業が相次いだ。

進出先としては，中国が突出していたが，近年では域内での経済統合を目指すアセアン諸国が増えている。これにより，部品や部材ごとに生産国が異なる国際的な水平分業が進むとともに，日本を介さない三国間取引が増加している。

第13章　グローバル・サプライチェーンの構築とシームレス化　217

3） 適地生産指向型の進出

　第3の適地生産指向型の進出とは,「労働集約的な生産は新興国でおこない,需要の変動が大きい製品や特定市場向けの製品や,日常的な配送を必要とする消耗品などの生産は,大きな市場やその近接地でおこなうこと」である。

　背景には,①WTO（World Trade Organization：世界貿易機関）による多角的貿易体制（ルールに基づく多国間での自由貿易を推進する体制）の構築が進められていること,②特定の国・地域間でFTA（Free Trade Agreement：自由貿易協定（特定の国や地域の間で,物品の関税やサービス貿易の障壁等を削減・撤廃することを目的とする協定））やEPA（Economic Partnership Agreement：経済連携協定（貿易の自由化に加え,投資,人の移動,知的財産の保護や競争政策におけるルール作り,さまざまな分野での協力の要素等を含む,幅広い経済関係の強化を目的とする協定））を締結する動きが活発化していることがあげられる。

　たとえば,日系自動車産業は,NAFTA（North American Free Trade Agreement：北米自由貿易協定）に加盟しているメキシコで米国市場向け生産を増強している。

4） 市場指向型の進出

　第4の市場指向型の進出とは,「将来の販売増を狙って,拡大が予想される海外市場へ進出すること」である。

　我が国では,経済が成熟し,少子高齢化も進んでいるため,消費が大きく伸びにくく,国内市場が縮小に向かうと考えられている。

　そのため,今後の拡大が期待される市場を求めて,製造業だけでなく,大手小売業も海外に店舗展開する動きが表れている。これにより,国内で生産された高機能な部品や高級ブランド品が輸出され,日本の生鮮野菜や魚介類などの食材の輸出も増えている。

13-2　グローバル・サプライチェーンの構築

13-2-1　グローバル・サプライチェーンの定義と内容

　グローバル・サプライチェーンとは，「国境を越えて形成されているサプライチェーン」である。このようなグローバル・サプライチェーンの構築は，前節で説明した企業の海外進出によるところが大きい。

　しかし一方では，海外に進出しても事業を継続することができず，進出国から撤退する企業もある。そして，海外に進出するときには膨大な投資が必要となるが，撤退するときも費用がかかり，投下資本が回収できないこともある。

　そのため，海外進出にあたっては，撤退の可能性も考えながら，事前に綿密に調査し，進出国における事業継続の可能性を検討する必要がある。

13-2-2　我が国の企業の海外進出と撤退の動向

1）　現地法人数の変化

　2014年度における我が国の企業の現地法人数は，経済産業省「海外事業活動基本調査」によると，24,001社である。2004年度からの10年間で，14,996社から約62％増加した。

　この間，現地法人数はほぼすべての国・地域で増えているが，なかでも中国では3,565社から7,604社へと約2倍に増加し，第2位の北米を，現在では大きく上回っている（図13-2-1）[2]。

　なお，現地法人とは，日本側出資比率が10％以上の海外子会社と，日本側出資比率が50％超の海外子会社が50％超を出資している海外孫会社をいう。また，この調査では，金融業，保険業および不動産業を除いている。

2）　海外への進出の動向

　近年，企業が海外に進出する大きな理由は，①原価の安い海外で生産するため，または②市場を拡大するためである。なぜならば，企業の利益は，原価と売上高で決まるため，原価（材料費・人件費・経費）を抑えた生産コス

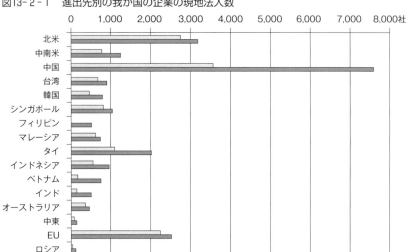

図13-2-1 進出先別の我が国の企業の現地法人数

□ 2004年度　■ 2014年度

トの低下と，販売量の拡大を図りたいからである。

　我が国の企業の海外進出は，1980年代後半から増加し始めた。進出先を北米・ヨーロッパ・アジアに分けてみると，1980年代前半までは3つの地域に大きな差は認められないが，その後はアジアへの進出が著しく増加した。海外進出件数の約7割がアジアへの進出であり，そのうち製造業が約6割，卸小売業が約2割である[3]。

　さらにアジアへの進出傾向を細かくみるために，アジアをNIEs（韓国・台湾・香港・シンガポール）とアセアン5カ国（マレーシア・タイ・フィリピン・インドネシア・ベトナム）と中国の3つに分けると，1980年代にはNIEsへの進出が一番多く，アセアンへは1980年代後半から増加している。1990年代に入ると，中国への進出が急激に増え，2000年代には他の地域への進出数を大きく上回っている（図13-2-2，図13-2-3）。

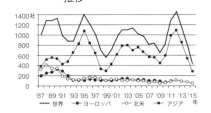

図13-2-2 我が国の企業の海外進出件数の推移

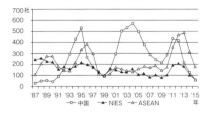

図13-2-3 アジアにおける我が国の企業の海外進出件数の推移

図13-2-4 我が国の企業の撤退件数の推移

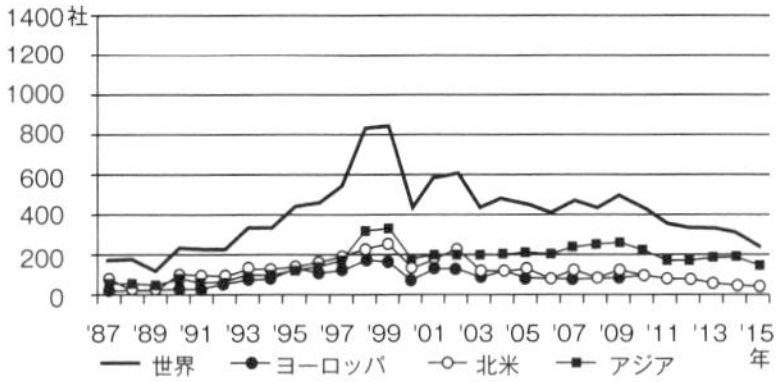

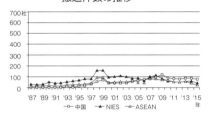

図13-2-5 アジアにおける我が国の企業の撤退件数の推移

3) 撤退の動向

　海外へ進出しても，進出先で事業継続が困難になり，撤退する場合もある。その理由として，販売低迷や競争激化，コスト上昇，現地パートナーとの衝突や頻発する労働争議，遅々として進まないインフラ整備や未熟な技術や繰り返される制度変更，そして自然災害などがある。

　我が国の企業の場合，1990年には約230社が撤退したが，この数字は同年の進出件数（約1,340社）の約18％にあたる。1995年には進出件数（約1,410社）の約31％にあたる約440社が撤退した。さらに，アジア通貨危機が発生したときは，撤退する企業が進出する企業より多く，1999年には約560社の進出に対して，約840社が撤退した。

　地域別にみると，アジアからの撤退が多い。アジアの中でもNIEsとアセアンからの撤退が多かったが，2009年以降は中国からの撤退が最も多くなった（図13-2-4，図13-2-5）。

13-2-3　グローバル・サプライチェーン構築の際の検討項目
1）　市場

　企業の海外進出と撤退の理由を踏まえると，グローバル・サプライチェーン構築の際の検討項目は，市場，コスト，リスク，インフラの4つに集約できる（表13-2-1）。

　第1の市場とは，①進出先での現地市場と，②そこからの輸出市場の2つである。2つの市場とも，市場規模，国民所得，気候，文化，宗教，生活習慣，嗜好性などに影響される。さらには，健康志向の市場，安さを求める市場，宗教により食品や装身具に制限があることもある。

2）　コスト

　第2のコストには，①立地コスト，②生産コスト，③流通コストの3つがある。

　立地コスト（①）とは，工場や事務所を開設するときに必要な土地，施設，設備などの費用である。生産コスト（②）とは，工場の生産や事務所の運営に必要な人件費，材料費，経費などである。流通コスト（③）とは，商取引コスト（受発注，金融コスト）と，物流コスト（輸送，保管，流通加工，包装，荷役，情報）である。

表13-2-1　グローバル・サプライチェーン構築の際の検討項目

要因	内　　　　容
市場	①現地市場（進出先の国での市場） ②輸出市場（進出先の国から別の国へ輸出するときの市場）
コスト	①立地コスト（土地，施設，設備） ②生産コスト（人件費，材料費，経費） ③流通コスト（商取引コスト，物流コスト） 　（物流＝輸送＋保管＋流通加工＋包装＋荷役＋情報）
リスク	①政治的リスク（戦争，紛争，争議） ②経済的リスク（貨幣流動困難，為替変動） ③社会的リスク（盗難，事故，災害）
インフラ	①施設インフラ（ハードな施設整備，ソフトな規制誘導） ②技術インフラ（人材，管理技術，情報技術，資源エネルギー） ③制度インフラ（法制度，ルール，社会意識）

海外進出により，たとえ低廉な労働力を活用して安価に生産できたとしても，輸送効率が悪く，物流コストが高くなる場合もある。また，保管時に品質管理ができず，商品価値の減損や商品の処分コストがかかる場合もある。さらには，文書・通信費，翻訳費用，高額な与信費用など，国内企業との取引より余計な費用がかかるおそれもある。

3） リスク

第3のリスクには，①政治的なリスク，②経済的なリスク，③社会的なリスクの3つがある。

政治的なリスク（①）とは，進出先で紛争や労働争議を経験する例や，法規制が頻繁に変わる例である。経済的なリスク（②）とは，海外での資金調達が困難な場合や，為替変動によって損失を被る場合である。社会的なリスク（③）とは，商慣行や文化などの違いから誤解や認識違いをする例や，事故や自然災害のおそれである。

4） インフラ

第4のインフラには，①施設インフラ，②技術インフラ，③制度インフラの3つがある。

施設インフラ（①）とは，道路や港湾などのハードな施設の整備や，交通規制などのソフトな規制である。技術インフラ（②）とは，生産技術や物流技術に詳しい人材の有無や，品質やコストなどの管理技術や，ネットワークなどの情報技術や，電力・上下水道などの資源エネルギーである。制度インフラ（③）とは，通関制度や租税制度，施設運営の方法，労働者保護や環境保護などの社会ルールである。

13-3　グローバル・サプライチェーンのシームレス化

13-3-1　シームレス化の定義と内容

シームレス（Seamless）とは，「継ぎ目のないこと」であり，シームレス化とは，「国や地域などの境界を越えるときや，積み替え時において，障害

をなくすこと」である。

　グローバル・サプライチェーンのシームレス化を推進するためには，次の4つが必要である。第1はユニットロードシステムの導入と物流資材の標準化であり，第2は通関制度の効率化であり，第3は貨物追跡システムの導入であり，第4は貿易決済システムの導入である。

13-3-2　ユニットロードシステムの導入と物流資材の標準化
1）　ユニットロードシステムと物流資材

　ユニットロードシステムとは，「輸送・保管・荷役を効率的におこなうために，さまざまな形状の貨物をコンテナやパレットに積みつけて一つの輸送単位にまとめること」である。これにより，貨物自動車や鉄道や船舶などの異なる輸送手段の間で，コンテナやパレットを積み替えて輸送することができる（図13-3-1～図13-3-4）[4)5)]。

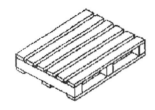

図13-3-1　平パレット

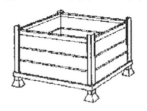

図13-3-2　ボックスパレット

図13-3-3　ロールボックスパレット

図13-3-4　プラスチックコンテナ

物流資材の標準化とは，「資材や部材などの寸法や形状，品質などの規格，またソフトウェアの仕様等について各国間で統一的な基準を定めること」である。

　国際海上輸送で使用されるコンテナは，20フィートと40フィートの2規格が広く使われている。貨物を収納するコンテナを利用すると，クレーンなどを使用して荷役でき，船舶や貨物自動車などの異なる輸送手段を使って，発地から着地まで途中でコンテナを開けずに運ぶことができる。

　貨物を載せるパレットを利用すると，フォークリフトを使用した荷役が可能になり，作業効率が向上する。パレットを各国間で標準化することにより，輸送途中での積み替えを避けることができる。

2）　アジアにおける物流資材の標準化の動向

　アジアでは，2006年6月に日中韓のパレット関係団体による「アジアパレットシステム連盟（APSF）」が設立され，T11型（1100×1100mm）とT12型（1200×1000mm）の2規格が標準パレットとして制定された。現在の加盟国はアジア10カ国（日本，韓国，中国，インドネシア，ベトナム，フィリピン，マレーシア，インド，ミャンマー，タイ）に拡大している。

　日中韓3国は，この2規格を国家規格にして，パレットの利用促進とリターナブル利用（反復利用）を推進することで合意している。このため輸出入時にパレットに対する免税が可能となるように関係法令の見直しを進めており，我が国は財務省により2012年10月から免税の手続きが緩和された。

　また，日中韓3国は，平パレットに続けて，ボックスパレットやロールボックスパレット，プラスチックコンテナなどの他の物流資材についても，寸法や品質などの標準化の可能性を検討している。

13-3-3　通関制度の効率化とシステム化

1）　輸出入における通関手続きの効率化

　通関とは，「商品の輸出入を税関に申告して，許可を得ること」である。貿易により商品が国際間で移動（輸出入）するとき，通関の手続きをしなければならない。ただし，米国のように，輸出入申告は必要であっても，特別

表13-3-1　我が国における輸出入通関手続きの手順

項目	手　　順
輸出通関	①経済産業省による輸出制限品でないことの証明 ②輸出者による必要書類の用意と，税関への輸出申告 ③税関による必要に応じた書類審査と貨物検査，その後の輸出許可 ④輸出許可後，貨物の船舶または航空機への積み込み
輸入通関	①農林水産省や厚生労働省による輸入制限品でないこと，必要な検査や防疫処理を受けていることの証明 ②輸入者による必要書類の用意と，税関への輸入申告と納税申告 ③税関による必要に応じた書類審査と貨物検査，納税確認後の輸入許可 ④輸入許可後，貨物の引き取り

な商品を除いて輸出許可は不要とされる国もある。

　我が国の通関手続きは，表13-3-1の手順で進められている。

　多くの我が国の企業が進出しているアジア各国では，通関手続きが輸出入の効率化を阻害している場合がある。たとえば，アセアン・メコン地域を対象にしたJETRO（日本貿易振興機構）の調査によると，一部の国では，①通関に長い時間がかかること，②通関手続きが煩雑であること，③通関の担当者による評価や分類が恣意的であることなどが指摘されている[6]。

2）　AEO 制度

　AEO（Authorized Economic Operator）制度とは，「国際物流の安全性の確保と物流効率化を両立させるために，セキュリティ管理体制とコンプライアンス（法令順守）に優れた事業者を認定し，通関手続きの優遇措置を与える制度」である。

　2001年，米国で起きた同時多発テロを契機に，米国をはじめ，多くの国で国際物流の安全対策を強化している。そのため，確実な検査や手続きをおこなうこと，手続きの迅速化と簡素化を同時に実現するためにAEO制度が設けられた。

　我が国では，2006年3月，輸出事業者を対象にしたAEO制度の「特定輸出申告制度」を導入した。その後，輸入事業者に対する「特例輸入申告制度」（2007年4月），倉庫事業者に対する「特定保税承認制度」（2007年10月），

通関業者に対する「認定通関業者制度」と国際運送事業者に対する「特定保税運送制度」（2008年4月），そして製造業者に対する「認定製造者制度」（2009年7月）が，順次導入された。

近年では，二国間における安全かつ効率的な物流を実現するため，互いのAEO制度を承認する取り組みも進められている。我が国がAEO相互承認をおこなっている国と地域は，2015年3月現在，ニュージーランド（相互承認実施2008年），EU（同2011年），シンガポール（同2011年），韓国（同2011年），カナダ（同2012年），米国（同2012年），マレーシア（同2015年）である。

3） 通関の電子システム化（NACCS）

NACCS（Nippon Automated Cargo and Port Consolidated System：ナックス）とは，「輸出入（通関）手続き，関税納付などを電子的におこなう輸出入・港湾関連情報処理システム」である。このシステムには，税関，船会社，航空会社，通関業者，銀行などが参加している。

1978年に航空貨物を扱うエアーナックス（Air-NACCS）が，1991年に海上貨物を扱うシーナックス（Sea-NACCS）が稼働したが，2010年に1つのシステムとして統合された。現在では，輸出入申告の約98％（2011年）がナックスを使っておこなわれている。

通関の電子システム化は世界中に広まっているが，アジアでは国によって状況が異なる。たとえば，韓国，台湾，シンガポールでは輸出入申告とも100％電子化されている[7]。しかし，新興国のなかには電子化があまり進んでいない国もある[8]。

13-3-4　情報通信システムと物流情報サービスとトレーサビリティ
1） 情報通信システムの国際標準（EDIFACT）

サプライチェーンでは，調達・生産・販売の各段階で迅速かつ確実な情報通信システムが必要である。従来は，電話やファックスや郵便が利用されていたが，現在では取引情報を電子的に交換するEDI（Electronic Data Interchange）でおこなわれることが多い。これにより，受発注にともなう人為

的なミスが少なくなり，作業効率が向上している．

EDIFACT（Electronic Data Interchange For Administration, Commerce and Transport）とは，「国際連合・欧州経済委員会が中心となって開発した国際的な EDI の標準ルール」である．

我が国では，言葉の壁もあり，海外との電話や書面による正確な情報伝達は難しい．EDIFACT のような国際的に標準化された情報通信システムを利用することにより，円滑で正確な意思の疎通が可能になる．

2） 物流情報サービス（NEAL-NET，コリンズ）

NEAL-NET（Northeast Asia Logistics Information Service Network）とは，「東北アジア物流情報サービスネットワーク」である．NEAL-NET は，2014年8月から，日本・中国・韓国の既存のコンテナ物流情報サービスシステムと接続し，リアルタイムでコンテナ物流情報を提供するサービスを開始している．これにより，3カ国の主要港における①コンテナ船の到着・出発時刻，②コンテナの船積み・荷おろし時刻，③コンテナターミナルへの搬入と搬出の時刻，などの情報が提供されるようになった．

コリンズ（Colins：Container Logistics Information Service）とは，「我が国のコンテナ物流情報サービスシステム」である．コリンズは，輸入コンテナ搬出可否情報，船舶動静情報（船舶の接岸状況など），港頭地区渋滞情報，ゲートオープン時間情報などを，荷主や物流事業者に提供するとともに，NEAL-NET に接続されている．

3） 流通履歴のトレーサビリティ・システム

トレーサビリティ・システム（Traceability System）とは，「安全性を確保するため，商品の生産段階と流通段階における情報を収集し，生産履歴と流通履歴を追跡するシステム」である．

海外の生産工場から国内の店舗までのサプライチェーンには，多くの事業者や作業員がかかわり，多くの施設を経由している．このため，国内外を一貫したトレーサビリティ・システムが必要となっている．

表13-3-2　海上輸送における貿易取引の一般的な手順

項目	手順
海上輸送における貿易取引	①輸出者と輸入者による貿易契約の締結
	②輸入者による取引銀行（以下，輸入者銀行）へのL/C発行依頼
	③輸入者銀行によるL/Cの発行，輸出者の取引銀行（以下，輸出者銀行）への送付
	④輸出者銀行から輸出者へのL/C受領の通知
	⑤輸出者による通関手続き，貨物の船積み，船会社からのB/L受領
	⑥輸出者から輸出者銀行へのB/Lを含む船積書類の送付，輸出代金の受領
	⑦輸出者銀行による輸入者銀行への船積書類などの航空輸送
	⑧輸出者銀行の輸入者銀行からの輸出代金の受領
	⑨輸入者銀行の輸入者からの輸入代金の受領と船積書類の輸入者への送付
	⑩輸入者によるB/Lの船会社への提示と貨物の受け取り

13-3-5　貿易手続きと貿易決済システム
1）　貿易取引の手順と電子化の必要性

　海上輸送による一般的な貿易実務の流れを簡略化して示すと，表13-3-2のようになる。

　国際間で取引される貿易の決済は，基本的に輸出入者とそれぞれの取引銀行の間で，船荷証券（B/L：Bill of Lading）などの貿易（船積）書類を提示して代金を清算する方法でおこなわれる。船荷証券とは，商品の引き渡し請求権を有する有価証券である。そして，輸出者やその銀行にとっては，輸入者の支払遅延または不払いのリスクがあるため，貿易契約時に輸入者の銀行が保証する「信用状（L/C：Letter of Credit）」を要求する例が多い。

　しかし，このような決済方法においては，第1にコストと時間（信用状の発行，書類のチェックと事務処理，書類の航空輸送），第2に受け取りの遅れ（商品が港に届いていても，事務処理が遅れて商品を受け取れないことがある）などの課題がある。特に，近距離の輸出入が多いアジア域内の貿易で深刻な課題として指摘されている。さらに，第3に近年では，納品のリードタイムの短縮（商品のライフサイクルの短縮による陳腐化の防止）が課題となっている。

　このため，貿易決済の電子化が進められている。

2） 貿易手続きの電子化（BOLERO, TEDI）

　BOLERO（Bill Of Lading Electronic Registry Organization：ボレロ）とは，「船荷証券（B/L）やインボイス（請求書）などの情報を電子化し，貿易にかかわる事業者間でデータを交換できるシステム」である。

　具体的には，標準電子フォーマットを利用して，ボレロに加入した輸出入事業者，運送会社，銀行，保険会社，通関業者など，異業種間でデータの交換ができる。これにより，貿易手続きが迅速に処理され，結果として物流のリードタイムも短縮される。数年間の実証実験を経て，1999年から商用化された。

　なお我が国では，ボレロに類似したTEDI（Trade Electronics Data Interchange：テディ）が，2001年から商用化されている。

3） 貿易決済システムの電子化（TSU）

　TSU（Trade Service Utility）とは，「銀行間の貿易決済を電子化したもの」である。これは，ボレロの母体組織の1つである国際銀行間通信協会（SWIFT：Society for Worldwide Interbank Financial Telecommunication，約200カ国の8,100銀行が加盟）が，2006年に運用を開始したシステムである。

　ボレロは船荷証券の電子化であるのに対して，TSUは銀行決済の電子化である。

　銀行が，輸出者と輸入者から提示された貿易契約書と貿易書類の情報をTSUに送信すると，TSUの自動照会機能（マッチング）による整合性の結果が銀行に通知される。これにより，書類のチェックが簡便になり，決済が迅速におこなわれる。

　その結果，物流のリードタイムも短縮できる。我が国の大手銀行も加盟しており，貿易取引が拡大するアジアで電子決済の需要が多いと考え，アジアの支店でTSUの体制を整えている[9]。

参考文献
1） 財務省：「財務省貿易統計　年別輸出入総額（確定値）」2016年
2） 経済産業省：「海外事業活動基本調査」2007年，2016年

3) 東洋経済新報社:「海外進出企業総覧(国別編)」,p.1781, 2013
4) 苦瀬博仁・坂直登監修:「ロジスティクス・オペレーション3級〔第2版〕」,p.21, 中央職業能力開発協会, 2011
5) 前掲書4), p.33
6) 日本貿易振興機構:「ASEAN・メコン地域の最新物流・通関事情」, 2013
7) 財務省関税局:「通関関連手続の電子化の現状と将来におけるペーパーレス化の展望」, 関税・外国為替等審議会関税分科会企画部会貿易円滑化ワーキンググループ資料, 2011
8) 中村中・佐藤武男:「貿易電子化で変わる中小企業の海外進出」, 中央経済社, pp.30〜35, 2013
9) 日本経済新聞:2011.9.18

第14章

SCMと環境問題・資源問題・安全安心の確保

第14章のねらい

　第14章の目的は，消費者行動の変化やサプライチェーンのグローバル化にともなって生じている問題として，環境問題，資源問題，安全安心の確保をとりあげ，その実態と対策を理解することである。

　そこで本章では，実態・法制度・対策を明らかにするために，環境問題では，地球温暖化問題，汚染問題，騒音振動問題を説明する（14-1）。資源問題では，資源回収や再利用を説明する（14-2）。安全安心の確保では，食料品の安全性と，日常生活でのセキュリティ保全を説明する（14-3）。

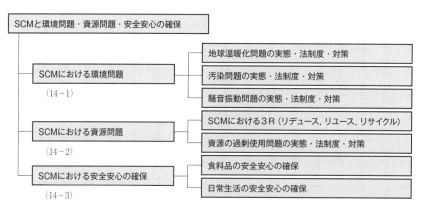

14-1 SCMにおける環境問題

14-1-1 地球温暖化問題の実態・法制度・対策
1) 地球温暖化問題の実態

サプライチェーンにおいて生じている環境問題は,地球温暖化問題,汚染問題(大気・水質・土壌汚染),騒音振動問題の3つが代表的である。

第1の地球温暖化問題とは,「二酸化炭素(CO_2)やメタンガスなどの温室効果ガス(Greenhouse Gas:GHG)が地球の上空を覆うことで気温が上昇し,海水温の上昇や異常気象などを引き起こすこと」である。

2014年の我が国のCO_2排出量の約1/5(17.2%)が運輸部門であり,このうち自動車の排出が占める割合が最も高い(86.0%,全体の14.7%)。さらに,自動車の排出の約1/3が貨物車によるとされている(35.1%,全体の6.0%)(図14-1-1)[1]。

2) 地球温暖化防止のための国際的な取り組み(COPとGHGプロトコルイニシアチブ)

地球温暖化防止のための国際的な取り組みには,① COP(Conference of

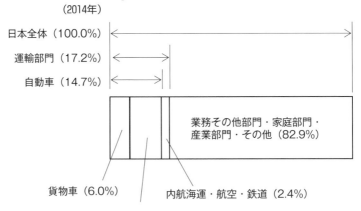

図14-1-1 我が国のCO_2排出量に占める運輸部門・自動車・貨物車の割合(2014年)

the Parties：気候変動枠組条約締約国会議）と，②GHGプロトコルイニシアチブがある。

　COP（①）とは，「温室効果ガスの濃度の安定化を目標とする国連気候変動枠組条約にもとづき設置された会議」である。1995年の第1回目以降毎年開催され，平成9年（1997年）の第3回会議（COP3）ではCO_2の排出目標が設定された京都議定書が採択された。第21回会議（2015年，パリ，COP21）では，すべての国が削減目標を5年ごとに提出・更新することが定められた。

　GHGプロトコルイニシアチブ（②）とは，「1998年にWBCSD（World Business Council for Sustainable and Development：世界環境経済人協議会）とWRI（World Resource Institute：世界資源研究所）によって共同設立された組織」である。GHGプロトコルイニシアチブは，温室効果ガスの排出量の3つの計測範囲（スコープ1～3）を定めている。

　スコープ1は，自社の所有ないし管理する発生源（自社工場・車両）からの直接排出（生産，輸配送）である。スコープ2は，生産設備や保管設備などで使用する電力などの間接排出（他社生産，在庫）である。スコープ3は，原材料・部品の製造，製品の使用・廃棄，他社の車両による排出（調達，販売，輸配送）である。

3）　我が国の地球温暖化防止のための法制度

　我が国の地球温暖化防止のための法制度には，①環境基本法，②循環型社会形成推進基本法，③地球温暖化対策推進法がある。

　環境基本法（①）とは，「環境保全の基本理念と，国・地方公共団体・事業者・国民の責務を定めた法律」である（平成5年（1993年））。

　循環型社会形成推進基本法（②）とは，「環境基本法の基本理念にのっとり，循環型社会の形成のために，国・地方公共団体・事業者・国民の役割を定めた法律」である（平成12年（2000年））。

　地球温暖化対策推進法（③，地球温暖化対策の推進に関する法律）とは，「地球温暖化対策に関して，国・地方公共団体・事業者・国民の責務や，温室効果ガスの排出量の算出などを定めた法律」である（平成10年（1998年））。

図14-1-2 サプライチェーンにおける地球温暖化対策

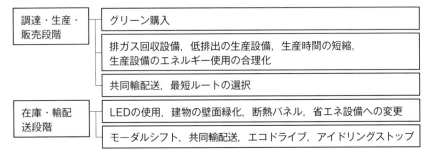

4) サプライチェーンにおける地球温暖化対策

調達段階では、同じ原材料・部品や製品であっても、輸送距離が短く排出量の少ないものや、原材料の使用量が少ないものを購入する「グリーン購入」がある。生産段階では、「排ガス回収設備の導入」や「低排出の生産設備の導入」や「生産時間の短縮」や「生産設備のエネルギー使用の合理化（FEMS：Factory Energy Management System、工場エネルギー管理システム）」などがある。販売段階では、輸配送時に輸送距離を減らす「共同輸配送（複数の荷主の貨物を共同で運ぶことで、貨物自動車の台数を減らすこと）」や「最短ルートの選択」がある（図14-1-2）。

在庫段階では、電力消費の少ない「LED照明の使用」や、夏期の輻射熱を遮断するための「建物の壁面緑化」や、外気温の影響を断つ「断熱パネルの導入」や「省エネ設備への変更」などがある。輸配送段階では、「モーダルシフト（CO_2排出量の少ない船舶や鉄道などへの転換）」、「共同輸配送」、「エコドライブ（急発進急加速を減らす運転方法）」、「アイドリングストップ（停車中にエンジンを停止する）」などがある。

14-1-2 汚染問題の実態・法制度・対策
1) 汚染問題（大気汚染・水質汚濁・土壌汚染）の実態

第2の汚染問題とは、「化学物質などの有害物質や排出ガスに含まれる微粒子物質が、健康被害などを引き起こすこと」である。汚染問題には、①大気汚染と、②水質汚濁と、③土壌汚染がある。

大気汚染（①）は，煤煙に含まれる化学物質（窒素酸化物（NOx），粒子状物質（PM）など）により生じ，光化学スモッグや酸性雨が起きる。

水質汚濁（②）は，工場排水や生活排水が不十分な処理のまま放出されたり，船舶や倉庫から有害物資が漏れることで起きる。

土壌汚染（③）は，工場から処理不十分のまま排出された重金属や有機溶剤が原因となって起きる。

2） 我が国の汚染防止のための法制度

汚染防止のための法制度には，①大気汚染防止法，②自動車NOx・PM法，③水質汚濁防止法，④土壌汚染対策法がある。

大気汚染防止法（①）とは，「工場などの有害物質の排出規制や自動車排出ガスの許容限度を定めた法律」である（昭和43年（1968年））。工場に対しては，揮発性有機化合物（トルエン，酢酸エチルなど）・有害大気汚染物質（ベンゼン，トリクロロエチレンなど）の排出を規制している。自動車に対しては，車種や燃料に応じて排出量の限度を定めている。

自動車NOx・PM法（②，自動車から排出される窒素酸化物および粒子状物質の特定地域における総量の削減等に関する特別措置法）とは，「大都市地域を対象に，自動車から排出されるNOx（窒素酸化物）およびPM（粒子状物質）に関する総量削減基本方針・総量削減計画，車種規制，事業者排出抑制対策を定めた法律」である（平成4年（1992年））。

水質汚濁防止法（③）とは，「工場などからの排出水の排出規制と汚濁状況の監視を定めた法律」である（昭和45年（1970年））。工場などに対して，有害物質（カドミウムなど）の排出を規制し，汚濁状況は生活環境項目（COD（化学的酸素要求量）など）で監視することと定めている。

土壌汚染対策法（④）とは，「土壌汚染状況調査や土壌汚染対策を定めた法律」である（平成14年（2002年））。

3） サプライチェーンにおける汚染対策（大気・水質・土壌）

調達・生産・販売段階では，大気汚染対策として，生産設備の排ガス中の有害物質を除去する「フィルタや触媒の装着」がある。水質汚濁対策とし

図14-1-3 サプライチェーンにおける汚染対策

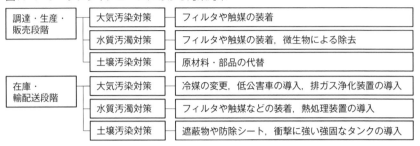

て，生産設備からの排水に含まれる有害物質を除去する「フィルタや触媒の装着」や，「微生物による除去」の方法がある。土壌汚染対策として，製品設計や生産設備の変更により重金属・有機物を含まない「原材料・部品に代替」する方法がある（図14-1-3）。

在庫・輸配送段階では，大気汚染対策として，冷蔵・冷凍設備の「冷媒の変更（代替フロンや自然冷媒（アンモニアなど）の利用）」，「低公害車の導入」，「排ガス浄化装置の導入」などがある。水質汚濁対策として，在庫段階の倉庫などで，有害物質を除去する「フィルタや触媒などの装着」や，海上輸送のときにバラスト水（船舶が積荷のかわりにバランスをとるために積み，積込地の近くで放出して生態系を破壊する海水）に含まれる生物を除去する「フィルタや熱処理装置の導入」がある。土壌汚染対策として，在庫段階で倉庫から有害物質の漏えいを防ぐ「遮蔽物や防除シート」や，交通事故の際に化学物質などの漏えいを防ぐ「衝撃に強い強固なタンクの導入」がある。

14-1-3　騒音振動問題の実態・法制度・対策
1）騒音振動問題の実態

第3の騒音振動問題とは，「工場の操業時，貨物自動車の走行，空港周辺における航空機の離発着などの騒音・振動により，不眠などの健康被害を引き起こすこと」である。

近年では，法制度の整備，機械や設備の改善，自動車の技術開発などによ

図14-1-4 サプライチェーンにおける騒音振動対策

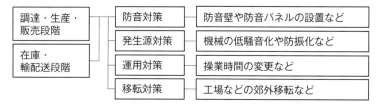

り，大幅に改善されているが，一方で，いまだに問題となっている地域もある。

2） 我が国の騒音振動対策のための法制度

我が国の騒音振動対策のための法制度には，①騒音規制法，②振動規制法がある。

騒音規制法（①）とは，「工場などの騒音規制や自動車騒音の許容限度を定めた法律」である（昭和43年（1968年））。

振動規制法（②）とは，「工場などの振動規制や道路交通振動の許容限度を定めた法律」である（昭和51年（1976年））。

3） サプライチェーンにおける騒音振動対策

サプライチェーンにおける騒音振動対策は，調達・生産・販売段階と在庫・輸配送段階に共通している。

つまり，工場などでの「防音対策」（防音壁や防音パネルの設置など）や，「発生源対策」（機械の低騒音化や防振化など）や，「運用対策」（操業時間の変更など）や，「移転対策」（工場などの郊外移転）がある（図14-1-4）。

14-2　SCMにおける資源問題

14-2-1　SCMにおける3R（リデュース，リユース，リサイクル）
1） サプライチェーンにおける資源利用

サプライチェーンでは，調達・生産・販売段階を通じて，さまざまな資源

を使用している。

「鉱物資源（石油製品）」や「森林資源（木材）」を，製品を生産するときに原材料として，また生産設備や輸配送のためのエネルギー源として，使用している。同じように，鉱物資源を利用した「プラスチック製品」や木材を利用した「紙や段ボール」を，衝撃や汚れから守り品質を維持するための包装材や，パレットやコンテナなどの輸送容器の原材料として使用している。

２） ３Ｒ（リデュース，リユース，リサイクル）
　資源の有効活用の考え方に，３Ｒがある。３Ｒは，リデュース（Reduce）・リユース（Reuse）・リサイクル（Recycle）の頭文字をとった言葉である。
　リデュースとは，「資源の使用を減らすこと」である。たとえば，輸送容器の改良などにより，資源の使用量を抑えることである。
　リユースとは，「資源を繰り返し使用すること」である。たとえば，パレットや通い箱の再利用などのように梱包資材を繰り返して使用することである。
　リサイクルとは，「使用済みの資源を回収し再使用すること」である。たとえば，ペットボトルは回収され別の商品に作り替えられたり，家電は回収し，部品ごとに分別・加工し，再利用されている。

３） グリーン・ロジスティクスとリバース・ロジスティクス
　環境問題や資源問題を考慮したロジスティクスの概念に，グリーン・ロジスティクス（Green Logistics）と，リバース・ロジスティクス（Reverse Logistics）がある。
　グリーン・ロジスティクスとは，「資源採取から消費までの物流を対象に，環境負荷を最小化すること」である。狭義の意味では，「資源の使用を減らすこと（リデュース（Reduce））」である。
　リバース・ロジスティクスとは，「消費から資源採取までの物流を対象に，資源の再利用（リユース（Reuse））や，再資源化すること（リサイクル（Recycle））」である（図14-2-1）。

図14-2-1 グリーン・ロジスティクスとリバース・ロジスティクス

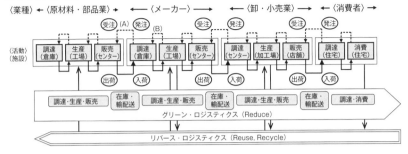

14-2-2 資源の過剰使用問題の実態・法制度・対策

1) 資源の過剰使用問題の実態

資源の過剰使用とは,「調達・生産・販売,在庫・輸配送などの活動で資源を必要以上に使用すること」である。我が国には,資源の再利用をせずに,使い捨てにしている実態がある。

2) 我が国の省資源化のための法制度

我が国の省資源化のための法制度には,①省エネ法,②資源有効利用促進法,③循環型社会形成推進基本法,④製品や事業ごとのリサイクル関連法,⑤グリーン購入法がある。

省エネ法(①,エネルギーの使用の合理化等に関する法律)とは,「工場等,輸送,建築物及び機械器具等についてのエネルギーの使用の合理化に関する所要の措置を定めた法律」である(昭和54年(1979年))。貨物取扱量の多い荷主企業と物流事業者に対して,エネルギー使用状況届出書(使用場所ごとの年間エネルギー使用量)や定期報告書(エネルギー使用量の改善結果など)の提出を義務付けている。

資源有効利用促進法(②,資源の有効な利用の促進に関する法律)とは,「3Rを総合的に推進するために,対象業種・製品を定めるとともに,国・地方公共団体・事業者・国民の責務を定めた法律」である(平成3年(1991年))。この法律により,10業種(自動車製造業・紙製造業・建設業など)

と，製品69品目（自動車・家電製品・ペットボトル・紙製容器包装など）が指定されている。

循環型社会形成推進基本法（③）とは，「環境基本法の基本理念にのっとり，循環型社会の形成のために，国・地方公共団体・事業者・国民の役割を定めた法律」である（平成12年（2000年））（前述14-1節）。

個別の製品や事業ごとのリサイクル関連法（④）とは，「個別の製品や事業に応じたリサイクルの対象品目や処理・回収方法を定めた6つの法律」である。この6つの法律は，「容器包装リサイクル法（平成7年（1995年））」，「家電リサイクル法（平成10年（1998年））」，「建設リサイクル法（平成12年（2000年））」，「食品リサイクル法（平成12年（2000年））」，「自動車リサイクル法（平成14年（2002年））」，「小型家電リサイクル法（平成24年（2012年））」である。

グリーン購入法（⑤，国等による環境物品等の調達の推進等に関する法律）とは，「環境物品（再生部品の使用や，排出ガスの少ない製品）の，調達推進・情報提供などを定めた法律」である（平成12年（2000年））。

3）サプライチェーンにおける省資源化対策

調達・生産・販売段階での省資源化対策は，「過剰調達の防止（原材料の過剰な調達の削減）」や，「過剰生産の防止（製品の過剰な生産の削減）」がある（図14-2-2）。

在庫段階の対策には，「過剰包装の廃止」，「簡易包装の導入」，「梱包材の改良や再利用」などがある。輸配送段階の対策では，積載率の低下と走行距離の増加をもたらす多頻度配送や緊急配送の削減のために，適切な配車計画による「無駄な走行の排除」，「積載率の向上」，貨物自動車台数の削減のための「共同配送」などがある。

図14-2-2　サプライチェーンにおける省資源化対策

調達・生産・販売段階	過剰調達の防止，過剰生産の防止
在庫・輸配送段階	過剰包装の廃止，簡易包装の導入，梱包材の改良や再利用など
	無駄な走行の排除，積載率の向上，共同配送など

図14-2-3　徳島県上勝町の家庭ごみの分別の種類

http://www.kamikatsu.jp/_files/00003599/shigen.JPG

4) 我が国におけるリサイクルの実態

省資源化の代表的な対策には，リサイクルがある。

ペットボトルは，2014年度に販売量56.9万トンに対して，47万トン（82.6％）が回収されている[2]。缶コーヒーなどのアルミ缶は，2015年度の消費量33.2万トンに対して，29.9万トン（90.1％）が回収されている[3]。

パソコンのプリンタのインクカートリッジは，オフィスなどに回収ポストを設置し，満杯になると引き取られて，リサイクル工場で加工されて再利用（リユース）される[4]。

住民による資源廃棄物のリサイクルでは，徳島県上勝町において，家庭ごみを34種類に分別して，ごみステーションに集めている。以前は，ごみ袋1袋分のごみに約300円の処理費用がかかっていたが，これらの分別した家庭ごみを資源として売却し収入にしている（図14-2-3）[5]。

14-3　SCMにおける安全安心の確保

14-3-1　食料品の安全安心の確保（セキュリティとセーフティ）
1) 食料品の安全安心問題の実態

食料品のセキュリティとは，「食料品の安定供給を確保すること，また食料品に関わる犯罪を防止すること」である。我が国は食料自給率（カロリーベースで約40％）が低いので，凶作や災害，さらにはテロや紛争などにより，輸入が途絶することも考慮して対策を立てる必要がある。

食料品のセーフティとは，「食料品の品質を確保すること，また食料品に関わる事故を防止すること」である。国内では，冷凍食品や加工食品の消費が増えているため，遠隔地での生産と長距離輸送が増え，異物混入や，産地偽装などの問題も起きやすくなっている。

2) 食料品の安全安心の確保のための，国際的な法制度

食料品の安全安心の確保のための国際的な法制度には，①Codex規格（Codex Alimentarius：国際食品規格）と，②ISO（International Standard Organization：国際規格協会）22000がある。

Codex規格（①）とは，「食料品に含まれる食品添加物の基準，食品中の微生物基準，食品を製造するときの衛生規範などを定めた国際規格」である[6]。

ISO22000（②）とは，「食品安全マネジメントシステム－フードチェーンに関わる組織に対する要求事項の国際標準規格」である。ISO22000では，安全な食品を生産・流通・販売するために，HACCP（Hazard Analysis and Critical Control Point：危害要因分析重要管理点）の適用手順などを規定している。なおHACCPとは，「食品の製造・加工工程で発生するおそれのある微生物汚染等の危害をあらかじめ分析し，対策を講じることで製品の安全を確保する衛生管理の手法」である。

3） 我が国における食料品の安全安心のための法制度

食料品の安全安心の確保のための国内での法制度には，①食料品のセキュリティの規格と，②食料品のセーフティの法制度がある。

食料品のセキュリティの規格（①）には，JAS規格がある。JAS規格とは，「日本農林規格（JAS規格）による検査に合格した製品であることを明示し，農林物資の生産および流通の円滑化を目指すための規格」である。

食料品のセーフティの法制度（②）には，食品衛生法がある。食品衛生法とは，「食品の安全性確保のため，飲食に起因する衛生上の危害の発生を防止することを目的とする法律」である（昭和23年（1948年））。

4） 食料品のサプライチェーンにおける安全安心対策

調達・生産・販売段階での食料安全保障（フードセキュリティ）の対策には，食料品の安定供給のための，「食料品の増産」や，「調達先の分散」などがある。特に，食料増産では，スマートアグリカルチャー（IT技術を利用して，温度や湿度，養分などを管理する農業技術）が注目されている（図14-3-1）。

食品の品質に関する安全性（セーフティ）について，産地偽装や違法表示への対策には，ブランド商品の「特定のマークの貼付」や，「トレーサビリティ」により流通過程の追跡などがある。毒物・異物混入の対策には，工場

図14-3-1　食料品のサプライチェーンにおける安全安心対策

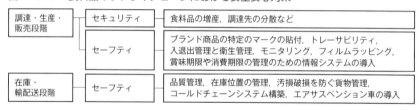

への厳格な「入退出管理」と「衛生管理」，監視カメラによる「モニタリング」，異物の混入を防ぐための「製品のフィルムラッピング」などがある。賞味期限・消費期限偽装の対策には，賞味期限や消費期限の厳密な管理のための「情報システム導入」がある。

　在庫・輸配送段階でのセーフティ対策には，保管中に毒物・異物混入や商品劣化を避けるために，「厳密な品質管理」や「在庫位置の管理」がある。また，輸送中の汚損・破損を防ぐ「貨物管理」や，「コールドチェーンシステムの構築（生産から消費の間で，低温に保つことで品質を維持すること）」などがある。さらには，衝撃から守るために「エアサスペンション車の導入」などがある。

5）将来の食料品の安全安心の課題

　近い将来に大きな課題となる安全安心の問題に，①買物弱者，②食物アレルギー，③宗教による戒律がある。

　買物弱者（①）とは，「高齢による外出困難や，スーパーや商店の閉店などにより，食料品や日用品などの買い物が困難な人」である。この対策として，移動販売や通信販売，さらには貨客混載としてバスなどで貨物を運ぶ対策が取り入れられつつある。

　食物アレルギー（②）とは，「食物を摂取した際に，身体が食物に含まれるタンパク質を異物として認識し，自分の身体を防御するために過敏な反応を起こすこと」である。そのため，「食品衛生法施行規則」が改正され（平成20年（2008年）），アレルギー疾患を有する者の健康危害の発生を防止する観点から，加工食品等については，アレルギー成分の表示が義務づけられ

た。

　宗教によっては（③），食べることを禁じられている食品がある。たとえばイスラム教では，口にして良い食品をハラルとして認証マークで表示することになっている。

14-3-2　日常生活の安全安心の確保（セキュリティとセーフティ）
1）　日常生活でのセキュリティとセーフティの定義
　日常生活でのセキュリティとは，「盗難や密輸やテロなどの，犯罪を防止すること」である。

　日常生活でのセーフティとは，「自動車の衝突や荷物の落下などの，事故を防止すること」である。

2）　セキュリティの確保のための国際的な法制度
　危険物のセキュリティの国際的な取り組みとして，①改正SOLAS条約，②TAPA認証，③米国独自の制度がある。

　SOLAS条約（①The International Convention for the Safety of Life at Sea：海上における人命の安全のための国際条約）とは，「脅威が認められる船舶の入港を拒否することで国際海上輸送の不法行為などを防止する国際条約」である。2001年の9.11同時多発テロを契機に2002年に改正され，テロ対策として港湾関連施設への侵入防止等の保安対策の強化が義務づけられた。

　TAPA認証（②）とは，「TAPA（Transported Asset Protection Association：物流資産保全協会）で定められた製品の輸送・保管中の紛失・盗難を防ぐためのセキュリティ（保安・警備）規格」である[7]。

　米国独自の制度（③）としては，9.11同時多発テロを契機に，いくつかの制度が設けられた。「CSI（Container Security Initiative）」とは，「米国関税当局の職員が港でアメリカ向けコンテナの安全性を確認する仕組み」である。「C-TPAT（Customs-Trade Partnership Against Terrorism）」とは，「テロ行為防止のための税関産業界提携プログラム」であり，倉庫事業者，船会社，輸入者などが米国税関に申請書を出し貨物の安全性を保障する仕組

図14-3-2 米国のセキュリティ規制の適用と変遷

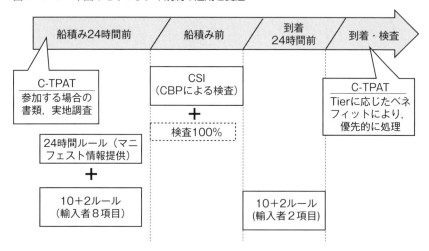

みである。「24時間ルール」とは,「米国内に持ち込む貨物は,船積み24時間前に,種類と量などの報告を義務づけるルール」である。「10＋2ルール」とは,「24時間ルールに加え,米国の輸入者に10項目,船会社に2項目の追加情報を提出させる制度」であり,2009年1月から開始されている（図14-3-2）[8]。

3） セキュリティの確保のための国内の法制度

我が国のセキュリティに関する法制度として,国際船舶・港湾保安法（国際航海船舶及び国際港湾施設の保安の確保等に関する法律）がある。これは,改正SOLAS条約に対する国内法であり,港湾における保安対策や港湾に対しておこなわれるおそれがある危害行為防止を規定した法律である（平成16年（2004年））。

この法律での危害行為とは,船舶または港湾施設を損壊する行為,船舶または港湾施設に不法に爆破物を持ち込む行為などである[9]。

4） セーフティの確保のための国内の法制度

我が国のセーフティに関する法制度には,①消防法と,②労働安全衛生法

と，③改善基準告示がある。

消防法（①）とは，「消防機関の活動や権限，危険物の貯蔵または取扱い，消防設備等の設置や義務，規制などの基本的な事項を定めた法律」である（昭和23年（1948年））[10]。

労働安全衛生法（②）とは，「労働者の安全と衛生についての基準を定めた法律」である（昭和47年（1972年））。労働災害防止のために守らなければならない事項とは，危険防止の措置，健康管理の措置，安全衛生管理体制の整備，安全衛生教育の実施の4つである。物流業界では，重量物や危険物の取扱いが多く，荷役時のフォークリフトや輸送時の貨物自動車の運転業務などは，事故の危険が高い[11]。

改善基準告示（③，自動車運転者の労働時間等の改善の基準）とは，「運転者の拘束時間，休息期間，運転時間の限度，時間外・休日労働の限度を定めた告示」である（平成元年（1989年））。1日の拘束時間は13時間以内を基本とし，最高であっても16時間を超えることはできない[12]。

5） サプライチェーンにおける日常生活での安全安心対策

調達・生産・販売段階での危険物の安全安心対策とは，危険物に関わる犯罪や事故を防止することである。

特に生産段階では，原材料の加工や生産時において犯罪や事故が起きやすい。この対策として，「厳密な入退出管理」（指紋認証や顔認証など）や，「安全対策の強化」（火災報知器や消火設備の設置）がある（図14-3-3）。

在庫段階での盗難や異物混入などの事故防止の対策には，「入・在・出庫時の厳密な検品」，「在庫時の品質管理」，「作業者の入退出管理」，「警備対策の強化」がある。

図14-3-3　サプライチェーンにおける日常生活での安全安心対策

調達・生産・販売段階	厳密な入退出管理（指紋認証や顔認証など），安全対策の強化（火災報知器や消火設備の設置）
在庫・輸配送段階	入・在・出庫時の検品，在庫時の品質管理，入退出管理，警備対策の強化，海賊警備の強化，危険物車両の通行ルート指定など

輸配送段階では，海上輸送での海賊行為に対する「警備の強化」や，道路輸送での「危険物車両の通行ルート指定」がある。たとえば道路法第46条第3項では，危険物積載車両の長大トンネル・水底トンネルの通行が禁止又は制限されている[13]。

参考文献
1) 国土交通省 HP：
　http://www.mlit.go.jp/sogoseisaku/environment/sosei_environment_tk_000007.html
2) PET ボトルリサイクル推進協議会 HP：
　http://www.petbottle-rec.gr.jp/data/calculate.html
3) アルミ缶リサイクル協会 HP：
　http://www.alumi-can.or.jp/html/data_0101.html
4) エプソン HP：
　http://www.epson.jp/recycle/
5) 上勝町 HP：
　http://www.kamikatsu.jp/docs/2016060300026/files/bunbetsuguidebook.pdf
6) 一般財団法人食品分析開発センター SUNATEC HP：
　http://www.mac.or.jp/mail/111101/03.shtml
7) 株式会社セキュリコ HP：
　http://www.securico.co.jp/products/track/tapa.html
8) 日本貿易振興機構 HP：
　https://www.jetro.go.jp/world/n_america/us/security.html
9) 国土交通省 HP：港湾における保安対策について
　http://www.mlit.go.jp/common/000189953.pdf
10) 能美防災株式会社 HP　ビル防災システム：
　https://www.nohmi.co.jp/product/building/knowledge_information/lows/001.html
11) 苦瀬博仁編著：「ロジスティクス概論」，白桃書房，pp.167-168, 2014
12) 厚生労働省 HP：
　http://www.mhlw.go.jp/stf/seisakunitsuite/bunya/koyou_roudou/roudoukijun/gyosyu/roudoujouken05/index.html
13) 中日本高速道路株式会社 HP：
　http://www.c-nexco.co.jp/safety/tokusya/tokusya03.html

第15章

SCM における災害対策

第15章のねらい

　第15章の目的は，災害によるサプライチェーンへの影響と，サプライチェーン・マネジメント（SCM）における災害対策について理解することである。

　そこで本章では，災害とサプライチェーンの関係を整理したのち（15-1），最近の被災事例として東日本大震災によるサプライチェーンへの影響を，生活物資と企業活動の両面から説明する（15-2）。そのうえで，生活物資の視点からは，緊急支援物資の補給と備蓄について説明する（15-3）。企業活動の視点からは，事業継続計画（BCP：Business Continuity Planning）について説明する（15-4）。

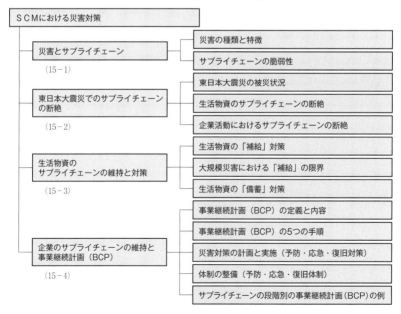

15-1　災害とサプライチェーン

15-1-1　災害の種類と特徴
　災害には，自然災害と人為的災害がある。自然災害には，暴風雨，洪水・高潮，地震・津波，噴火・山火事，竜巻などがある。人為的災害には，交通事故（自動車・列車・航空機など），労働災害，犯罪・テロ，武力衝突・戦災などがある。

　我が国では，毎年大きな台風が襲来し，周期的に大きな地震が発生するため，災害対策は必須である。しかし災害と言っても，台風のように数日前から襲来が予想できる災害もあれば，地震のように前触れもなく突然発生する災害もある。さらに地震に限っても，東日本大震災のように津波で家屋や工場が流されることもあれば，阪神・淡路大震災のように倒壊や火災が起きることもある。

15-1-2　サプライチェーンの脆弱性
　調達・生産・販売を結ぶサプライチェーンでは，原材料や，半製品や製品が一つでも欠ければ，製品を供給できなくなる。

　たとえば，約3万点の部品で造られる自動車は，たった一つの部品でも調達できなければ生産することができないし，製造機械が故障したり，電源が途絶えても生産できない。また，被災地に緊急支援物資を届けようとするとき，道路，貨物自動車，燃料，運転手などの，何か一つでも欠ければ，被災地に物資を輸送することはできない。

　つまり，サプライチェーンは，堤防の最も低い部分から水が溢れて洪水になることと同じように，多くの要素のうち最も弱い部分で破断してしまう。だからこそ，サプライチェーンの維持と確保のためには，最も弱い部分を探して対策を立てる必要がある。

15-2 東日本大震災でのサプライチェーンの断絶

15-2-1 東日本大震災の被災状況

平成23年（2011年）3月11日（金）14時46分に，宮城県牡鹿半島沖の東南東約130キロの沖合で，マグニチュード9.0の国内最大規模の地震が発生した。ちなみに大正12年（1923年）の関東大震災（大正関東地震）がマグニチュード7.9なので，その激しさは約30倍になる。

被災地域は，青森県から千葉県までの太平洋岸が中心で，地震による津波の被害が大きかった。災害援助法の適用を受けた地域は，1都9県にも及んだ。

平成27年1月現在で，人的被害は，死者18,483人，負傷者6,152人，行方不明者2,594人となった。また建物被害は，全壊12万7,531棟，半壊27万4,036棟だった。避難者は，ピーク時約40万人で，平成26年12月現在でも約24万人である。交通インフラの復旧までの期間は，国道が1週間，高速道路が2週間，新幹線全線が7週間だった。

15-2-2 生活物資のサプライチェーンの断絶

1） 緊急支援物資の供給体制

東日本大震災での緊急支援物資の供給体制は，被災地外の救援物資拠点，被災地周辺の一次集積所（県運営），被災地内の二次集積所（市町村運営），避難所という段階だった（図15-2-1）。

緊急支援物資の供給にあたって，メーカーや卸小売業者や物流事業者など

図15-2-1 緊急支援物資の供給体制

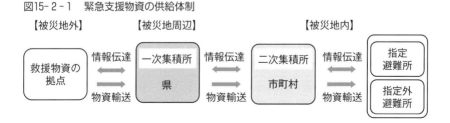

の民間企業も,また政府や自治体や自衛隊も,それぞれ大変な努力を重ねた。しかし,被災地の一部で生活物資の不足が問題になった。

2) 生活物資が不足した理由と教訓

東日本大震災で,生活物資が不足した理由と教訓は,次の5つである。

第1は,食料品や医薬品の在庫ゼロである。津波によって,倉庫内備蓄,店舗内在庫,家庭の冷蔵庫なども流された。このため教訓として,家庭や企業や自治体などさまざまな場所で,生活物資の備蓄が必要である(表15-2-1)。

第2は,物流ノウハウの欠如である。地方自治体の職員は物資の保管方法や仕分け方法に不慣れなため,緊急支援物資が滞留し,物流作業が停滞した。そこで,物流事業者(運送業者や倉庫業者)の従業員が市町村に派遣され,次第に滞留と混乱は解消した。このため,自治体と物流事業者の協定と,市民に対する物流の知識の啓蒙が必要である。

第3は,データの紛失である。被災地内の卸売業者が被災して,小売業者のデータ(数,位置,通常の発注量など)を紛失したため,どこに何の物資を送るべきか分からなくなった。このため,企業は,平常時からデータのバックアップをとったり,データの共有が必要である。

第4は,工場や倉庫の被災である。震度が小さかった関東地方の工場や倉庫でも,製造機械や搬送機器が破損したり荷崩れを起こしたため,物資不足が起きた。このため,備蓄の増加だけでなく,工場や倉庫の耐震化と分散化が必要である。

第5に,車両・燃料・運転手不足である。貨物自動車が被災し,燃料も不

表15-2-1 被災者に緊急支援物資が届かなかった理由と教訓

理　　由	教　　訓
①津波による在庫ゼロ	家庭や企業や自治体での生活物資の備蓄は不可欠
②物流ノウハウの欠如	自治体と物流事業者の協定,市民への物流知識の啓蒙
③商取引データの紛失	平常時からのデータのバックアップ,データの共有
④工場や倉庫の被災	工場や倉庫の耐震化と分散化
⑤車両・燃料・運転手不足	燃料の備蓄,車両の優先使用や燃料の配分方法の取り決め

足し，運転手の数も足りなかった。このため，燃料の備蓄とともに，車両と運転手の確保の方法や燃料配分の方法を決めておく必要がある。

15-2-3　企業活動におけるサプライチェーンの断絶
1）メーカーの部品供給が不足した実態
東日本大震災では，被災地の工場が被災することで，多くの製品のサプライチェーンが断絶した。

車載用のマイコンで世界シェアの約30％を占めるR社や，半導体製造に欠かせない素材であるシリコンウエハーで，世界シェアの約20％を占めるS社の工場が被災し操業を停止した。この結果，日本だけでなく世界の自動車関連産業に多大な影響を与えた。

たとえば，「寸断されたサプライチェーンが震災前の状態に戻るまで，まだかなりの時間を要するとの見方が強い。～（中略）～米国では1ヶ月前後の部品在庫が一般的とされる。日本からの部品輸送の中断が長引けば，4月中旬にも一部で生産ができなくなる見通しだ。」と報道された[1]。

このようなサプライチェーンの断絶は，東日本大震災だけでなく，平成23年（2011年）のタイ洪水，平成28年（2016年）の熊本地震の際にも起きた。

2）原材料・部品の供給が不足した理由と教訓
東日本大震災で原材料・部品を調達できなかった理由と教訓は，以下の4つにまとめられる（表15-2-2）。

第1は，在庫払底である。平常時は，コスト削減のために在庫は少ないほうが良い。しかし災害時は，サプライチェーンの断絶により調達できずに，

表15-2-2　企業が原材料・部品を調達できなかった理由と教訓

理　　由	教　　訓
①在庫払底	平常時の在庫削減と災害対策の在庫増（備蓄）のバランス
②JIT配送	JIT配送と在庫保有のバランス
③物流拠点の集約化	物流拠点集約化と在庫分散配置によるリスク回避のバランス
④調達先の被災	複数の調達先によるリスク回避

生産停止や販売停止につながることもある。このため教訓として,「平常時の在庫削減」と,「災害対策としての在庫増（備蓄）」のバランスを考える必要がある。

　第2は,JIT（Just In Time）配送である。平常時は,商品を多頻度で少量ずつ運ぶことで,在庫もコストも削減できる。しかし災害時は輸送が滞れば,商品の供給不足が起きる。このため,「JIT配送」と「在庫保有」のバランスをとる必要がある。

　第3は,物流拠点の集約化である。近年の流通センターでは,多種多様な在庫を扱うようになり,かつ流通加工などの業務が増えているため,流通センターの数を減らし大規模なセンターに集約する傾向にあった。しかし数少ないセンターが被災すれば,在庫を一度に失うことになる。このため,平常時の「物流拠点集約による効率化」と,災害時のために「在庫の分散配置によるリスク回避」のバランスをとる必要がある。

　第4は,調達先の被災である。従来,企業ごとに独立したサプライチェーンがあり,それぞれに調達先があると考えられていた。しかし実際には,複数の企業が同一の調達先から部品の供給を受けている例は多いため,調達先の1社が被災することで複数の企業のサプライチェーンが破断することになった。このため,リスク回避の対策として,部品の調達先を複数用意する必要がある。

15-3　生活物資のサプライチェーンの維持と対策

15-3-1　生活物資の「補給」対策
1)「補給」のためのロジスティクス

　災害から身を守り生存を維持する方法には,被災後の「緊急支援物資の補給」と,事前の災害対策としての「物資の備蓄」がある。

　このうち,政府や自治体が被災者に届ける「緊急支援物資の補給」の考え方は,以下の3つに集約できる（図15-3-1）[2]。

　第1は,被災者が必要な物資を想定して送り込む「プッシュ型の供給」である。平常時は,消費者のニーズに合わせて,商品を確実に届ける「プル型

図15-3-1 生活物資の「補給」対策

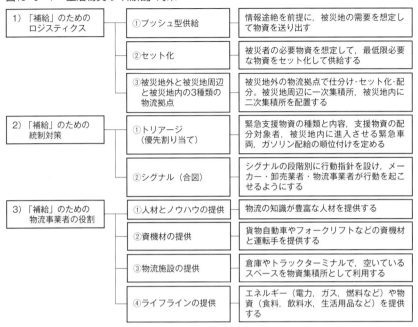

供給」が多い。しかし被災直後は，情報伝達手段の断絶や，被災者自身が必要な物資を把握できないことがあるため，必要な物資を想定して送り込むのである。

第2は，被災者の必要物資を想定し，まとめて送る「セット化」である。たとえば冬の被災直後であれば，「冬山3泊4日」を想定し，食料品セット（飲み物，非常用ごはん，おかず缶詰，はし・スプーンなど）や生活用品セット（毛布，使い捨てカイロ，タオル，歯磨き粉，歯ブラシ，ティッシュペーパー，石鹸，バケツ，ヒシャクなど）を用意する。「乳児用セット」，「高齢者用セット」，「高血圧患者セット」なども考えられる。

第3は，被災地外・被災地周辺・被災地内の「3種類の物流拠点」である。緊急支援物資の仕分けや配分の作業は手間がかかるので，被災地の負担を少なくするために，なるべく被災地外に設けるべきである。つまり，被災地外に物資集積拠点を設け，被災地周辺に都道府県が運営する一次集積所

設け，被災地内には二次集積所を設ける。そして，最終的に避難所に配送する。

2）「補給」のための統制対策

災害時は，通常時とは異なって，迅速で確実な意思決定が必要だが，これを短時間で的確におこなうことは難しい。このため，あらかじめ意思決定のルールを決めておくべきである[3]。

第1は，「トリアージ（優先割り当て）」である。トリアージとは，「医療分野の用語であり，多数の患者を重傷度と緊急性から選別して，最も多くの人を救うように治療の順序を設ける危機対処方法」である。一般には，黒（回復の見込みのない者，もしくは治療できない者），赤（生命にかかわる重傷者でいち早く治療すべき者），黄（直ちに治療が必要ではないが，赤になる可能性のある者），緑（至急の治療が不要な者）に分けられる。

このトリアージの考え方を参考に，緊急支援物資の種類と内容，支援物資の配分対象者，被災地内に進入させる緊急車両，ガソリン配給などの優先順位などを，あらかじめ決めておく必要がある。

第2は，「シグナル（合図）」である。シグナルとは，「一斉に行動を起こすための合図」である。気象警報や避難勧告などのさまざまな行動喚起の基準を参考に，救援や物資補給に拡大して，さまざまな合図（シグナル）を設定する必要がある。

たとえば大震災が起きたときに「シグナル3」と政府が宣言すると，メーカーや卸売業者は決められた緊急支援物資を大きな展示場や体育館などに集め，そこでカップラーメンのセットを作り始め，集まってきた輸送会社の貨物自動車に積み込み被災地に向かうのである。

3）「補給」のための物流事業者の役割

災害時の緊急支援物資の輸送では，物流事業者が重要な役割を担う。

第1は，「人材と物流ノウハウの提供」である。東日本大震災でも明らかになったように，緊急支援物資の補給では，仕分けや配分などの作業と，避難所への配送で混乱することが多い。このため，物流事業者の役割は大き

い。

　第2は,「資機材の提供」である。物資輸送のために,貨物自動車やフォークリフトなどの資機材と,運転手を提供することで,輸配送や仕分け配分の速度が上がる。

　第3は,「物流施設の提供」である。倉庫やトラックターミナルで,空いているスペースがあれば,ここを物資集積所として利用できる。

　第4は,「ライフラインの提供」である。倉庫やトラックターミナルで,エネルギー(電力,ガス,燃料など)や物資(食料,飲料水,生活用品など)を被災者に提供することもできるだろう。

15-3-2　大規模災害における「補給」の限界

　東日本大震災では,多くの問題があったとしても,緊急支援物資が避難所まで補給された。その後の熊本地震では,プッシュ型の緊急支援物資の輸送が成功した。しかし首都直下型地震や三連動地震の被災規模は,東日本大震災(被災者900万人)よりも格段に大きく,約3,000万人と予想されている。

　被災規模が大きいほど,緊急支援物資の需要量は多くなるが,工場や従業員も被災し,原材料の供給も滞る可能性が高いため,生産量や供給可能量が

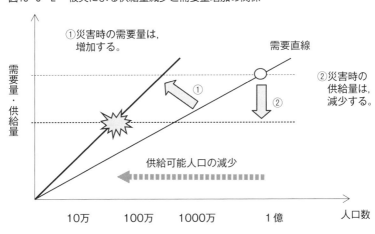

図15-3-2　被災による供給量減少と需要量増加の関係

小さくなり，供給可能な人口も限られてしまう。そして，多くの人が被災するほど，その分救援者も少なくなる。この結果，被災規模が大きくなるほど，外部から緊急支援物資が「補給」されない可能性が高くなる。
　つまり，大規模災害に対しては，「補給」に頼るのではなく，「備蓄」が不可欠なのである（図15-3-2）。

15-3-3　生活物資の「備蓄」対策
1)　家庭における「防災グッズ」
　被災後の72時間が生存の限界と言われていることから，この72時間は救命が最優先になる。このため，災害時の物資供給計画では，「72時間内は，可能な限り被災地内の備蓄物資や，店舗などの在庫物資でまかなうこと」が原則である（図15-3-3）。
　発災直後の火災や津波からの避難では，すぐ持ち出せる非常バッグが必要である。首相官邸は，非常バッグの準備として，以下の持ち出し品を提示している。つまり，①飲料水，②食料品（カップ麺，缶詰，ビスケット，チョコレートなど），③貴重品（預金通帳，印鑑，現金，健康保険証など），④救急用品（ばんそうこう，包帯，消毒液，常備薬など），⑤防災用品（ヘルメット，防災ずきん，マスク，軍手，懐中電灯），⑥衣類等（衣類，下着，毛布，タオル），⑦日用品（携帯ラジオ，予備電池），⑧衛生用品（使い捨てカイロ，ウェットティッシュ，洗面用具など）である。
　総務省消防庁で推奨している非常持ち出し袋も，ほぼ同じ品物である。

2)　家庭での「備蓄」
　災害発生直後の揺れや火災や津波が収まった後に，生活を維持するための食料品や生活用品を備蓄しておく必要がある。
　その理由の第1は，発災後にライフラインも被害を受け，電気は比較的早く復旧する可能性が高いが，ガスや水道の復旧作業に1週間から数週間を要するからである。第2は，食品産業事業者が被災すれば，食料品そのものが入手困難になるからである。第3は，貨物自動車や燃料や運転手が不足して物流機能が停止し，物資を供給できない可能性があるからである。

図15-3-3 生活物資の「備蓄」対策

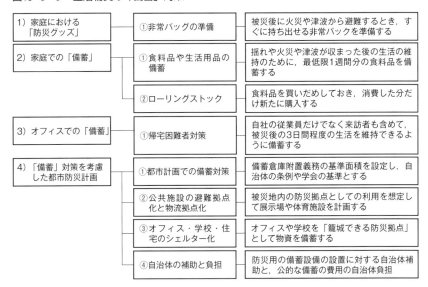

このため、最低限1週間分の食料品を備蓄すべきと考えられている。

農林水産省の「緊急時に備えた家庭用食料品備蓄ガイド」によれば、主食21食分として、①精米又は無洗米、②レトルトご飯・アルファ米、③小麦粉、④パン（食パン）、⑤もち、⑥乾麺（うどん、そば、パスタ）、⑦乾パン・パンの缶詰、即席麺・カップ麺、などがあげられている。主菜には、①肉・魚・豆などの缶詰、②レトルト食品、③豆腐（充填）、④乾物（かつお節、桜エビ、煮干し等）、⑤ロングライフ牛乳などである。これ以外に、副菜として、①野菜・山菜・海草類、②汁物（インスタントみそ汁など）、③果物、④その他（調味料、嗜好品、菓子類など）もある。

家庭での備蓄では、ローリングストックという考え方が有効である。つまり、日常食べているインスタント食品や缶詰は賞味期限が長いので、買いだめをしておき古い商品から消費していくのである。「無くなってから購入」ではなく、「備蓄量を下回りそうだから購入」という考え方に転換して、一定量を常に備蓄しておく方法である[4]。

第15章 SCMにおける災害対策　261

3） オフィスでの「備蓄」

東日本大震災で帰宅困難者が問題となったように，災害発生時には「動けば被災者，留まれば救援者」となる。つまり，帰宅困難者として救援を待つのではなく，帰宅せずにオフィスにとどまり救援者になることが，被災者を減らすことにつながる。そして発災時にいた場所が安全であれば，当初の危機を避け，移動せずに何日間か生活（籠城）するべきだろう。

このとき，たまたまオフィスに来ていた人や来訪者，さらには帰宅困難者が避難してくる可能性がある。このためオフィスでは，自社の従業員だけでなく来訪者も含めて，被災後の3日間程度の生活を維持できるように備蓄をしておく必要がある[5]。

4）「備蓄」対策を考慮した都市防災計画

防災のための備蓄計画は，市民や企業の努力に負うところが大きいが，都市防災計画の視点で考えれば，緊急支援物資が補給されない事態に備えて，住宅やオフィスを耐震・防火構造とするだけでなく，食料や生活用品を備蓄する必要がある。

都市防災計画としての備蓄対策には，以下の4つが考えられる[6)7)]。

第1は，都市計画制度による備蓄対策である。すでに平成25年（2013年）に，国交省は備蓄倉庫と非常用電源設備を容積率の算定から外して，これらの施設設備を作りやすくした。これに，さらに進めて，大規模建築物での備蓄倉庫の附置義務なども考えられる。

第2は，公共施設の，避難拠点と物資拠点としての計画と設計である。各都市にある展示場や体育館や運動場などの公共施設は，災害時に防災拠点（避難拠点，物資拠点）として利用することが多い。ならば，「たまたま災害がないからテニスコートだが，本来は防災拠点」と考えて，公共施設を防災拠点（避難拠点，物資拠点）として計画設計する必要がある。

第3は，オフィスや学校や住宅などの，防災拠点化である。都市のさまざまな施設を，避難所兼防災拠点としておけば，補給不要なシェルターとなる。

第4は，防災用の備蓄設備の設置に対する自治体補助と，公的な備蓄の費

用の自治体負担である。たとえば離島では，台風などの自然災害による欠航で石油などの燃料が不足することに備えて，あらかじめ離島内での石油の備蓄費用を行政が負担している。このような官民連携を進めて，さまざまな生活物資の備蓄を考える必要がある。

15-4　企業のサプライチェーンの維持と事業継続計画（BCP）

15-4-1　事業継続計画（BCP）の定義と内容
1）　事業継続計画（BCP）の定義

　事業継続計画（BCP：Business Continuity Plan）とは，「企業が被災時に，事業資産の損害を最小限にとどめ（減災），従業員の安全確保や資産の損害状況を把握する応急措置を速やかに完了し（応急措置の早期完了），事業の継続と早期復旧（復旧期間の短縮）のために，災害の発生前に立てる計画（予防対策，応急対策，復旧対策）」である。

　災害の発生前に事業継続計画（BCP）を立てておくことによって，被災時の混乱のなかでも円滑に災害に対処することができる。

2）　事業継続計画（BCP）の目的（A.減災，B.応急早期完了，C.復旧期間短縮）

　事業継続計画（BCP）の目的は，A.被害の減少（減災），B.避難や救助，被害状況の確認などの応急措置の早期完了，C.業務の復旧対策の期間短縮の，3つである。

　「A.減災」とは，「予防対策により，被害の程度を小さくすること」である。たとえば，建物の倒壊を防止する耐震化や，食料や飲料水の払底を防ぐ備蓄，原材料や製品の在庫増，データの遺失を防ぐバックアップなどにより，被害を小さくすることである。

　「B.応急措置の早期完了」とは，「応急対策により，応急措置の期間を短縮すること」である。たとえば，安否確認システムや緊急連絡網の整備，自治体との協定締結などを事前におこなっておくことで，応急措置を早期に完了させることができる。

「C. 復旧期間の短縮」とは，「復旧対策により，復旧の期間を短くすること」である。たとえば，被災地以外の工場や勤務場所からの応援計画，停電に備えた非常用電源の使用計画，調達先との共同による復旧計画などを，事前に立てておくことで，速やかで円滑な復旧が可能になる。

15-4-2　事業継続計画（BCP）の5つの手順
1）　事業継続計画（BCP）の基本方針

事業継続計画（BCP）は，①基本方針の設定，②被害状況の予測，③重要業務の選定，④災害対策の計画と実施，⑤体制の整備，の5つで構成される（表15-4-1，図15-4-1，図15-4-2）[8)9)10)]。

基本方針（①）とは，「自社における事業継続計画（BCP）の必要性を整理し，災害対策と体制整備の基本的な考え方を明らかにすること」である。そして，従業員，調達先，販売先等のサプライチェーンを構成する関係者に周知する。

2）　被害状況の予測

被害状況の予測（②）とは，「被災時の応急対策に早期に着手できるように，事業資産（従業員，施設，資機材，在庫など）の損害を事前に予測すること」である。

自社のみならず，調達先，販売先，地域社会などの被害状況を予測し，被災による業務への影響を評価する。

3）　重要業務の選定

重要業務の選定（③）とは，「被害状況の予測結果をもとに，限られた事業資産のもと，優先的に取り組むべき業務を選定し，順位づけすること」である。その内容には，顧客の優先順位，生産の優先順位，原材料・部品調達の優先順位，サービスレベルの調整などがある。

顧客の優先順位では，被災から復旧の過程でも販売を継続する重要な顧客や業務を分類選定して，優先順位を決める。

生産の優先順位では，原材料や生産設備が限られたり，人手不足のとき

表15-4-1　事業継続計画（BCP）の手順と内容

手　順	内　容
①基本方針の設定	事業継続計画（BCP）の必要性の整理と，災害対策と体制整備の基本的な考え方の明確化，および従業員，調達先，販売先等への周知
②被害状況の予測	自社，調達先，販売先，地域社会の被害状況の予測と，被災による業務への影響の評価
③重要業務の選定	予測される被害状況のもと，限られた事業資産で優先的に取り組むべき業務を選定し，順位づけること （顧客の優先順位，生産の優先順位，原材料・部品調達の優先順位，サービスレベルの調整）
④災害対策の計画と実施	被災の程度を抑制し，早期に復旧を果たすための対策であり，災害発生の事前に計画し，事前に可能な対策は実施しておくこと 　予防対策（災害発生前に，被害規模を抑えるための対策） 　応急対策（災害発生後に，応急措置の内容と手順を決める対策） 　復旧対策（本格的に事業を災害前の状態に戻していく対策）
⑤体制の整備	災害に対処するための組織編成と，役割分担と責任者の決定 　予防体制（災害の発生に備え，予防対策を推進する体制） 　応急体制（災害の発生後に，応急措置を推進する体制） 　復旧体制（本格的に災害前の状態に戻していくための体制）

図15-4-1　事業継続計画（BCP）の手順と，災害対策・体制整備

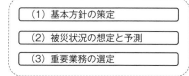

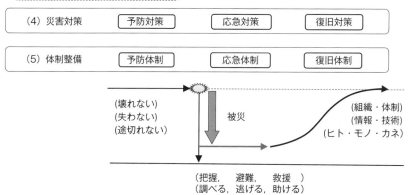

図15-4-2　事業継続計画（BCP）の３つの目的

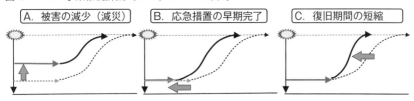

に，優先して生産する製品を決める。

原材料・部品の調達の優先順位では，優先的に生産する製品の原材料・部品を整理しておく。

サービスレベルの調整とは，被災時の混乱した状況で，使用可能な事業資産も限られることから，平常時とは異なるサービスのレベルを設定することである。たとえば被災時には，平常時のリードタイム（例，１日）を長くしたり（例，３日），受注品目を限定したり，受注単位をケースに限定したり，最小または最大受注量を決めることである。

15-4-3　災害対策の計画と実施（予防対策・応急対策・復旧対策）
1）　災害対策の定義と内容

災害対策（④）とは，「被災の程度を抑制し，応急措置を準備し，早期に復旧を果たすための対策であり，災害発生の事前に計画し，事前に可能な対策を実施しておくこと」である。

災害発生の前後の時期に応じて，災害対策は，予防対策と応急対策と復旧対策の３つで構成される（図15-4-3）。

なお，防災対策は，一般に予防対策と応急対策を指すことが多い。そこで本書では，災害発生の前後で区分して，防災対策を予防対策と応急対策に分けている。

2）　予防対策の内容

予防対策とは，「災害の発生前に，被害規模を抑えるための対策」である。予防対策には，「壊れない」，「失わない」，「途切れない」という３つの対策

図15-4-3 事業継続計画（BCP）の災害対策（予防対策・応急対策・復旧対策）

予防対策	壊れない（耐震化）	生産拠点・在庫拠点の耐震性の確保 荷崩れ防止装置等の設置
	失わない（分散化）	調達先，生産拠点，在庫拠点の分散化 原材料・部品の備蓄，製品の在庫増 販売データや在庫データの分散保管
	途切れない（多重化）	原材料・部品，半製品，製品の，在庫増 生産委託先や輸送委託先の拡大 非常用電源の設置，食料品の備蓄
応急対策	調べる（把握）	顧客や従業員の安否確認 自社の事業資産や地域社会の被害状況の確認
	逃げる（避難）	顧客や従業員の安全確保 被災した社内部署への生活物資の供給
	助ける（救助）	緊急支援物資の提供 工場や倉庫，トラックターミナルなどの施設の提供 貨物自動車やフォークリフトなど，人材を含む資機材の提供 エネルギーや資源などのライフラインの提供
復旧対策	復旧か撤退の選択	再生の場所，規模，時期 撤退（移転，統合など）の場所，規模，時期
	ヒト・モノ・カネ	被災地外からの応援計画 復旧対策資金の手当て
	情報・技術	分散データへのアクセス手順 技術ノウハウの融通ルール・改変方法
	組織・体制	災害対策本部の設置 暫定的な組織改編

がある。

「壊れない対策（耐震化）」には，生産拠点・在庫拠点・データセンターなどの「建物の耐震化」，「荷崩れ防止装置等の設置」などがある。

「失わない対策（分散化）」には，調達先の1社の被災による生産中止や，生産拠点や物流拠点の集約によるリスクを避けるために，「調達先の分散化」，「生産拠点や在庫拠点の分散化」，「原材料や部品の備蓄」，「製品の在庫増」，「データや技術の分散保管」などがある。

「途切れない対策（多重化）」には，原材料や電力などが途切れて生産中止になることを避けるために，「原材料・部品や半製品，製品の在庫増」，「生

産や輸送などの委託先の拡大」,「非常用電源や従業員用の食料品の備蓄」などがある。

このとき,重要業務を継続する上で必要な在庫,設備,資機材,データなどをチェックしておく。また,緊急連絡網や販売データなど,頻繁に変更されるものは常に最新の状態に更新しておく。

3) 応急対策の内容

応急対策とは,「災害の発生後に,応急措置の内容と手順を決める対策」である。応急対策には,「調べる」,「逃げる」,「助ける」という3つの対策がある。

「調べる(把握)」対策には,顧客や従業員の「安否確認」と自社の事業資産や地域社会の「被害状況の確認」がある。

「逃げる(避難)」対策には,顧客や従業員の安全確保対策を定め,被災した社内の部署に生活物資を送り込む「安全確保」がある。

「助ける(救援)」対策には,荷主企業(メーカー,卸小売業)と物流事業者(運輸倉庫事業者)が担うべき役割として,食料・日用品など「緊急支援物資の提供」,物資拠点としての工場や倉庫やターミナルなど「施設の提供」,貨物自動車やフォークリフト,貨物自動車運転手などの人材を含む「資機材の提供」,エネルギーや資源(電気,ガス,上下水,通信設備,燃料・灯油など)の「ライフラインの提供」がある。

これらは,企業の社会的責任(CSR：Corporate Social Responsibility)の観点からも重要である。

4) 復旧対策の内容

復旧対策とは「本格的に事業を災害前の状態に戻していく対策」である。復旧対策では,「どこで,いつまでに,どのような復旧をおこなうか」を決めなければならない。直ちに被災前の状況に復旧するは難しいので,先に選定した重要業務(③)の優先順位にしたがって復旧していくことになる。

このとき,「現地での再生」もしくは「統合や移転による撤退」が,経営判断として必要になる。

たとえば,「現地での再生」を選択したのであれば,「目標とする時期」,「目標とする水準(規模)」を設定し,それまでの「復旧のプロセス」を明らかにする。他の工場との統合や被災地外への移転」を選択したのであれば,当該地域での「事業撤退の準備」,「移転先の選定」,「統合や移転の時期」を決めることになる。

次に,復旧対策には,「ヒト・モノ・カネ」,「情報・技術」,「組織・体制」の3つの観点からの対策がある。

「ヒト・モノ・カネの対策」とは,被災地外からの人員や資機材の応援計画を定め,復旧対策を進めるための資金の手当に道筋をつけておくことである。

「情報・技術の対策」とは,生産データや販売データなどのデータや技術ノウハウが毀損したとき,分散保管しているデータへのアクセス手順や,社内の他部署からの技術ノウハウの融通を受けるためのルールを定めておくことであり,また必要に応じて技術ノウハウの改変方法を検討しておくことである。

「組織・体制の対策」とは,たとえば災害対策本部の設置や,それにともなう暫定的な組織改編である(15-4-4参照)。

そして,事前にさまざまな選択肢を準備し,シミュレーションをしておけば,実際に被災したとき,被災状況に応じて直ちに復旧に取り組むことができる。

15-4-4　体制の整備(予防体制・応急体制・復旧体制)
1)　体制の整備の定義と内容

体制の整備(⑤)とは,「災害に対処するための組織編成であり,役割分担と責任者を取り決めておくこと」である。

災害発生の前後の時期に応じて,災害体制は,予防体制と応急体制と復旧体制の3つで構成される(図15-4-4)。

2)　予防体制の整備

予防体制の整備とは,「災害の発生に備え,予防対策を推進するための社

図15-4-4 事業継続計画（BCP）の体制整備（予防体制・応急体制・復旧体制）

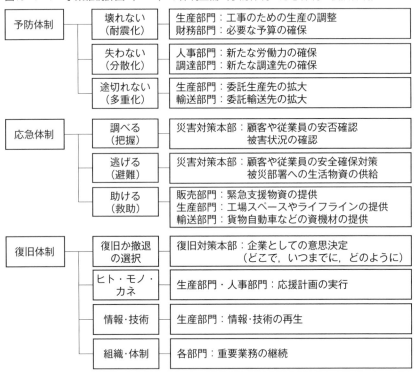

内各部署の役割分担と責任者を取り決めること」である。

　たとえば，生産拠点の耐震化を推進するためには，生産部門は工事のために生産を調整する必要があり，財務部門は多額の資金が必要となるため，必要な予算を確保する必要がある。

　また，生産拠点を分散するためには，人事部門は新たな立地地域において労働力を確保する必要があり，調達部門は原材料・部品の新たな調達先を確保する必要がある。

3）　応急体制の整備

　応急体制の整備とは，「災害発生直後の応急対策を実施するための組織編

成と，社内各部署の役割分担と責任者を取り決めること」である。災害の規模にもよるが，災害発生時には平時とは異なる「災害対策本部」の設置や「災害対策の専門部署」の設置が必要となる。

このような組織が中心となって，顧客や従業員の安否確認や被害状況の確認をおこない，販売部門は緊急支援物資の提供を，生産部門は工場スペースや資機材の提供を受け持つ必要がある。

4） 復旧体制の整備

復旧体制の整備とは，「被災後の復旧対策を推進するための組織編成を決めること」である。「災害対策本部」が「復旧対策本部」に衣替えするように，基本的に応急体制が引き継がれる。

復旧対策本部の重要な役割は，「どこで，いつまでに，どのような復旧をおこなうか」について，企業として意思決定をおこなうことである。この意思決定にしたがって，復興のプロセスや社内各部署の役割が異なってくる。

たとえば，現地での再生を決定したのであれば，生産部門は人事部門とともに策定しておいた応援計画を実行に移すとともに，情報・技術の再生に取り組む必要がある。

同時に，選定しておいた重要業務（③）を継続するため，社内各部門は優先順位にしたがって各自の業務をおこなう必要がある。

15-4-5　サプライチェーンの段階別の事業継続計画（BCP）の例

5つの手順で構成される事業継続計画（BCP）を，サプライチェーンの調達・生産・販売段階，および在庫・輸配送段階と対比することで，より具体的なBCPの内容が明らかになる。

そこで，事業継続計画（BCP）の内容を検討した例を，表15-4-2に示す。

表15-4-2　サプライチェーンにおける事業継続計画（BCP）の例（地震の場合）

手順	調達	生産	販売	在庫	輸配送
①基本方針の策定	基本方針（必要性・防災対策と体制整備の基本的考え方）の策定　事業継続計画の必要性の周知				
②被害状況の予測	調達先の被災の予測	生産拠点の損害予測　ライフラインの損壊予測	販売先の被災予測　地域社会の被災予測	在庫拠点の損害予測　在庫品の汚損・破損の予測	貨物自動車の被災の予測　道路の損壊予測
③重要業務の選定	優先調達品の選定	優先生産品の選定	優先顧客と商品の選定	優先在庫品の選定	優先輸配送先の選定
④災害対策の計画と実施	（予）調達先の分散，緊急連絡網の整備　（応）調達先への連絡　（復）優先調達品の調達，原材料・部品の確保，調達資金の確保	（予）生産拠点の耐震化，生産拠点の分散，生産データや技術の分散保管，非常用電源や備蓄の確保　（応）燃料・電源の確保，継続生産の資源確保，代替生産拠点の確保　（復）優先製品の生産，生産規模の決定	（予）緊急連絡網の整備，販売データの分散保管，非常用電源の確保　（応）販売先への連絡，救援物資等の供給　（復）優先販売先への供給，サービスレベルの設定	（予）在庫拠点の耐震化，荷崩れ防止装置の設置，不良品判定基準の設定，在庫データの分散保管，原材料・部品・半製品・製品の在庫増　（応）ダメージ品の選定と除却，緊急出荷の実施　（復）在庫品の維持，在庫（入出荷）サービスレベルの設定	（予）委託先の拡大，緊急連絡網の整備　（応）委託先への連絡，交通情報の収集，緊急輸配送の実施　（復）優先輸配送先への輸送，貨物自動車・燃料・運転手の確保，輸配送リードタイムの設定
⑤体制の整備	（予）予算の確保（財務），労働力の確保（人事），調達先の確保（調達）　（応）災害対策本部の設置，緊急支援物資・資機材の提供　（復）復旧対策本部の設置，応援計画，情報・技術の再生，重要業務の実施				

（予）予防対策，（応）応急対策，（復）復旧対策

参考文献

1) 日本経済新聞，2011年4月6日，朝刊
2) 苦瀬博仁・渡部幹:「大規模災害に備えた緊急支援物資の供給システムの構築」，都市計画第318号，特集　大規模広域災害・多様な災害を想定した防災・減災の都市・地域づくり，pp.68-71, 2015
3) 苦瀬博仁:「防災・減災ための社会システムの再編に向けて」，都市計画第299号，pp.52-53, 2012年10月25日
4) 農林水産省:「緊急時に備えた家庭用食料品備蓄ガイド」，平成26年2月5日，2014
5) 東京都:「東京都帰宅困難者対策条例」，平成24年3月，2012
6) 苦瀬博仁:「災害時の物資供給における公的支援と企業のBCPの課題」，運輸と経済 2014年3月号，pp.54-59, 2014
7) 日本都市計画学会　防災・復興問題研究特別委員会社会システム再編部会（第三部会）:「社会システム再編部会（第三部会）報告書」，2012年11月
8) 内閣府:「事業継続ガイドライン―あらゆる危機的事象を乗り越えるための戦略と対応―」平成25年8月改定，2013
9) 経済産業省中小企業庁:「中小企業BCP策定運用指針　第2版―どんな緊急事態に遭っても企業が生き抜くための準備―」，平成24年3月，2012
10) 内閣府:「災害対策標準化検討会議報告書」，平成26年3月，2014

索引

和文

【あ行】

アイドリングストップ ····· 236
アウトソーシング ············ 188
アジアパレットシステム連盟 ································· 225
アセアン ······················ 3, 220
安全係数 ···························· 116
安全在庫 ···················· 109, 212
安全在庫量 ························ 116
安否確認 ···························· 271
位置管理情報 ······················ 33
一次集積所 ························ 253
一時保管 ····························· 32
位置情報 ···························· 158
1類倉庫 ···························· 172
一斉棚卸 ···························· 131
一般貨物船 ························ 180
移転対策 ···························· 239
移動距離 ···························· 119
移動棚 ······························· 176
移動販売 ···························· 246
異物混入 ···························· 244
違法表示 ···························· 245
インターネット ·········· 45, 166
インターネット通販 ·········· 46
インフラ（インフラストラクチャー） ·············· 26, 223
インボイス ························ 230
売上原価 ···························· 207
運行管理システム ············ 165
運行管理者 ························ 182
運行計画 ···························· 182
運行指示書 ························ 182
運行状況 ···················· 165, 166
運賃負担力 ························ 122

運転時間 ···················· 123, 249
運転手 ······························· 268
運輸事業者 ························· 70
運輸部門 ···························· 234
運用対策 ···························· 239
エア＆シー ························ 187
エアーナックス ················ 227
エアサスペンション車両 ·················· 122, 137, 246
営業倉庫 ···················· 172, 189
営業用貨物自動車 ············ 188
営業利益 ···························· 207
エコドライブ ···················· 236
エシェロン ························· 64
エシェロン在庫 ················· 64
越境 ···································· 12
越境交通協定 ····················· 13
エネルギー使用状況届出書 ································· 241
延期戦略 ····························· 51
応援計画 ···························· 264
応急処置 ···························· 263
応急対策 ···················· 263, 268
応急体制 ···························· 270
大型スーパー ····················· 43
汚染問題 ···························· 236
汚損 ························ 132, 137, 246
オフラインシステム ········ 150
オペレーション指標 ········ 203
オムニチャネル ················· 47
折りたたみコンテナ ········ 124
折れ線グラフ ···················· 139
卸・小売業 ························· 22
卸小売業者 ························ 200
卸売市場 ······················ 43, 45
温室効果ガス ···················· 234
音声指示 ···························· 164
温度 ··································· 122

温度管理 ··············· 132, 137, 144
温度管理システム ············ 166
温度センサー ···················· 168
温度帯 ···················· 117, 121, 124
オンラインシステム ········ 150
オンラインショッピング ····· 5

【か行】

カーナビ（カーナビゲーション・システム） ·········· 168
海運フォワーダー ············ 186
海外進出 ···················· 216, 219
海上貨物運送事業 ············ 180
海上コンテナ ···················· 124
改善活動 ····························· 82
改善基準告示 ···················· 249
外装 ····································· 33
開放・開放型チャネル ······ 44
開放・閉鎖型チャネル ······ 43
開放型チャネル ················· 43
買物弱者 ···························· 246
化学的酸素要求量 ············ 237
化学物質 ···························· 237
貨客混載 ···························· 246
加工 ····································· 24
加工管理 ···························· 101
加工計画 ····························· 88
加工センター ············ 71, 73, 78
加工貿易 ···························· 216
貸切運送 ···················· 178, 179
過重労働 ···························· 165
過剰在庫 ···························· 212
過剰包装 ···························· 136
カスタマイゼーション ······ 63
価値の連鎖 ························· 20
活動基準原価計算 ············ 208
家庭用食料品備蓄ガイド ································· 261

275

家電リサイクル法	242	
下方管理限界線	144	
貨物運送業	177	
貨物回転率	176	
貨物管理システム	166	
貨物自動車	178, 180, 268	
貨物自動車運送事業	178	
貨物自動車運送事業者	181	
貨物自動車輸送	135	
貨物車交通	29	
貨物専用機	181	
貨物追跡システム	6, 166, 228	
貨物鉄道	178, 180	
貨物鉄道運送事業	179	
貨物特性	122	
貨物ハブ	9	
貨物利用運送事業	185	
貨物利用運送事業者	178, 186	
貨物利用運送事業法	185	
通い箱	124, 240	
缶	118	
環境基本法	235	
環境物品	242	
環境問題	234	
勘定科目	207	
緩衝材	124	
ガントリー・クレーン	124	
管理会計	207	
管理限界値	144	
管理指標	82, 98, 129	
管理図	144	
管理能力	192	
機械・設備	143	
危害要因分析重要管理点	245	
企業経営	200	
企業資源計画	161	
企業戦略	57	
期限切れ	131, 163	

危険品倉庫	173	
危険物車両	250	
気候変動枠組条約締約国会議	235	
技術インフラ	27, 223	
帰宅困難者	262	
キッティング	175	
機能別	208, 208	
揮発性有機化合物	237	
キャリア	178, 186	
救援	268	
求貨求車システム	185	
休息期間	249	
供給体制	253	
供給能力	84	
競争入札	86, 99	
共同輸配送	185, 236	
京都議定書	235	
業務委託	83	
業務遂行能力	192	
居住施設	70	
許容欠品率	116	
緊急支援物資	253, 256, 268	
緊急出荷率	109	
緊急輸送	181	
空港	69	
組み立て延期	53	
クラウドシステム	150	
グラフ	139	
グリーン購入	236	
グリーン購入法	242	
グリーン・ロジスティクス	240	
クリティカルパス	92	
クレーン	124, 225	
グローバル・サプライチェーン	3, 12, 219, 222	
クロスチャネル	47	
クロスドッキング	177	
軍事用語	26	
経営指標	202	

経営者	200	
経営目標	197	
計画	82	
経済的なリスク	223	
経済発注量	116	
経済連携協定	218	
結節点施設	69, 70	
欠品防止	55	
欠品率	133, 197	
原価管理体制	84	
現金問屋	44	
健康被害	238	
減災	263	
原材料在庫	51, 57, 59	
原材料在庫・受注生産	55, 58	
原材料・部品	24	
建設費	78	
建設リサイクル法	242	
現地企業	216	
現地生産	217	
現地生産指向型	217	
現地調達	217	
現地法人	219	
原発事故	216	
検品	33, 87, 164	
検品（出荷時）	175	
検品（出庫時）	175	
検品（入荷時）	174	
検品（入庫時）	130	
現品管理	131	
検品数量	93, 95	
検品ミス	108, 130, 133	
現物照合	87, 95	
5R	25, 84, 112	
合意	192	
郊外移転	239	
光化学スモッグ	237	
公共施設	262	
工業包装	33	
航空貨物運送事業	181	

航空貨物輸送 181
航空機 178
航空フォワーダー 186
航空輸送 188
工場エネルギー管理システム 236
工場排水 237
工数計画 90, 103, 105
拘束時間 249
工程計画 91, 103, 104, 105
工程進捗率 103
高度経済成長期 216
購買行動 162
購買方式 86
高付加価値化 23
高付加価値品 122
鉱物資源 240
小売業者 45
小売施設 70
航路 69
港湾 73
港湾関連施設 247
コールドチェーンシステム 13, 246
小型家電リサイクル法 242
顧客関係管理 162
顧客サービス 162
顧客満足度 47
国際化 216
国際銀行間通信協会 230
国際航空貨物輸送ネットワーク 9
国際船舶・港湾保安法 248
国際フォワーダー 187
国際分業 4
小口貨物 187
誤出荷率 107, 197
誤出庫率 133
コスト 222
コストセンター 189
個装 33

固定費 208
固定ロケーション 118
誤入庫率 130
誤配送 136
誤配率（数量）136, 197
誤配率（場所）136
個別生産 90
コリンズ 228
混載 187
コンテナ 95, 118, 224, 240
コンテナ船 180
コンテナ物流情報 228
コンテナ輸送 179
コンビニ（コンビニエンスストア）41, 42, 47
コンピュータシステム 150

【さ行】

サードパーティー・ロジスティクス（3PL）190
サービス 211
サービスセンター 78, 80
サービスレベル 266
災害 252
災害対策 252, 266
災害対策本部 271
サイクル 20, 25
在庫 112
在庫回転率 128, 130, 198
在庫確保 212
在庫活動 24
在庫管理 6, 7, 51, 128, 162, 201
在庫管理システム 163, 164
在庫切れ 163
在庫計画 112
在庫コスト 47, 212
在庫ゼロ 254
在庫登録 165
在庫日数 130
在庫引当 165

在庫引落 165
在庫費用 55, 57, 59
在庫払底 255
在庫ポイント 51, 55, 57, 61
在庫保有 256
在庫・輸配送 82, 196
在庫・輸配送活動 24, 197
在庫・輸配送段階 83
在庫率 4
再資源化 240
最早開始時刻 92
最短ルート 236
最遅開始時刻 92
最適な供給 25
財務会計 206
財務状況 84
財務諸表 207
先入れ先出し 131
作業者 143, 200
作業方法 143
サプライチェーン 2, 18, 20, 22, 82
サプライチェーン・マネジメント 2, 18, 24
3R 240
3T 122
3PL（Third Party Logistics）190
三国間取引 217
産出 24
産出管理 101
産出計画 88
酸性雨 237
三大軍事用語 25
産地偽装 244, 245
散布図 144
3分の1ルール 211
3類倉庫 172
シーナックス 227
シームレス 223
シームレス化 223

索　引　277

仕入原価 … 212	自動車輸送 … 188	出庫管理 … 128
仕掛品 … 24	自動車リサイクル法 … 242	出庫計画 … 113
自家倉庫 … 172	自動照会機能 … 230	出庫時刻 … 120
自家物流コスト … 208	自動仕分け装置 … 177	出庫輸送費 … 73, 77, 78
自家用貨物自動車 … 188	自動倉庫 … 174	出庫量 … 120
資機材 … 259, 268	自動読み取り装置 … 136	需要変動 … 212
事業活動 … 216	品切れ … 163	需要予測 … 50, 108
事業継続計画 … 263, 271	支払物流コスト … 208	需要量のバラツキ … 114, 116
事業実施 … 82	車扱輸送 … 179	循環型社会形成推進基本法
シグナル … 258	社会的なリスク … 223	… 235, 242
資源の過剰使用 … 241	車種 … 123	循環棚卸 … 131
資源廃棄物 … 244	遮蔽物 … 238	省エネ設備 … 236
資源有効利用促進法 … 241	車両 … 123	省エネ法 … 241
資材所要量計画 … 160	車両位置 … 158	常温 … 118, 124
自社輸送 … 121, 122	集荷 … 11, 31, 179	商業包装 … 33
自主規制 … 217	重金属 … 237	照合 … 95
市場 … 222	10＋2ルール … 248	商取引 … 75
市場規模 … 57	集中購買方式 … 86	商取引コスト … 222
市場指向型 … 218	自由貿易協定 … 218	商取引情報 … 152
施設インフラ … 27, 223	重要業績評価指標 … 192, 197	商取引流通 … 30
施設内作業 … 32	重要業務 … 264	消費期限 … 131, 246
施設費 … 73, 76, 77, 78	重量基準 … 185	消費者 … 22, 200
自然災害 … 252	主体別 … 208	消費者ニーズ … 7
事前出荷通知 … 162, 174	受注 … 20, 24	消費地 … 73
自然冷媒 … 238	受注エラー率 … 106, 197	商品アイテムコード … 156
自治体負担 … 263	受注管理 … 106	商品ラベル … 153, 154
自治体補助 … 262	受注組立生産 … 63	情報 … 31
実運送事業者 … 178, 185, 186	受注計画 … 93, 107	情報・技術 … 269
実在延日車 … 183	受注締め時刻遵守率 … 107	上方管理限界線 … 144
実車キロ … 184	受注生産 … 50, 55, 59, 94	情報機能 … 33
実車率 … 184	受注総量 … 94, 107, 109	情報コスト … 208
実働延日車 … 183	受注単位 … 94, 107, 109	情報システム … 150
実働率 … 183	出荷 … 20, 24, 189	情報通信システム … 227
指定時刻 … 137	出荷管理 … 106	消防法 … 249
指定時刻遅延率 … 136	出荷計画 … 93, 95	賞味期限 … 131, 246
指定納品時刻 … 165	出荷梱包表示 … 174	静脈物流コスト … 208
自動運転 … 168	出荷時間 … 96	商流 … 30
自動車運搬船 … 180	出荷時刻遵守率 … 108	商流チャネル … 39
自動車産業 … 3, 216	出荷単位 … 95	食品衛生法 … 245
自動車NOx・PM法 … 237	出荷ロット … 95	食品衛生法施行規則 … 246
自動車メーカー … 43	出庫 … 24	食品リサイクル法 … 242

食物アレルギー ……………… 246
食料自給率 …………………… 244
食料品卸売業者 ……………… 43
仕分け …………………… 33, 175, 189
人為的な災害 ………………… 252
シングルチャネル …………… 46
人材 …………………………… 258
振動規制法 …………………… 239
信用状 ………………………… 229
森林資源 ……………………… 240
随意契約 ………………… 86, 101
水質汚濁 ……………………… 237
水質汚濁防止法 ……………… 237
垂直型競争 …………………… 41
水平型競争 …………………… 41
水平分業 ……………………… 217
水面倉庫 ……………………… 173
スーパー ……………………… 41
数量管理情報 ………………… 33
スコープ1 …………………… 235
スコープ2 …………………… 235
スコープ3 …………………… 235
スタッカークレーン ………… 124
ストックエリア ……………… 176
スペキュレーション ………… 54
スマートアグリカルチャー
　……………………………… 245
スマートファクトリー ……… 167
スマートフォン ……………… 168
生活排水 ……………………… 237
生活物資 ……………………… 254
請求書 ………………………… 230
生産 ………………………… 22, 50, 88
生産加工 ……………………… 33
生産活動 ……………………… 24
生産管理 ………………… 101, 160
生産拠点 ……………………… 270
生産計画 ………………… 39, 50, 88
生産工程 ……………………… 104
生産コスト …………………… 222
生産時間遵守率 ………… 105, 197

生産時期 ……………… 50, 51, 55, 57
生産施設 ……………………… 70
生産実績 ……………………… 161
生産スケジュール …………… 133
生産地 ………………………… 73
生産物流コスト …………… 207, 208
生産部門 ……………………… 21
生産方式 ………………… 90, 103
生産ライン …………………… 90
政治的なリスク ……………… 223
製造延期 ……………………… 54
製造原価 ………………… 55, 57
製造小売業 …………………… 8
製造子会社 …………………… 83
製造資源計画 ………………… 161
製造実行システム …………… 160
製造ロット …………………… 94
制度インフラ ……………… 27, 223
製品 …………………………… 24
製品在庫 …………… 51, 57, 59, 61
製品特性 ………………… 57, 58
セーフティ …………… 244, 248
セーフティ対策 ……………… 246
世界環境経済人協議会 ……… 235
世界資源研究所 ……………… 235
世界同時不況 ………………… 216
世界貿易機関 ………………… 218
積載可能量 …………………… 185
積載率 …………………… 10, 185
積載量 ………………………… 185
石油製品 ……………………… 240
セキュリティ ………… 244, 248
セット化 …………………… 164, 257
繊維産業 ……………………… 216
センサー ……………………… 166, 168
戦術 …………………………… 25
全数検品 ………………… 87, 95
全走行キロ …………………… 184
センターフィー ……………… 210
船舶 …………………… 178, 180
船舶輸送 ……………………… 188

戦略 …………………………… 25
騒音規制法 …………………… 239
騒音振動問題 ………………… 238
相関関係 ……………………… 144
操業時間 ……………………… 239
倉庫 ………………… 72, 73, 172
総合的品質管理 ……………… 138
倉庫管理システム …………… 164
倉庫業 …………………… 32, 172
倉庫業法 ……………………… 172
倉庫内の業務 ………………… 175
総輸送費 ……………………… 74
即日配送 ……………………… 80
組織・体制 …………………… 269
損益計算書 …………………… 207

【た行】

第一種貨物利用運送事業
　……………………………… 185
大気汚染 ……………………… 237
大気汚染防止法 ……………… 237
台車 …………………………… 125
耐震化 …………………… 267, 270
耐震・防火構造 ……………… 262
耐性 …………………………… 122
代替フロン …………………… 238
第二種貨物利用運送事業
　……………………………… 186
第4次産業革命 ……………… 167
多角的貿易体制 ……………… 218
宅配便 ………………… 125, 151, 179
他社輸送 ………………… 121, 122
多重化 ………………………… 267
棚 ……………………………… 118
棚入れ・検品 ………………… 33
棚入れ・検品（入庫時）… 174
棚卸現物数 …………………… 131
棚卸差異率 …………………… 131
棚卸ロス ……………………… 128
種まき ………………………… 175
ダブルトランザクション … 176

索　引　279

タンカー 180	積みおろし 24	伝票番号 151
タンク車 122	積み替えセンター 71	店舗販売 47
短縮タイプ 156	積み込み 32, 175	ドア・ツー・ドア 186
断熱パネル 236	摘み取り 175	投機戦略 54
段ボール 118, 174, 240	詰合せ 164	東西経済回廊 12
チェックシート 104, 139	定温 118, 124	同質性 6
チェックデジット 156	定期航路 180	東南アジア諸国連合 3
地球温暖化対策推進法 235	定期定量発注方式 113	投入 24
地球温暖化防止 234	定期不定量発注方式 114, 117	投入管理 101
地球温暖化問題 234	定期報告書 241	投入計画 88, 103
チャネルキャプテン 39	低公害車 238	投入品目ミス率 102
中央線 144	定時到着率 134	投入量 89
中間一段階型 45	低騒音化 239	投入量ミス率 102
中間業者 44	デカップリング 57	道路 69
中間多段階型 46	デカップリング・ポイント 57	徳島県上勝町 244
中間マージン 46	適地生産指向型 218	特性要因図 140
中間無段階型 45	デジタコ（デジタル・タコグラフ） 168	特積み 179
中継地 73	デジタル通信網 150	特定保税運送制度 227
中国 220	デジタルピッキングシステム 132	特定保税承認制度 226
中二階 176	デジタル表示 164	特定輸出申告制度 226
調達 22, 50, 84	鉄鋼産業 216	毒物 245
調達・生産・販売 82, 192, 196	撤退 219	特別積合せ貨物運送 179
調達・生産・販売活動 24, 197	鉄道ターミナル 70	特例輸入申告制度 226
調達・生産・販売段階 83	鉄道フォワーダー 186	土壌汚染 237
調達活動 24	鉄道輸送 188	土壌汚染対策法 237
調達管理 98, 159, 201	手直し 104	トラックターミナル 69, 70, 71, 73
調達計画 84	デポ 71, 78	ドラレコ（ドライブ・レコーダ） 168
調達物流コスト 207, 208	電機産業 216	トランクルーム 173
調達部門 21	電子照合 87, 95	トリアージ 258
帳簿管理 131	電子タグ 153, 157	トレーサビリティ・システム 228
帳簿数 131	電子データ交換 150, 227	
貯蔵槽倉庫 172	電子データ処理システム 150	【な行】
直行率 104	電子発注システム 159	内装 33
陳腐化 212	店着価格制 75, 212	斜めの競争 41
通運 186	伝票 153, 154	南部経済回廊 12
通関 13, 225, 227	伝票照合 87, 95	南北経済回廊 12
通行ルート指定 250		荷傷み 137
通信機能 166		荷傷み発生率（積みおろし
通信販売 246		

時) ……………………… 137
荷傷み発生率（輸送中）
　……………………… 137, 198
荷おろし ……………… 32, 174
荷おろし時間 ……………… 137
二酸化炭素 ………………… 234
２次元シンボル ……… 153, 156
二次集積所 ………………… 253
20フィート ………………… 225
24時間ルール ……………… 248
荷姿 ………………………… 124
荷主 ………………………… 32
荷主 KPI …………………… 202
日本工業規格 ……………… 138
日本農林規格 ……………… 245
荷役 ………………… 31, 124
荷役機器 ……… 121, 124, 177
荷役機能 …………………… 32
荷役効率 …………………… 176
荷役コスト ………………… 208
荷役作業 …………………… 164
荷役方法 …………………… 133
入荷 ………………… 20, 24, 84
入荷管理 …………………… 98
入荷計画 ……………… 84, 87
入荷時刻遵守率 …………… 100
入庫 ………………………… 24
入庫管理 ……………… 128, 129
入庫計画 …………………… 113
入庫作業 …………………… 128
入庫時刻 …………………… 113
入庫ミス …………………… 128
入庫輸送費 ………… 73, 77, 78
入庫量 ……………………… 113
入力ミス …………………… 150
２類倉庫 …………………… 172
人時当たり加工量 …… 103, 198
人時当たり棚入れ量 ……… 130
人時当たりピッキング量 … 132
認定製造者制度 …………… 227
認定通関業者制度 ………… 227

抜き取り検品 ………… 87, 95
ネットワーク図 ……… 91, 92
納入価格 …………………… 86
納入時期 …………………… 86
納入場所 …………………… 86
納品可能量 ………………… 85
納品期限 …………………… 211
納品率 ………………… 100, 197
ノード ………………… 69, 70
野積倉庫 …………………… 172

【は行】

把握 ………………………… 268
バーコード ………………… 151
バーコードシンボル … 153, 156
排ガス回収設備 …………… 236
排ガス浄化装置 …………… 238
廃棄ロス …………………… 128
廃棄ロス率 …………… 131, 198
配車・配送管理 …………… 134
配車・配送計画 …… 121, 136
配車計画 ………… 121, 123, 182
配送 ………………… 31, 179
配送管理システム ………… 165
配送計画 ……………… 121, 123
配送契約 …………………… 109
配送経路 ……………… 121, 123
配送圏域 …………………… 77
配送時間 …………………… 77
配送順序 ……………… 121, 123
配送方法 …………………… 123
バイヤー …………………… 187
バイヤーズコンソリデーシ
　ョン ……………………… 187
派生需要 …………………… 30
破損 ………………… 132, 137, 246
パッケージ延期 …………… 52
発生源対策 ………………… 239
発注 ………………… 20, 24, 84
発注エラー率 ………… 98, 197

発注管理 ……………… 98, 162
発注管理システム ………… 160
発注計画 ………… 84, 98, 100
発注締め時刻遵守率 ……… 99
発注情報 …………………… 162
発注内容 …………………… 87
発注方式 ………… 86, 101, 113
発注ミス …………………… 131
ハブ空港 …………………… 10
バラスト水 ………………… 238
ばら積み貨物船 …………… 180
バラピッキング …………… 177
ハラル ……………………… 247
バルク船 …………………… 180
パレート曲線 ……………… 143
パレート図 ………………… 143
パレート分析 ……………… 119
パレット …… 95, 118, 224, 240
パレットラック …………… 118
販管費 ……………………… 207
阪神・淡路大震災 ………… 252
半製品在庫 ………… 51, 57, 59
半製品在庫・受注生産 …… 58
半製品見込生産・半製品在
　庫・製品受注生産 ……… 56
搬送 ………………………… 34
搬送指示 …………………… 164
ハンディターミナル ……… 151
販売 ………………… 22, 50, 93
販売活動 …………………… 24
販売管理 ……………… 105, 161
販売期限 …………………… 211
販売計画 ……………… 39, 93
販売時点管理 ……………… 161
販売促進 …………………… 162
販売促進加工 ……………… 33
販売物流コスト …………… 208
販売部門 …………………… 21
ピース単位 ………………… 177
被害状況 ……………… 264, 271
東日本大震災 ………… 216, 252

非居住者在庫 ……………… 188	フォーム延期 ……………… 52	不定期定量発注方式 ……… 114, 117
非居住者在庫制度 ………… 13	フォワーダー ………… 178, 186	
ビジネス・ロジスティクス …………… 26	フォワーディング ………… 185	不定期不定量発注方式 …… 114
	複合一貫輸送 ……………… 186	不動在庫 …………………… 212
非常バッグ ………………… 260	複数の鎖 …………………… 20	歩留まり率 ………… 104, 197
非常持ち出し袋 …………… 260	付帯作業 …………………… 210	船荷証券 …………… 229, 230
非常用電源 ………………… 264	附置義務 …………………… 262	部品表 ……………………… 89
非常用電源設備 …………… 262	復旧期間 …………………… 264	プラザ合意 ………………… 217
ヒストグラム ……………… 140	復旧対策 …………… 263, 268	プラスチックコンテナ …… 225
ピストン配送 ……………… 123	復旧対策本部 ……………… 271	プラスチック製品 ………… 240
備蓄 ………………… 32, 254, 260	復旧体制 …………………… 271	フリーロケーション ……… 119
備蓄計画 …………………… 262	物資拠点 …………………… 262	不良在庫比率 ……… 131, 197
備蓄倉庫 …………………… 262	物資識別システム ………… 153	不良品 ……………………… 163
ピッキング ………… 33, 119, 132, 164, 175	プッシュ型 ………… 256, 259	不良品率 …………………… 104
	物資流動 …………………… 29	不良品率（入荷時）……… 100, 198
ピッキングエリア ………… 176	物的流通 ………………… 29, 30	
ピッキング効率 …………… 133	物流 ……………………… 29, 30	ブルウィップ効果 ………… 63
ピッキングミス …………… 163	物流 ABC ………………… 208	プル延期 …………………… 52
ピッキングミス率 ………… 132	物流改善 …………………… 203	フルコンテナ化 …………… 187
日付管理 …………………… 108	物流管理者 ………………… 200	フレーター ………………… 181
ヒト・モノ・カネ ………… 269	物流機能 …………………… 31	分散化 ……………………… 267
避難 ………………………… 268	物流拠点 …………………… 257	分散購買方式 ……………… 86
避難拠点 …………………… 262	物流拠点集約 ……………… 256	分散配置 …………………… 256
避難所 ……………… 253, 259, 262	物流 KPI …………… 202, 203	分析評価 …………………… 82
百貨店 ……………………… 43	物流子会社 ………… 189, 190	閉鎖・開放型チャネル …… 43
評価指標 …………………… 196	物流コスト ………… 205, 207, 212, 222	閉鎖・閉鎖型チャネル …… 43
評価指標間の階層性 ……… 201		閉鎖型チャネル …………… 42
評価指標間の相関関係 …… 201	物流コスト算定・活用マニュアル …………… 210	兵站 ………………………… 25
評価指標間のトレードオフ …………… 201		壁面緑化 …………………… 236
	物流コスト算定・効率化マニュアル …………… 210	ペットボトル ……………… 244
標準タイプ ………………… 156		ベリー ……………………… 181
標準電子フォーマット …… 230	物流コスト分析 …………… 206	ベルトコンベア …………… 124
標準偏差 …………………… 115	物流事業者 ………… 83, 200	変固別 ……………………… 208
平置き ……………………… 174	物流資材の標準化 ………… 225	ベンダー管理在庫 ………… 99
品質管理 …………… 104, 132, 134, 139	物流施設 ………… 33, 70, 73, 259	変動費 ……………………… 208
品質管理情報 ……………… 33	物流情報 …………………… 152	返品 ………………………… 211
品質管理体制 ……………… 84	物流情報サービス ………… 228	返品率 ……………… 108, 198
品質基準 …………… 86, 90, 92	物流チャネル ……………… 39	貿易（船積）書類 ………… 229
ファストファッション …… 8	物流ネットワーク … 22, 68, 69	貿易実務 …………………… 229
フォークリフト …… 124, 225, 268	物流ノウハウ ……… 254, 258	防音対策 …………………… 239
	不定期航路 ………………… 180	防音パネル ………………… 239

防音壁 239
防災拠点 262
防災対策 266
防除シート 238
防振化 239
防水 137
包装 31, 33, 175
包装機能 33
包装コスト 208
保管 31, 32, 174
保管位置 118, 130
保管貨物 143
保管管理 128
保管機器 118
保管機能 32
保管計画 113
保管効率 132, 176
保管コスト 208
保管資材 118
ホスト・コンピュータ 152
ポストポーンメント 51
保税状態 188
保税制度 13
ボックスパレット 225
ボトル 118
本源的需要 30
ボンベ 118

【ま行】

摩擦回避型 216
マス・カスタマイゼーション 63
マスプロダクション 63
マッチング 230
マルチチャネル 46, 47
ミキサー車 122
見込生産 50, 55, 59, 94
見込生産・製品在庫 57, 58
水濡れ 132, 137
見積り合わせ 86
ミリタリー・ロジスティク

ス 26
ミルクラン方式 123
鞭効果 63
メーカー 22, 200
メザニン 176
メタンガス 234
免許の種類 123
モーダルシフト 236
モード 69
木材 240
モジュール化 61

【や行】

有害大気汚染物質 237
有機溶剤 237
優先順位 264, 266
輸出入申告 225
輸送 24, 31
輸送管理システム 165
輸送機関 32, 95, 178
輸送機能 31
輸送業者 32
輸送コスト 208
輸送コスト比率 135, 197
輸送時間 122
輸送資材 121, 123, 124
輸送手段 69, 121, 134
輸送条件 122
油槽船 180
輸送特性 136
輸送費 73, 77
輸送用具 95
輸送路 69
輸送ロット 122
ユニットロードシステム 224
輸配送 121
輸配送活動 24
輸配送管理 133, 165
輸配送計画 120, 121
輸配送コスト 45, 46, 47

容器包装リサイクル法 242
容積基準 185
予防対策 263, 266
予防体制 269
読み取りミス 136
40フィート 225

【ら行】

ライフライン 259, 268
ラッシング 124
ラベリング延期 52
リアルタイム 168
リードタイム 50, 115, 136
リーマンショック 216
リサイクル 240
リサイクル関連法 242
リスク 223
リスク回避 256
リスク分散 86
リターナブル 225
立地コスト 222
立地場所 73, 76
リデュース 240
リバース・ロジスティクス 240
粒子状物質 237
リユース 240
流通 30
流通加工 31, 33, 175
流通加工機能 33
流通加工コスト 208
流通コスト 222
流通センター 71, 73, 79
流通チャネル 22, 39
流通チャネルの計画 42
流通履歴 228
領域別 207, 208
リンク 69
累積比率 143
ルート配送 123, 137
冷蔵 118, 124

冷蔵庫 …………………… 124		GS1 事業者コード ………… 156
冷蔵車 …………………… 124	**欧　文**	HACCP …………………… 245
冷蔵倉庫 ………………… 173		IMS ………………… 163, 164
冷凍 ………………… 118, 124	AEC …………………………11	Industrie4.0 ……………… 167
冷凍庫 …………………… 124	AEO 制度 ………………… 226	IoT ………………………… 166
冷凍車 ……………… 122, 124	AEO 相互承認 …………… 227	ISO22000 ………………… 245
冷媒 ……………………… 238	ASEAN 経済共同体 ……… 11	JAN コード ……………… 156
連続生産 ……………… 90, 103	ASN ………………… 162, 174	JAS 規格 ………………… 245
籠城 ……………………… 262	A 型チャネル …………… 40, 42	JICFS/IFDB ……………… 156
労働安全衛生法 ………… 249	A 品目 …………………… 119	JIS ………………………… 138
労働環境 ………………… 84	BCP ………………… 263, 271	JIT …………………… 4, 109
労働拘束時間 …………… 123	BOLERO ………………… 230	JIT 配送 ………………… 256
労働条件 ………………… 123	BOM ……………………… 89	KPI ………………… 192, 197, 199
労務管理システム ……… 164	Business Logistics ……… 26	KPI 選定 ………………… 199
労務状況 ………………… 165	B 品目 …………………… 119	KPI 導入の手引き …… 199,
ローリングストック …… 261	CL ………………………… 144	202, 203
ロールボックスパレット	CO2 ……………………… 234	LCL ………………… 144, 187
………………………… 124, 225	COD ……………………… 237	LED 照明 ………………… 236
ロジスティクス ………… 25	Codex 規格 ……………… 245	LMS ……………………… 164
ロジスティクス・インフラ	COP ……………………… 235	LNG 船 …………………… 180
…………………………… 26	CRM ……………………… 162	Logistics ………………… 25
ロジスティクス・システム	CSI ……………………… 247	Machine ………………… 143
…………………………… 26	CSR ……………………… 203	Man ……………………… 143
ロジスティクス延期 …… 52	C-TPAT ………………… 247	Material ………………… 143
ロジスティクス評価指標 202	C 品目 …………………… 119	MES ……………………… 160
ロット生産 ……………… 90	DC（Distribution Center）	Method ………………… 143
ロングテール …………… 7	…………………… 71, 73, 79	Military Logistics ……… 26
	EDI ………………… 150, 177, 227	MRP ……………………… 160
	EDIFACT ………………… 228	MRP Ⅱ …………………… 161
	EDP ……………………… 150	NAFTA …………………… 218
	EOS ………… 99, 107, 159, 160	NEAL-NET ……………… 228
	EPA ……………………… 218	NIEs ………………… 220, 221
	ERP ……………………… 161	NOx ……………………… 237
	FCL ……………………… 186	NACCS …………………… 227
	FEMS …………………… 236	OEM ……………………… 83
	Freight Transport ……… 29	OMS ……………………… 160
	FTA ……………………… 218	PC（Process Center）…… 71,
	GHG プロトコルイニシア	73, 78
	チブ …………………… 235	PDCA サイクル …… 82, 98,
	GPS ………………… 158, 165	106, 128, 134, 196
	GPS 受信機 ………… 153, 158	PERT ………………… 91, 92
	Green Logistics ………… 240	

PM	237
POS	161
Physical Distribution	29
QC	139
QC 7つ道具	139
QR コード	153, 156
Recycle	240
Reduce	240
Reuse	240
Reverse Logistics	240
RFID	157
RORO 船	180
SC (Stock Center)	72, 73
SCM (Supply Chain Management)	2, 18, 24 82
SCM ラベル (Shipping Carton Marking Label)	153, 157, 174
SCM ロジスティクススコアカード	202, 205
SOLAS 条約	247
SPA	8
Strategy	25
SWIFT	230
T11型	225
T12型	225
Tactics	25
TAPA 認証	247
TC (Transfer Center)	71
TEDI	230
Temperature	122
Time	122
TMS	165
Tolerance	122
TQC	138
Traceability	228
Truck Traffic	29
TSU	230
UCL	144
VMI	99
V 型チャネル	40
WBCSD	235
WMS	164
WRI	235
WTO	218
X 型チャネル	40

執筆者紹介

<編著者>
苦瀬博仁（くせ・ひろひと）
　：東京海洋大学名誉教授，元流通経済大学教授
早稲田大学理工学部土木工学科卒業。同大学大学院修士課程修了。同大学大学院博士課程修了，工学博士取得。1981年，日本国土開発㈱に入社。1986年東京商船大学助教授，1994年より同大学教授。1994年8月より1995年8月まで，フィリピン大学工学部客員教授。2003年大学統合により東京海洋大学教授。2004年6月より2009年5月まで，東京大学大学院医学系研究科客員教授を併任。2009年4月より2012年3月まで，東京海洋大学理事・副学長（教育学生支援担当）。2012年4月より2014年3月まで，東京海洋大学大学院教授。2014年4月より2021年3月まで，流通経済大学流通情報学部教授。2014年4月より東京海洋大学名誉教授。
専門分野：ロジスティクス，都市物流システム，流通システム，都市計画など。
主要著書：「ロジスティクスの歴史物語」（単著，白桃書房，2016）
　　　　　「ロジスティクス・BASIC級（ビジネスキャリア検定試験標準テキスト）」
　　　　　（監修，社会保険研究所，2015）
　　　　　「みんなの知らないロジスティクスの仕組み」（共著，白桃書房，2015）
　　　　　「ロジスティクス概論」（編著，白桃書房，2014）
　　　　　「物流からみた道路交通計画」（監修，大成出版社，2014）
　　　　　「病院のロジスティクス」（編著，白桃書房，2009）
　　　　　「ロジスティクス・オペレーション／ロジスティクス管理，2級／3級（ビジネスキャリア検定試験標準テキスト）」（監修，社会保険研究所，2007）
　　　　　「都市の物流マネジメント」（編著，勁草書房，2006）
　　　　　「付加価値創造のロジスティクス」（単著，税務経理協会，1999）など

<著者>
飴野仁子（あめの・ひろこ）
　：関西大学商学部教授
名城大学商学部卒業。同大学院商学研究科博士前期課程修了。同大学院商学研究科博士後期課程修了，博士（商学）取得。2003年大阪市立大学大学院経営学研究科研究生修了。同年より東海大学海洋学部専任講師。2004年より西南学院大学商学部専任講師。2005年より同大学助教授。2007年より関西大学商学部准教授，2012年より現職。
専門分野：ロジスティクス，国際物流システムなど。
主要著書：「アジアの航空貨物輸送と空港」アジ研選書No.45（共著，独立行政法人 日本貿易振興機構 アジア経済研究所，2017）
　　　　　「ロジスティクス概論」（共著，白桃書房，2014）

「グローバル金融危機と経済統合―欧州からの教訓―」（共著，関西大学出版部，2012）
「交通論を学ぶ」（共著，法律文化社，2006）

李　志明（い・じみょん）
：流通科学大学商学部准教授
仁荷大学貿易学科卒業。東京商船大学（現，東京海洋大学）大学院修士課程修了。同大学大学院博士課程修了，博士（工学）取得。2008年㈶日本海事センターに入社。2011年より流通科学大学商学部講師。2014年より現職。
専門分野：ロジスティクス，海運など。
主要著書：「ロジスティクス概論」（共著，白桃書房，2014）
　　　　　「内航海運」（共著，晃洋書房，2014）

石川友保（いしかわ・ともやす）
：福島大学共生システム理工学類准教授
東京商船大学商船学部流通情報工学課程卒業。同大学大学院博士前期課程修了。2009年博士（工学）取得（東京海洋大学）。1999年より㈶計量計画研究所研究員。2005年より東京大学大学院医学系研究科佐川急便「ホスピタル・ロジスティクス」講座特任助教。2009年より㈶計量計画研究所研究員。2010年より福島大学大学院共生システム理工学研究科特任助教。2012年より日立建機㈱技師。2014年より現職。
専門分野：ロジスティクス，オペレーションズ・リサーチなど。
主要著書：「ロジスティクス概論」（共著，白桃書房，2014）
　　　　　「病院のロジスティクス」（共著，白桃書房，2009）
　　　　　「明日の都市交通政策」（共著，成文堂，2003）

岩尾詠一郎（いわお・えいいちろう）
：専修大学商学部教授
東京商船大学商船学部流通情報工学課程卒業。同大学大学院博士前期課程修了。同大学大学院博士後期課程修了，博士（工学）取得。2002年㈱日通総合研究所に入社。2006年より専修大学商学部講師，2009年より同大学准教授。2015年より現職。
専門分野：ロジスティクスなど。
主要著書：「ロジスティクス概論」（共著，白桃書房，2014）
　　　　　「都市の物流マネジメント」（共著，勁草書房，2006）

長田哲平（おさだ・てっぺい）
：宇都宮大学地域デザイン科学部助教
宇都宮大学工学部建設学科卒業。同大学大学院博士前期課程修了。同大学大学院博士後期課程修了，博士（工学）取得。2005年より宇都宮市総合政策部政策審議室市政研究センタ

ー専門研究嘱託員。2006年より東京大学大学院医学系研究科佐川急便「ホスピタル・ロジスティクス」講座特任助教，2009年国際航業㈱に入社，2010年より日本大学理工学部社会交通工学科助教。2013年より宇都宮大学大学院工学研究科助教。2016年より現職。
専門分野：都市・交通計画，ロジスティクスなど。
主要著書：「ロジスティクス概論」（共著，白桃書房，2014）
　　　　　「病院のロジスティクス」（共著，白桃書房，2009）

味水佑毅（みすい・ゆうき）
　：流通経済大学流通情報学部准教授
一橋大学商学部卒業。同大学大学院商学研究科修士課程修了。同大学大学院商学研究科博士課程修了，博士（商学）取得。2005年より一橋大学大学院商学研究科講師（ジュニアフェロー）。2006年より高崎経済大学地域政策学部専任講師。2009年同大学准教授。2016年より味水税理士事務所。2019年より現職。
専門分野：ロジスティクス，交通経済学，観光政策論など。
主要著書：「現代交通問題　考」（共著，成山堂書店，2015）
　　　　　「交通インフラ・ファイナンス」（共著，成山堂書店，2014）
　　　　　「ロジスティクス概論」（共著，白桃書房，2014）
　　　　　「交通市場と社会資本の経済学」（共著，有斐閣，2010）
　　　　　「対距離課金による道路整備」（編著，勁草書房，2008）

渡部　幹（わたなべ・みき）
　：株式会社建設技術研究所顧問・特任技師長，元東京海洋大学特任教授
早稲田大学理工学部土木工学科卒業。同大学大学院修士課程修了。1980年日本国土開発㈱に入社㈱トデック出向。1986年出向解除，技術研究所，エンジニアリング本部。2000年㈱日通総合研究所に入社。2003年より同社経済研究部長。2008年より同社取締役経済研究部長。2010年より同社取締役。2012年より東京海洋大学特任教授，兼㈱建設技術研究所顧問・特任技師長。2016年より現職。
専門分野：都市計画，物流計画など。
主要著書：「ロジスティクス概論」（共著，白桃書房，2014）
　　　　　「物流からみた道路交通計画」（共著，大成出版社，2014）
　　　　　「ロジスティクス用語辞典」（共著，日通総合研究所編，日経文庫，2007年）

▰ サプライチェーン・マネジメント概論
―― 基礎から学ぶSCMと経営戦略 ――

▰ 発行日 ──	2017年5月16日 初版発行	〈検印省略〉
	2024年8月6日 初版6刷発行	

▰ 編著者 ── 苦瀬　博仁（くせ　ひろひと）

▰ 発行者 ── 大矢栄一郎

▰ 発行所 ── 株式会社　白桃書房（はくとうしょぼう）
　　　　　　〒101-0021　東京都千代田区外神田5-1-15
　　　　　　☎03-3836-4781　📠03-3836-9370　振替00100-4-20192
　　　　　　https://hakutou.co.jp/

▰ 印刷・製本 ── 藤原印刷

Ⓒ Hirohito Kuse 2017　Printed in Japan　ISBN 978-4-561-75215-8　C3063

本書のコピー，スキャン，デジタル化等の無断複製は著作権法上での例外を除き禁じられています。本書を代行業者等の第三者に依頼してスキャンやデジタル化することは，たとえ個人や家庭内の利用であっても著作権法上認められておりません。

JCOPY 〈出版者著作権管理機構　委託出版物〉
本書の無断複写は著作憲法上での例外を除き禁じられています。複写される場合は，そのつど事前に，出版者著作権管理機構（電話03-5244-5088, FAX03-5244-5089, e-mail：info@jcopy.or.jp）の許諾を得てください。

落丁本・乱丁本はおとりかえいたします。

好 評 書

苦瀬博仁【著】
ソーシャル・ロジスティクス 本体 3,182 円
―社会を創り・育み・支える物流

苦瀬博仁【編著】
ロジスティクス概論(増補改訂版) 本体 2,818 円
―基礎から学ぶシステムと経営

苦瀬博仁【著】
江戸から令和まで **新・ロジスティクスの歴史物語** 本体 2,273 円

苦瀬博仁・金丸真理【著】
みんなの知らない **ロジスティクスの仕組み** 本体 1,800 円
―暮らしと経済を支える物流の知恵

森田富士夫【著】
トラック運送企業の働き方改革 本体 2,000 円
―人材と原資確保へのヒント

森田富士夫【著】
トラック運送企業の生産性向上入門 本体 2,000 円
―誰にでもできる高付加価値経営の実現

鈴木邦成・大谷巌一【著】
すぐわかる物流不動産(増補改訂版) 本体 2,364 円
―進化を続けるサプライチェーンの司令塔

鈴木邦成・中村康久【著】
考え方がすぐわかる **スマートサプライチェーンの設計と構築** 本体 1,818 円
―物流 DX が起こす変化をつかむ

――― 東京 **白桃書房** 神田 ―――

本広告の価格は本体価格です。別途消費税が加算されます。